U0801133

【现代中国藏学文库】

主　　编：拉巴平措

执行主编：马丽华

西藏历史档案公文选·水晶明鉴

扎西旺都　编

王玉平　译

中国藏学出版社

《现代中国藏学文库》总叙

中国是藏学的故乡。西藏是中国不可分割的重要组成部分，藏族是中华民族大家庭的重要成员。这些正是藏学研究产生、发展的最根本条件，也是藏学研究取之不尽、用之不竭的源泉。在中华大地上成长发展起来的这门人文社会科学，现在已经成为世界性的显学。为了展示中国藏学研究的成果，加强同世界同行的学术交流，促进藏学研究的繁荣发展，为西藏和其他藏区的三个文明建设服务，在中国藏学研究中心的领导下，我们编辑出版的这套《现代中国藏学文库》丛书，主要包括四个方面的内容：中国藏学家（包括港澳治学者）的学术专著；具有重要价值的藏学文献（包括现代学者辑录的历史文献）；译成汉文的藏文学术名著；获得博士学位的藏学论文（对于优秀的硕士研究生论文酌情予以收录）。所有收入的论著，均以学术价值为惟一衡量标准，文学作品、游记、通俗读物等暂不收录。作为中国藏学研究的一项基本建设工程，我们将把这项工作长期坚持下去，并期望得到海内外藏学家的大力支持。

中国藏学出版社

2006年10月

《现代中国藏学文库》总序

[illegible]

中国藏学出版社

2006年10月

序

一九八九年八月，由中央民族大学扎西旺都教授所编，民族出版社出版的《西藏历史档案公文选·水晶明鉴》问世了。自本书刊行后，引起了国内外广大藏学界的广泛关注，反映甚佳。

众所周知，我国藏族历史悠久，具有丰富的文化典籍，本书就是从浩如烟海的藏文史料中精选出来的。它涉及面广，内容丰富，时间跨度大，书中不但记述了很多重大历史事件，而且还涉及到了藏族社会生活的方方面面，具有很高的史料价值和重要的现实意义，实属珍贵。鉴于目前藏学日渐为人们所重视，为了使这些珍贵的档案资料充分发挥其应有的作用，特将此书译为汉文。

本书在翻译过程中，除对冗长的藏文标题和发文年代作了适当的压缩和简化外，并对个别错误之处进行了订正，这些均在译注中作了说明。另外，为了阅读方便，又对书中的重要事件、专用名词和外来语等进行了必要的注释。

在本书出版之际，使我难以忘怀的是，在翻译过程中得到了本书编者扎西旺都老师的帮助，解决了不少疑难问题。当译稿完成之后又得到李永昌先生的认真审阅，提出了宝贵的修改意见，并对不妥之处进行了斧正，使译文大为增色。此外，本书还得到李坚尚和伍昆明二位研究员的共同推荐，以及马大正先生的大力支持，才使本书得以和读者见面。在此对以上各位先生表示衷心的感谢。

由于本人才疏学浅，汉、藏文修养不深，在译文中难免有不妥之处，敬请读者不吝指正。

译　者

一九九九年三月于北京

出版说明

（原藏文版）

《西藏历史档案公文选·水晶明鉴》，是由中央民族大学藏语文教师扎西旺都老师进行了多年的收集、整理、汇编而成的。本书共分为公文和档案两大部分，其中公文部分的主要内容有：原西藏地方政府——噶厦所颁布的各种政令，宗豁之间的路牌，上级法院之判决书，寺庙从百姓手中索取之甘结，下级机关所呈之报表，百姓之请愿书、化缘文、通知、婚书等，共计六十多篇；档案部分的主要内容有：唐蕃甥舅会盟碑、阔端邀请萨班·贡噶坚赞之诏书、大元皇帝忽必烈给怙主八思巴之藏文圣旨、萨班·贡噶坚赞致乌斯藏黎民弟子之公开信、明朝永乐皇帝召见上师洛桑札巴之圣旨、明朝永乐皇帝赐予释迦也失之圣旨、五世达赖喇嘛呈顺治皇帝之奏折等，共计七十余篇。这些资料不但是研究西藏历史和文化的重要文献，而且这些公文档案言简意赅，文字优美，对于那些渴望掌握藏文传统写作技巧的年轻人来说，更是一门必修课。为此，我们出版了这本书，但是由于我们是首次出版此类书籍，缺点错误在所难免，敬请广大读者批评指正。

编　辑

目　录

一、公文篇

二、档案篇

三、诗词奏折篇（附录）

一、公文篇

（一）噶厦[1]颁发的盖有内宫印[2]之牌票[3]

（藏历水牛年，乾隆五十八年，公元一七九三年）

自拉萨经扎什伦布、帕里至印度沿途各宗豁[4]的根保[5]头人、百姓人等一体知晓：

前来向钦差大臣中堂大人[6]上书的印度加尔各答官员之使臣阿扎惹亚达孜及其随员，即将返回印度，要在沿途各站打尖、投宿，所需途中口粮、饲草、柴薪，马夫和伙夫二人，驿站乌拉[7]乘骑五匹、驮畜十头，驿站脚夫二人，须如数予以征派。

该使臣携带有中堂大人给加尔各答官员之回信和礼品，事关紧要，沿途宗本、[8]豁堆[9]以及百姓人等，不得有丝毫延误。该使臣等人出发之日期已在驻藏大臣衙门登记在册，倘有延误，必将追究查办。为此，务必明辨是非，正确取舍。

另，随行之接待官员及其随从由拉萨经扎什伦布[10]至帕里，[11]往返途中所需驿站乌拉乘骑二匹、驮畜二头，以及打尖、饲草柴薪等也要一并予以征派。

乾隆五十八年二月十三日[12]

望按照上述殊胜佛王颁发的牌票办理。

水牛年二月十三日

译注：

〔1〕噶厦——为藏语བཀའ་ཤག之译音。意为“发布命令的机关”。旧译“噶厦公所”或“噶沙公所”。清乾隆十六年（一七五一年）珠尔默特那木札勒之乱被平定后，清廷废除原封郡王、贝子办理藏事的制度，改设噶厦，由噶伦（三品官）四人（三俗一僧）主持，下设仲益（秘书）二人，传达官四人，侍卫四人，埃仲（公差）两人，组成西藏僧俗农奴主阶级专政的统治机构，秉承驻藏大臣和达赖喇嘛意旨，共同处理西藏地方事务，遂成定制。噶厦下设仔康（又作镏康，审计处）和译仓（秘书处）两个机构，及诸勒空（办事机构），分别管理不同事务。一九五九年三月，国务院下令解散噶厦，由西藏自治区筹备委员会行使西藏地方政府职权。一九六五年正式成立西藏自治区人民政府。

〔2〕内宫印——藏语为ཕྱག་དམ།。原西藏地方政府时代，达赖喇嘛的私印。此处指七世达赖喇嘛之印。

〔3〕牌票——藏语ལམ་ཡིག，又作路引、信票、马牌、乌拉票等。旧时西藏过往僧俗官员、士兵、商旅、僧伽所持在沿途征派外差徭役的凭证，上写持证人姓名、身份、事由、起止地点，所需乘畜、驮畜、人役数等。旧时经清中央批准赴藏的外国人亦需凭此票行动。由沿途各地支外差的农奴按其负担的“岗敦”数平均摊派。清乾隆十六年（一七五一年），朝廷规定，上述人等需公派乌拉时，得禀明达赖喇嘛发给此种盖印牌票。自此基本成为定制。但仍有僧俗权贵私自滥开，致农奴不堪苦累，以至破产逃亡。

〔4〕宗谿——藏语为རྫོང་གཞིས།，为宗和谿卡的合称。宗是原西藏地方政府下属一级地方行政机构名称，位于基巧（相当于专区）之下，相当于内地的县。按其面积、位置分大、中、小、边四种，个别边宗因临边界要冲，位于大宗之上。每宗设宗本一至二人，僧俗并用，管理全宗行政、司法、粮赋、差税等事务。谿，为谿卡之简称，即庄园。谿卡（为藏语གཞིས་ཀ།之译音）是农奴主阶级在农区经营管理其领地、属民的主要组织形式。按领主类别的不同，分为雄谿（གཞུང་གཞིས།）即政府庄

园、曲谿（ཆོས་གཞིས）即寺庙庄园、格谿（སྒེར་གཞིས）即贵族庄园三种。规模大小不一，大的相当于一个县，小的只是一个小村庄。主要标志是每个庄园都有一处在该庄园领地范围内最高大的庄宅，藏语称为谿康（གཞིས་ཁང་།）。庄园的经管人称为谿堆（གཞིས་སྡོད），多为农奴主委派的代理人，常住庄宅内。每个庄园，即是一个自然经济单位，牧业、手工业等生产、生活物品均由庄园内自给自足。大庄园内由各领主私设有监狱、刑具。庄园既是经济组织，又是行政组织。庄园经营管理人遂成为类似于县、区的乡级官员。

〔5〕根保——藏语རྒན་པོ།的译音。旧时西藏农牧区传达差役通知或直接分派乌拉差役的头人，由宗本或所属领主委派及差巴轮流担任。在谿堆之下，管理庄园百姓，主要负责分派乌拉差役，接待过往官兵，调解民事诉讼等，多享有免差或使用专用草场、役使乌拉、向农牧奴敲诈勒索等特权，有世袭，也有轮任。

〔6〕中堂大人——系明清两代内阁大学士的别称。

〔7〕乌拉——藏语ཨུ་ལག的译音。源于突厥语。指旧时农奴向地方政府或各级领主所支应的各种差役，包括人役和畜役，总称乌拉差。

〔8〕宗本——藏语རྫོང་དཔོན།的译音，负责宗政府事务的官员。又称营官。始于元明之际。根据《钦定藏内善后章程》记载，清代宗本由噶厦从贵族中提名，经驻藏大臣审查委派，受基巧节制。分大、中、小、边宗诸等次，由五至六品僧俗官员各一充任，掌管宗内行政、差税、诉讼等事务，任期三年。边宗官员成绩卓著，可擢升代本，处边界要冲者设四品基巧兼之。大宗官员领有执照，多居拉萨，派代理人常驻宗署。

〔9〕谿堆——藏语གཞིས་སྡོད།的译音，常住庄园为领主办事的主要人员。一般由占有庄园的领主委派管家（涅巴）、强佐（总管）或当地大差巴（支差的人）充任。负责管理谿卡各方面事宜，管理农奴，办理农奴交换、生死登记等手续，征收人役税，处理庄园内的案件、纠纷以及镇压农奴，为领主经营自营地和其它生产，摊派内差乌拉、征敛贡赋，为各级地方政权催征差税等。

〔10〕扎什伦布——藏语བཀྲ་ཤིས་ལྷུན་པོ།的译音。藏传佛教格鲁派（黄

教）在后藏的最大寺院。寺名为藏语译音，意为“吉祥须弥”寺，常同拉萨三个大寺并称为西藏四大寺。此寺位于日喀则附近尼色山旁，明朝正统十二年（一四四七年）在贵族穷结巴·霍尔班角桑波等人的资助下，由宗喀巴的弟子根敦主（即第一辈达赖喇嘛）创建。明万历二十八年（一六〇〇年）第四辈班禅任该寺住持，大规模扩建后，成为历辈班禅住锡的母寺。内分四个扎仓，六十个米村，无康村设置。曾规定僧人总数为三千八百人，多时曾达四千四百人。主建筑措钦大殿可容纳两千人，还有弥勒殿、度母殿、汉佛堂、印经院、历辈班禅灵塔、班禅居住的宫室、僧侣居住的僧舍等建筑，总面积近三十万平方米，沿山脊而下周边筑有一千五百余米长的围墙，俨似一座山城。弥勒殿供奉的镏金铜弥勒佛像（藏语称“强巴”）高二十六点八米，堪与河北省承德大佛寺的大佛和北京雍和宫的观音佛媲美。汉佛堂为班禅跪接清朝圣旨场所，供有乾隆帝画像和道光帝牌位。寺内收藏有皇帝赐的金册、金印、玉玺、封诰、敕书及珠宝、刺绣、古瓷等珍贵文物。

〔11〕帕里——藏语ཕག་རི།的译音。为西藏自治区亚东县辖一城镇名。海拔四千二百米，有“世界第一高城”之称。

〔12〕本篇原藏文发文年代有错误。应为水牛年，乾隆五十八年，公元一七九三年。

（二）噶厦颁布的两份文告

噶厦命令

（藏历水马年，光绪八年，公元一八八二年）

事由：经西藏社会扩大会议认真研究决定，为杜绝各宗豀在填报收支清单时阳奉阴违，弄虚作假，应有地方头人、百姓共同推选出干练之公众代表，事无巨细，共同负责。同时，倘若发现政府办事人员存心不良，玩忽职守，置百姓之利益于不顾者，可直接举报，决不可姑息迁就，徇情放纵，如果出自防患而阿谀奉承，致使百姓不得安宁者，对当地的根保和当事者，定将严惩不贷。为此，尔等要明辨利弊，正确取舍。

此文告务必昭告四方，晓谕全体百姓，在宗政府收文簿上登记，并且将执行情况立即禀报。

水马年八月十五日

通　知

（藏历火兔年，同治六年，公元一八六七年）

事由：尔等为怙主达赖喇嘛[1]和摄政[2]以及噶厦等处每月敬献了气味芳香之上等神香。现特赏给藏银十个章卡，[3]请如数查收。尔后每月敬献的神香其质量不得次于先前，并通过噶厦驻亚东基巧[4]按时分别呈送。切记。

火兔年　月　日

译注：

〔1〕达赖喇嘛——藏语ཏཱ་ལའི་བླ་མ།之译音。“达赖”原为蒙古语，藏译为“嘉措”，汉译为“海”；“喇嘛”，藏语意为“上师”。明神宗万历六年（一五七八年），蒙古土默特部领主俺答汗（明封顺义王）迎请格鲁派喇嘛锁南嘉措于青海仰华寺讲经传法，尊之为“圣识一切瓦齐尔达喇达赖喇嘛”，是为此尊称之始。后追认根敦主巴为第一世达赖喇嘛、根敦嘉措为第二世达赖喇嘛、锁南嘉措为第三世达赖喇嘛。清顺治十年（一六五三年），五世达赖阿旺·罗桑嘉措朝觐清帝，清世祖正式册封其为“西天大善自在佛所领天下释教普通瓦赤喇怛喇达赖喇嘛”，赐金册、金印，正式确定达赖喇嘛为藏传佛教之最高领袖。此名号历世相传，其转世必经中央政府册封，已成为定制。此处指十二世达赖喇嘛。

〔2〕摄政——藏语རྒྱལ་སྲིད། རྒྱལ་ཚབ། སྲིད་སྐྱོང་།等，其意均为摄政，即代替达赖掌办西藏政教事务的人。西藏摄政制度始于清乾隆年间。乾隆二十二年（一七五七年），七世达赖喇嘛圆寂，乾隆帝恐噶伦等人“擅权滋事”，令第穆呼图克图“一体掌办喇嘛事务”，在达赖喇嘛转世及成年以前代行达赖喇嘛职权，创设了“摄政”制度。此处指摄政第穆呼图克图。

〔3〕章嘎——藏语ཊམ་ཀར།之译意，也作章卡。原为对尼泊尔一种银币的称谓，此种银币在十六世纪中叶流行于西藏，系西藏以白银与之易换而来。乾隆五十六年（一七九一年）九月，乾隆帝谕：“我国中外一统，同轨同文……区区藏地何必转用外番币货，”遂下令将其销作银两，在藏铸造有“乾隆宝藏”等字样银币，并规定“每元照旧重一钱五分，纹银一两，易六元，余一钱作为工本费”。并决定“由驻藏大臣督同员役监制经理”。嗣后，西藏自铸银币相继不断，并于一九一三年开始铸

制铜币与纸币，亦曾以相当于一钱五分的银币章嘎为单位计算，故其又成为藏币计算单位名称。

〔4〕基巧——藏语སྤྱི་ཁྱབ།之译音，又作基恰。意为“总管”。原西藏地方政府属下地方行政机构。相当于内地的专区。多设四品以上僧俗官员各一人主事，上对噶厦负责，下领所属各宗豁。原西藏地方政府于昌都、黑河、山南、日喀则、阿里、亚东、工布等地，均设有基巧辖之。其职权主要是监督和指挥下属各宗政府的一切行政事务，在辖区内可派收日常所需差物，判处各宗豁不能解决的纠纷。

（三）噶厦颁发的乌拉牌票

（藏历火兔年，民国十六年，公元一九二七年）

拉萨至亚东沿途各宗堆、豁堆、根保、百姓一体晓示：

亚东总管四品官邦达瓦返回亚东，准予征派单程按宗转送的长站乌拉[1]乘骑五匹、驮畜八头，不得误期，立即支派。并按"铁羊年条例"规定，可征派牛皮船摆渡，沿途打尖住宿时，派给马夫、伙夫两人。每匹乘畜脚价藏银十五两，每头驮畜脚价藏银五两，如数付清后，依次签名盖章，不许滋生邪道。此牌票一次有效，抵达亚东后立即收回。

火兔年十一月十九日

译注：

〔1〕长站乌拉——藏语རྫོང་སྐྱེལ།之意译，有时也音译为"宗解"，旧时藏区差巴（支差的人）支应的差役之一。支差农奴按宗转运西藏地方政府及官商的物资，从一宗送往另一宗。不能出劳役者，可用藏银代付，每半年向根保或土司付一次。此种乌拉往返一次需数日或数十日。三大领主往往以公事为名，滥派乌拉，加重了人民的负担。

（四）宗谿颁发的乌拉牌票

江孜至拉萨沿途各宗谿、驿站[1]，根保、百姓等一体晓示：

为至上达赖喇嘛置办生活用品的官员及其随从，前往拉萨，需按宗转送的长站乌拉乘骑三匹、驮马三匹，按当地脚价支付，互不吃亏，需立即支派，不得延误。在沿途各站打尖、住宿时，所需草料以及摆渡所需船只，均按市价付费。此牌票单程有效，抵达拉萨后即由噶厦收发处收回。

江孜商税总局　七月十日

译注：

〔1〕驿站——藏语ས་ཚིགས།，旧时，供传递政府文书的人中途更换马匹或休息住宿的地方。西藏的驿站始于元朝，《西藏佛教发展史略》载："一二六〇年，忽必烈即帝位"，"派达门到藏了解当地情况，调查各地户口，确定贡品数量，并在藏族地区各地设置译站。达门依据当地人口疏密、资源丰啬，在康区设置了七个大站；在甘青藏区设置了九个大站；在前藏设置了四个大站；在后藏设置了七个大站。大站之间，各设若干小站、军站。"

（五）上级法院的诉讼判决书

（藏历火龙年，嘉庆元年，公元一七九六年）

兹宣布一式两份的判决书如下：

当此奉天承运大皇帝法王和地方政府的政教两制律令严明，法网恢恢，疏而不漏，一切众生安居乐业之时，你等二人不顾廉耻。鉴于王法之威严，本应安分守己，不该到法院起诉，与此相反，两人却为了争夺产权发生争执。于是特委派二位僧俗官员，听取了双方的陈述和申辩，审阅了官契文书，并详细禀报了内庭怙主（即达赖喇嘛）。认为双方贪心不足，缺乏公道正直，除一些承受法律责任之虚文外，主要当事人双方执行事项如下：各自交纳内库哈达[1]一条、面子薄绫[2]十方、茧绸十八方以上、加松[3]三匹、上等薄绸（六方长的）一匹、穷厥砖茶[4]三包、大布[5]一匹，并依次交清四分之一的文书费，作为罚金。

在陈述理由时，他（才仁）说：尽管（扎西）声称有这块土地的官契文书，但是却拿不出来，因此我不能将这块土地交付于你。倘若将所需的官契文书能在法庭上出示的话，那就无须争执。否则，应严惩撒谎者，土地仍像原先一样归小人所有。扎西的官契文书中地望不详，以手指山，占为己有，此事闻所未闻。同样才仁说土地不能交出，但又无土地来源的证人字据，空口无凭，犹如以身试法，罪责不轻。

今后，这块土地一分为二，各耕其半。望保持兄弟般的情谊，像乌云离开太阳一样，消除以前的怨恨。倘若心记旧仇，再次发生纠纷，在法官面前，根据违反原判的先后及情节的轻重，让其交纳若干罚金。今后只要日月还在运行，此判决永远有效。

当事人双方各写一份履行议定书，于×月×日之前交来。

火龙年八月八日

译注：

〔1〕内库哈达——藏语མཛོད་བཏགས།即上等特制丝质哈达。“哈达”为藏语ཁ་བཏགས།之译音。藏族和蒙古族人民用于迎送、馈赠、敬神及日常交往礼仪用品，一种象征吉祥的纱巾或丝巾，广泛流行于我国西藏、青海、四川、云南等藏区和内蒙古及蒙古国等地。相传元朝时由内地传入西藏。一二六〇年，西藏萨迦法王八思巴受元世祖邀请至内地，返藏时曾带回第一条有“吉祥如意”字样，两边有万里长城图案的哈达。哈达一般为白色，象征纯洁、吉祥，并有浅黄和蓝色的，是最隆重的礼品，为特定时间使用。哈达内分特等内库哈达、头等阿喜、二等素喜、三等素达等品类。旧时西藏劳动人民之间所使用的哈达是最次的哈达，往往是二三尺长的纱巾。

〔2〕面子薄绫——藏语为སྨན་ཉིང་།，一种有花卉图案的黄色薄绫。

〔3〕加松——藏语རྒྱ་ཟོམ།之译音。汉地出产的一种绸缎。

〔4〕穷厥砖茶——藏语ཚང་ཟྭག之译音。一种茶的名字。

〔5〕大布——藏语རས་ཆེན།，从尼泊尔进口的一种棉布。

（六）撤回诉讼的调解书

（藏历水蛇年，光绪十八年，公元一八九三年）

为给甘丹沃美林寺[1]和拉孜宗[2]政府差民兴利除弊，特发布一式两份的调解书如下：

你等受施者和施主之间的情谊是今生来世积福之源，是创造幸福之良策，本不应背弃，然而去年十一月间甘丹沃美林寺禀称："历届上官大人，特别是七世班禅[3]大师丹白尼玛[4]所颁发的庄严执照中规定：豁免一切大小差税。但是，近来由于个别无能的办事人员未能掌握好分寸，重新征派了拉莫水磨差、酒税、坐床粮出入库的搬运差等额外差税。为避免造成坏的先例，请求上官大人赐予追封文书。"现申请已获批准，赐予盖有复核印鉴的文书内称："虑及该寺教派纯正，讲经修法都很兴旺，是大家供养敬奉之地，原先颁发的永久执照确切有效，为其他所不能类比。最近请示怙主大遍知遍观（班禅大师），今后仍将保持原状，自不必说，不可沿袭一度出现的陋规，直接间接地强征过去所没有的差税。总而言之，无论支应、减免及应保持原状，毫不犹豫地永远依照班禅大师的指示精神和所颁发的追封文书的内容进行正确取舍"。又称："在追封文书中明文规定的一切和间接规定的布达拉宫管理处的青稞糌粑运输差、德林[5]等庄园的运粮差、'正多吉甲'差[6]、屠宰税和酥油包装差等，往日吉布达寺庙庄园虽按常规二十七个宗岗[7]（支差单位）进行摊派。但今后根据追封文书精神，只需按二十个宗岗摊派，并已通过宗本向百姓讲清。”

全体政府差民禀称：以前在该地区有五百个大冈差地，都是庄户。后来由于贫困破产，只剩下二百个贫冈差地，而且像饿鬼一样生活，牲畜一般干活，全都贫困不堪。寺庙本身对此甚是了解。但是，不但不慈悲怜悯，而且还在以往支应的差税上建起新的陋规，欺骗上官大人，将逃亡差户的亏空差强加在贫困的政府差民的头上，使得这些贫困的政府差民面临走投无路的困境。因此，特来向上官大人禀报此情。

此时，百姓来到古寺，鄙人洛章·堪卓巴认为：犹如一滴鲜血滴进了一壶牛奶里。至今施主和受施者以往的真诚情意已被破坏。这无论是对地方上的幸福，还是对死后的业果都毫无益处。并且还要闹到法庭相见，岂不是“当空抖烂毡”——当面丢丑嘛。有何益处？小人发菩提心，调解如下：

虽然你们双方都讲述了不少理由，但是尚待对质，进行核实。而你们一个比一个强硬，则只会使隔阂越来越大，断无了结之时。犹如用石头把羊毛团压住一般，把分歧搁在一边。以后互相之间应遵守的协议是：

政府差民应好好考虑，寺庙以“三学”[8]为美德，乃显密宗之权威，是（人们）今生来世的皈依处，是应该礼拜和供养的场所。尤其是各户在给上官大人支差或者在生活开支拮据时，寺庙则是唯一可以张口伸手进行借贷的地方，应对其敬信和热爱。在追封文书中明文规定，拉莫水磨差、酒税、坐床粮出入库时的搬运差全部减免。追封文书中规定，暂时支应二十个宗岗。意思是从赐给追封文书之日起，说暂时根据其需要进行减免，但并未明确规定在什么时间。而且以往这些年来都在支应，现在若进行减免的话，有些欠妥。然而考虑到受施者和施主之间的情谊，可减免两个“村岗”（按：这是扎什伦布寺自行规定的一种支差单位）的差税负担。鉴于《差税清册》规定，扎什伦布寺没有减免西藏地方政府差税的权力，对平时负担的乘马、驮畜、人役等三项差税，可以从水蛇年五月十一日起，三年内实行内部减免。[9]

与此同时，甘丹沃美林寺也要遵循释迦牟尼佛关于“忍耐是高尚的苦行，乃解脱之妙道”；出家不伤害他人，伤害他人者非出家之人；“倘若违背四法，将被逐出沙门之列，要把利乐让与别人，把亏损留给自己”的教导。这些美德是无比山居噶丹派与众不同的优点，是全体政府差民今生来世的依靠处，并非嘴上说说而已，要真心诚意地身体力行。在此衰败的困难时刻，如若固执到底，那么，不管以往如何怜悯，都将“手抹足迹”，前功尽弃。尤其感到惋惜的是，此刻受施者和施主之间以往的情谊受到了伤害，并落此骂名。对于古寺从一开始就应该注意维护其声誉，发扬其优点。总之，应该从大处着想，原有的官方执照和盖有复核印鉴的追封文书中所明确规定的差税，除按上述办法进行减免外，其余所有正在支应的差税，今后照常支应，自不待言。另外，双方理应将少数捣乱的罪魁祸首揭露出来，驱逐出去。

目前，双方尽可能在和好的基础上遵守调解，以免受到法律的严厉制裁，造成新的损害。我为了尽其和好，有利当事双方，没有“箭近靶远”——偏袒任何一方。可以用天平来量的公正之调解书，如双方同意请在下面各写一份协议保证书，并注明年月。倘若仍各持己见，不愿信守调解，犹如“马背不磨出背伤，马鞍有何妨?”望收到调解书后，迅速作出明确答复，以便向上官大人回禀。

洛章·堪卓巴

写于水蛇年五月十日

译注:

〔1〕甘丹沃美林寺——藏语དགའ་ལྡན་འོག་མིན་གླིང་།之译音。该寺位于西藏自治区拉孜县，于一六四九年五世达赖喇嘛所创建，属格鲁派。

〔2〕拉孜——藏语ལྷ་རྩེ།的译音。在西藏自治区的东南部、日喀则的西面、雅鲁藏布江上游。县人民政府驻曲下。

〔3〕班禅，即班禅额尔德尼——藏语པཎ་ཆེན་ཨེར་ཏེ་ནི།之译音。藏传佛教格鲁派（黄教）两大活佛（达赖、班禅）转世系统之一的称号。“班”系梵语，是“班智达”一词的简称，意为“学者”；“禅”，藏语音译，意为“大”；额尔德尼，满语，意为“宝贝”。清顺治二年（一六四五年），蒙古和硕特部首领固始汗统治卫藏时，尊扎什伦布寺的寺主四世班禅罗桑却吉坚赞为“班禅博克多”。“博克多”为蒙古语，对有智有勇的英雄人物的尊称，令其主持扎什伦布寺，划后藏部分地区归其管辖。康熙五十二年（一七一三年）康熙帝以“班禅额尔德尼”封五世班禅洛桑意希，并赐金册、金印，确认了班禅在格鲁派中的地位，遂成定制。自第一世班禅克主杰·格勒贝桑起到现在已历十一世，历代班禅均坐床于扎什伦布寺。

〔4〕丹白尼玛——藏语བསྟན་པའི་ཉི་མ།之译音。为七世班禅额尔德尼（一七八二年—一八五三年），藏族，法名“罗桑巴登丹白尼玛却勒朗结贝桑布”，生于后藏南木吉雄（今仁布境内），父巴登顿珠，母其美甲姆。自幼聪慧灵异，乾隆四十八年（一七八三年）由清高宗降旨批准为七世班禅。乾隆五十七年（一七九二年）当清军驱逐入侵西藏的廓尔喀兵之后，与清军统帅福康安议定《藏内善后章程》，道光二十二年（一八四二），捐资助平森巴、拉达克等之乱，皇帝赐以“宣化绥疆”四字以彰其功。道光二十四年（一八四四）以十一世达赖喇嘛年幼，摄政策门林呼图克图失职，奉命赴拉萨摄政藏事，二十五年，受赐金册、金印，次年为十一世达赖克主嘉措授沙弥戒，辞摄政职，退居扎什伦布寺，广宣佛法，徒众甚多。

〔5〕德林——藏语བདེ་གླིང་།之译音。一庄园名称。

〔6〕正多吉甲——藏语འཛོམ་མདོའི་སྐྱིད་རྒྱག之译音。一项差役名。

〔7〕宗岗——藏语རྫོང་རྐང།之译音，原西藏地方政府计算各宗差地的基本单位名称。通常两岗或四岗为一顿（藏语འདོན།），每顿面积的大小不定，大者可播种青稞百余藏克（见第21页相关注释），小者可播种二三十藏克，依土地多少规定每顿交纳田赋若干藏克、畜力差徭若干头次、兵役差若干名等。

〔8〕三学——藏语བསླབ་པ་གསུམ།为佛学用语，即戒学、定学和慧学。

〔9〕内部减免——藏语ནང་ཆག།，即在支差时政府征派的差税总数不变，而只是根据某些差民的贫困情况，由全体差民协商，适当减少贫困差民的部分差税，而该部分差税由其余差民共同负担。

（七）百姓的上诉书

神等有寂顶饰、大遍知遍观怙主佛王诸具德护地人主钦命内大臣等尊前：

小民现在是哲蚌寺[1]总管委员会[2]的属民色康·顿杰，被逼无奈，不得不向诸位叩首并呈文禀报，万望莫嫌烦扰，听此禀报。

小民的先辈曾经为了佛法善业，慷慨施舍，每年根据年景的好坏向哲蚌寺基索[3]第巴[4]奉献僧俸粮[5]一百至一百五十藏克[6]。敝后生尽力继承先人的遗志，一直奉献至今。尽人皆知，今年本地的年景不好，为此，特请求寺庙基索的大管家准许今年缓交，待来年一并奉献。其答复是："不能开此坏的先例，陈述类似情况的人很多，不能延缓期限。如果顿杰本人无粮，可以向他人借贷，最好此刻就备齐。否则，原先信徒本人用作供奉的土地不论多少，都得移交给我们。"现在特别要禀报的是并不像地方催粮人所说的那样，死者生前留有遗嘱，立下字据，指明哪些土地是所谓的供奉地。现在乞施二者的位置被颠倒，乞讨者强迫施舍者进行施舍。如此的话，小民父子三人是为达赖喇嘛服务的属民，完全按照指示办事，不得不提出申诉，请将差地[7]交还本人。祈请尊意稍于垂察。明鉴！明鉴！再明鉴！

随禀附献阿喜哈达[8]一条。

八月五吉日　呈

译注：

〔1〕哲蚌寺——藏语འབྲས་སྤུངས་དགོན་པ།的译音，意为“米聚”寺。藏传佛教格鲁派（黄教）最大寺院之一。全名“吉祥米聚十万尊胜洲”。为历辈达赖喇嘛母寺。与甘丹寺、色拉寺合称拉萨三大寺。位于拉萨市西五公里的更培乌孜山麓。明永乐十四年（一四一六）在贵族内邬宗宗本南喀桑波资助下，由格鲁派创始人宗喀巴弟子扎西白登（一三七九—一四四九），又名绛央曲杰主持创建。初始只有七名僧徒，后由于蒙古俺达汗和清廷曾先后扶持第三和第五辈达赖，寺内组织渐设七个扎仓，后又合并为四个扎仓，下共设二十九个康村，每康村下属若干米村。统管全寺的机构称“拉吉”，由错钦堪布（又作赤巴，清代译称坐床堪布）主持。主建筑为错钦大殿，近两千平方米，可容五千人，中小殿堂、僧舍等鳞次栉比，构成一庞大建筑群，宏伟壮观，内藏经典、佛像、绘画、法器及明、清皇帝所赐珍宝颇丰。

〔2〕总管委员会——藏语为བླ་སྤྱི་ཞུན་རྒྱས།，即拉萨三大寺院的高级会议。为寺院各扎仓堪布及铁棒喇嘛、执事僧、公上（专指总管寺院公共财物收支的机构）等执事人员所参加的集会。

〔3〕基索——藏语སྤྱི་སོ།之译音。有时又译为公家、公上等，旧时专指总管寺院公共财物收支的机构。

〔4〕第巴——藏语སྡེ་པ།之译音。又译牒巴、第悉，原意为“部落长”、“头人”、“领袖”。清初西藏地方官名，意为“政务总管”，代表达赖喇嘛参加蒙古和硕特部在西藏建立的地方政权。后五世达赖喇嘛命其掌西藏地方政、教事务，权力甚大，俗称藏王。康熙六十年（一七二一）清朝废第巴掌政制，行噶伦联合执政制，遂成为地方行政官员职称，似营官，按地方大小设一至二名管理地方一切事务。凡其任命调遣以达赖喇嘛和驻藏大臣印信为凭。西藏某些地方部落的头人及地方实力集团领袖人物亦有此称谓。

〔5〕僧俸粮——藏语ཚོགས་ཞིབས།，意为维持费、薪资。旧时支付僧众维持生活的粮食、货币等资财。

〔6〕藏克——藏语ཁལ།之译音。藏克为西藏的容量、重量和面积单位的名称，作为容量单位名如藏克，即藏斗，分二十藏升，重约二十八市斤；作为重量单位名德藏克，即藏斤，分二十藏两，重约七市斤；作为耕地面积的单位，一藏克地，就是一藏克种籽所播种的耕地，约合一市亩。

〔7〕差地——藏语ས་རྟེན།，旧时西藏农奴租种三大领主的土地。根据所耕土地面积的大小支付一定的乌拉差役。

〔8〕阿喜哈达——藏语དར་གོས་ཨ་ཤེ།，哈达之一种，详见“内库哈达”条。

（八）通　知

事由：安排明年铁虎年传大召[1]时放斋僧茶和布施的工作会议，订于十八日召开，届时噶厦和内侍大小堪布[2]以上人员，根据各自的地位品级，穿彩黄色大马褂、缎子镶边马褂、披单等，每人带一条阿喜哈达。另外，孜雪[3]内外的其他办事官员，上中下僧俗官员和仲多[4]等，需要穿新衣裳，各带素喜哈达一条。

开会时间：十八日上午九时。

地点：罗布林卡[5]达赖喇嘛的行宫。

全体人员务必按时到会，接此通知后，务必签署收到通知的印章，并将通知随时送回。

写于罗布林卡侍卫室

月　日

译注：

〔1〕传大召——藏语སྨོན་ལམ་ཆེན་མོ།，意为祈愿大法会，通称传大召。始于明永乐七年（一四〇九），宗喀巴为纪念释迦牟尼，于藏历正月，在拉萨大昭寺倡办了一次讲论佛经、发愿祈祷的宗教法会（即传召）。宗喀巴涅槃后，中断十九年，二世达赖根敦嘉措时始恢复，以后每年举行一次，成为惯例。法会从藏历正月初三至二十四日。届时，三大寺僧

众及卫藏、安多、康区各地僧众齐集大昭寺，进行各种宗教活动。至五世达赖罗桑嘉措时，开始在法会中以辩论佛经的形式，从三大寺僧徒中选取头等格西。法会期间，由哲蚌寺铁棒喇嘛接管拉萨市政的封建特权，维持拉萨市区秩序。与此同时，二月亦举行法会，规模较小（藏语为ཚོགས་མཆོད།），为别于“传大召”，通称“传小召”，法会初始原为西藏活佛举行的圆寂周年祭。后以此特指七世纪末第巴桑结嘉措为五世达赖举行的圆寂周年祭。从此以后，每一代达赖圆寂，即延长周年法会一日。

〔2〕堪布——藏语མཁན་པོ།之译音。原系藏传佛教中主持授戒的亲教师的职称，后成为当权僧侣的专称和西藏地方政府官职名。有寺庙主持堪布，如扎仓堪布、森本堪布等，以及具有堪布名号的地方政府的高级僧官，如堪钦、堪穷等。达赖喇嘛系统的堪布，须有获取格西等学位的高僧充任。乾隆五十八年（一七九三）《钦定藏内善后章程》规定，由驻藏大臣、达赖喇嘛和掌办商上事务的官员协商选任，并发执照，以除弊端。道光二十四年（一八四四）复规定除格西学位外，须具有二十年资历者始准充任。原西藏地方政府的僧官大堪布相当于三品，小堪布相当于四品。

〔3〕孜雪——藏语ཙེ་ཞོད།之译音。文中此处的“孜雪内外”，是指西藏地方政府所有办事机构的总称。

〔4〕仲多——藏语དྲུང་གཏོགས།之译音。原西藏地方政府内的俗官。地位相当于仲科而实际稍逊者。

〔5〕罗布林卡——藏语ནོར་བུ་གླིང་ཀ།之译音。意为“宝贝林园”，清代曾作“御东园”。在西藏拉萨市西郊。原是一片杂草丛生的沼泽地，十八世纪四十年代，七世达赖在此沐浴疗养，清朝驻藏大臣曾修筑一名为“乌尧颇章”的凉亭供其休息。清乾隆十六年，七世达赖命人在凉亭旁建第一座宫室，名“格桑颇章”，遂成为达赖每年夏秋季居住和处理西藏政教事务的地方。八世达赖喇嘛时（一七五八——一八〇四）续仿汉族建筑风格，开挖池塘，修建湖心殿、龙王庙、阅览室和石桥等。一九二二年后，十三、十四世达赖时又建成金色颇章和达旦米久颇章两座宫

室，植树养花，增设喷水池、藏戏台，扩建宫墙，始具今日之规模。宫墙内共占地三十六万平方米，有亭台楼阁等房舍近四百间，植树五十种，花卉六十种，还有珍稀鸟兽十余种。是集宫殿、庙堂和西藏地方首脑人物办事处于一体的优美园林。今已辟为人民公园。

（九）下级机关所发执照

鉴于羊八井拉托卡[1]地方是收取乳制品租税的重要牧场，已有划分草场地界的固定红契。但是，最近拉让强佐[2]的协如丹巴[3]向上官大人呈文揑报，声称位于根达拉山[4]前面叫做噶布果[5]的地方属于他们所有。仁慈的上官大人专门派人特地进行了调查，明确宣布：自己的土地不要交给别人。此乃众所周知。但是，我们属下的无知百姓，却为他人寄放畜群，暗中收取草费，曾受到严厉批评，故今后决不允许发生类似情况。你等头人、根保要继续查访，注意防止部落间发生纠纷，要使部落间的团结如水乳交融，亲密无间。对此要广泛讨论，并坚决贯彻执行。

策墨林[6]庄园管理员
二堪仲[7]于　月　日

译注：

〔1〕羊八井拉托卡——藏语ཡངས་པ་ཅན་ལ་ཐོག་ཁ།之译音。西藏自治区当雄县西部的一个镇名。

〔2〕拉让强佐——藏语བླ་བྲང་ཕྱག་མཛོད།的译音。此处指原西藏地方政府专管传大召法会开支和收入的机构。

〔3〕协如丹巴——藏语ཤེ་རུ་བསྟན་པ།之译音，一人名。

〔4〕根达拉山——藏语ཀན་ཏ་ལ།之译音，一山名。

〔5〕噶布果——藏语དཀར་པོ་ཀོགས།之译音，一地名。

〔6〕策墨林——藏语ཚེ་སྨོན་གླིང་།之译音，西藏自治区拉萨市内格鲁派一寺庙名。其寺主称灌顶室利图诺门汗，在清乾隆、嘉庆年间和清末民初曾三任西藏摄政。

〔7〕堪仲——藏语མཁན་དྲུང།之译音。原西藏地方政府益仓中有堪布名位的僧官，即仲益钦莫（意为大秘书）。此处指主管策墨林寺的二堪仲。

（十）百姓所呈之甘结

铁牛年×月×日

利乐之源政教两制法官大人阁下：

敬禀者，下列签名盖章人呈上信誓不渝之甘结。事由：小民江达宗属政府、贵族、寺庙等庄园的头人和百姓等，无可奈何，迫不得已向上官大人禀报，请赐嘉言。请按照住户人口的多少和财力的大小，从库耗什一的基金粮中给所有冒烟户，每人借给口粮、籽种粮三藏克。现已得到批准，此乃地方宗本、头人熟知内情，对症下药。今后每年交付十分之一的年息，理所当然，自不待言，并且每年按时偿还本金粮十升，绝不借故拖延，君子一言，驷马难追，有言在此，决不违背。倘若有人违背，不认真执行时，一旦被揭发出来，听凭上官大人处罚，咎由自取，自作自受。

依次签名画押者：

政府差民佐扎格云，岗仲丁达肖签字。贵族阿沛之管家代表彭仲阿却签字。

甘丹寺[1]色公康村[2]和理塘米村[3]的公众代表强佐丹增等的代表代理堪布强佐桑珠签字。

译注：

〔1〕甘丹寺——藏语དགའ་ལྡན་དགོན་པ།之译音，又写作噶丹寺、噶勒丹寺、噶尔丹、甘当寺等，为藏传佛教格鲁派最大寺院之一。全名意为“具喜尊胜洲”，清世宗曾赐名“永泰寺”，是藏传佛教格鲁派历史最悠久的庙宇。明永乐七年（一四〇九）在贵族扎噶尔宗宗本仁钦贝等人资助下，由藏传佛教格鲁派创始人宗喀巴亲自主持修建，并作该寺首任法台。与哲蚌寺、色拉寺合称拉萨三大寺。位于拉萨市南达孜县汪固尔山的山坳处。原有主建筑措钦大殿，可容三千人，内设宗喀巴讲经时用过的坐椅。还有宗喀巴肉身灵塔、居室及大小殿堂、僧舍等，历经扩建，规模宏伟，内藏珍贵文物亦丰。寺内分绛孜、夏孜二扎仓及若干康村等组织。每七年轮流由二扎仓的却杰（法主）中出一人总管全寺事务，称甘丹赤巴，即甘丹寺法台，被视为宗喀巴的传统继承人，宗教地位颇高。在旧西藏政教合一制度下，该法台常同达赖、班禅或摄政等一起参与西藏地方重大政务的决策。

〔2〕康村——藏语ཁང་ཚན།之译音。旧时藏传佛教格鲁派寺院中扎仓下属依僧徒来源家乡地区划分而成的僧团单位。如甲绒康村，即是大小金川来的僧人之学舍，别地区来的僧人不能加入。其主持人称格根（藏语དགེ་རྒན།师傅、老师、长老），设一人，候补格根一人至数人。由资历最高的僧人充任，管理其宗教、财务等事务。每个康村都有自己的财产，有的还占有土地、牲畜等生产资料及农奴。此僧团单位人数不等，有的康村下面再分若干米村。

〔3〕米村——藏语མི་ཚན།之译音，又作密村、弥村等，意为“人员单位”。旧时西藏等地藏传佛教寺院中基层的喇嘛组织，即僧侣居住单位，是康村内更小的地域性组织，以僧徒籍贯划编，一般十数人至百多人不等。后藏扎什伦布寺扎仓下即为米村，等于前藏康村。

（十一）百姓内部之甘结

铁猴年×年×月

呈上借据、甘结合一之文书。

事由：小民鞋匠顿珠彭措因家中开支拮据，从拉萨桑珠颇章府上仆人次诺手中以十两利[1]借到藏银一百个章多[2]，深感重恩。保证六年后本利一并归还。决不食言反悔，推卸责任，以薄情报厚德。不管该字据措辞清楚与否，到期保证按时奉还。

此据

顿珠彭措本人盖章

译注：

〔1〕十两利：旧时利率之一。每借藏银五十两，经十二个月生息十两。相当于年利率十分之二。

〔2〕章多：旧时藏币计算单位之一。一个章多为藏银五十两。

（十二）寺庙发给属民百姓的永久执照

具德哲蚌大寺的罗色林扎仓闻、思、修十分旺盛，僧众人数犹如夏季之河水一般猛增。上官大人对该扎仓无限关怀照顾，颁发了永久执照，各信徒奉献的所有男女奴隶、土地、草地牧场等统归罗色林所有，合理使用；此外，在未向本扎仓报告之前，不许暗地勾结，将土地租给他人；不许奴隶外逃；不许与其他领主的属民结婚，造成属民外流。下属百姓理应安分守已，小心谨慎地支付各自负担的差税，不得拖欠。今后，不论尊卑何人都不准制造麻烦，而应尽力予以有利协助。望正确取舍。

哲蚌寺拉基[1]负责人

月　月

译注：

〔1〕拉基——藏语བླ་སྤྱི།之译音，即寺内的总管委员会。详见总管委员会条。

（十三）寺庙向百姓索取的甘结

火狗年×月×日

利乐之源，两制最高法官大人阁下：

下列签名盖章的当事人，在此立下信誓不渝之甘结，真诚无伪地呈禀。

事由：感谢我寺吉祥无比的大扎仓对我等贱民无限关怀，从僧院内库秋季法会的僧俸粮中，按借五还六（即春天借五藏克粮、秋天还六藏克粮）的利率，借给每户麦豆混合粮十八藏克。保证在九月一日运送僧俸粮时，按时归还，绝不拖延。并将利息粮晒干扬净，做到无土块、无石头、无糠秕、不潮湿，并且不向过斗人行贿等，自不待言。倘若出现拖欠时，正如全村人保证的那样，在十月二十五日前，由各户自动把利息粮送往寺庙，并将本金粮一次还清。保证执行此甘结，决不违背。

不管此甘结内容清楚与否，倘若出现丝毫违犯时，甘愿接受任何处罚。为保证以后坚决执行上述甘结，各差民户主传盖印章。根保阿村盖章、担保人贵族多喀娃的仆人西夏普扎西盖章。

（十四）化缘文

（藏历水狗年，民国十年，公元一九二二年）

居住在阳光普照、四方居中、具五奇征之南瞻部洲的一切众生，尤其是六部之中观音菩萨所化刹土——乌思藏和所有藏族居住的福地政府的四业总管[1]、大臣、公爵、扎萨[2]、台吉[3]、大小堪布[4]、粮务、代本[5]、孜本[6]、色朗巴[7]、孜雪勒空[8]之内外勒参巴、僧俗 仲科尔[9]，乌斯藏[10]、下区青康六冈地[11]、阿里三围[12]、北方蒙古四部等委派的所有文武官员和领区内的根保、定本[13]、庄头、百姓、商贾等一体知晓：

三域众生一切眼前和长远愿望之根源乃是如同如意宝一般的释迦牟尼佛所教证之佛法。为阐明此法，一切佛法之父，妙吉祥善说狮子身穿褐黄色袈裟的自在大师，世出世间之顶饰三界法王宗喀巴之学说犹如纯金已成为佛教基地的甘丹寺，如《妙吉祥根本续》中所说：

我在世间涅槃，大地之上变空。尔等文殊化身，从事佛法功业。彼时甘丹大寺，建在雪域西藏。

（这里叙述了该寺庙的来历和特点，接着又叙述了该寺衰败的情况，该寺好的长老在任期内，虽然尽力保护公共财物，节省开支，但是寺庙经费仍然不足。[14]）

望你等上述人员，为了永久安乐，以本人享有的权利和财富，为定期法会创造新的条件，可将土地、房屋、水、草等的所有权全部献出；并将粮食、银两、酥油、奶渣等限期定额奉献。根据路程远近，政府可发给征派运输乌拉的牌票。望根据各自的信仰和财力，将钱财慷慨捐赠，并在下面签署布施者自己的名字，以及捐献款项实物之数量。为使施主捐献的三宝财物不至于浪费，另选派两名经管人员，严加领导和监督。务必使例供善果最大限度的物尽其用，有效布施的各种妙果对佛法众生的安乐方便，一切善行回向无上菩提，将收到实效。以上事项，望全体铭记在心。

于阳水狗年吉日写于美好的
罗布林卡聚安乐遍喜的贤劫宫
（《十三世达赖喇嘛传》三十六—四十页）

译注：

〔1〕四业——藏语ལས་བཞི།之意译。即政务、经济、财税和军事等。

〔2〕扎萨——蒙古语ཛ་སག།之译音。清代官员，意为总管。有备兵扎萨克和旗扎萨克。喇嘛扎萨克者管理僧众。此官在原西藏地方政府中为正三品官。

〔3〕台吉——蒙古语ཐའི་ཇི།之译音，古时蒙古族一官阶名，分四等。仅次于扎萨克的一个官衔名，一般由俗官充任。

〔4〕大小堪布——藏语མཁན་ཇེ་ཆེ་ཆུང་།之译音。原西藏地方政府时代，有堪布名号的政府僧官，分堪钦（即大堪布）、堪穷（小堪布）两类。不包括各寺庙的堪布。

〔5〕代本——藏语མདའ་དཔོན།，原西藏地方政府藏军军职。又作戴绷、戴绷、代奔、戴本等。清乾隆十五年（一七五〇）设五名：后藏三名，由日喀则都司统辖；前藏一名，由驻拉萨游击统辖；一名为达赖喇

嘛护卫，称古松代本。五十八年（一七九三）《钦定藏内善后章程》对代本职能有明确规定。西藏实行常备军制，代本由驻藏大臣及达赖喇嘛挑选，并发给执照，拨给庄园。代本缺职，由如本升补，最后经皇帝任命。始定每代本辖兵五百名，以贵族中的四品俗官充任。凡有调遣委任均遵达赖喇嘛和驻藏大臣印信而行。

〔6〕孜本——藏语རྩིས་དཔོན།之译音。原西藏地方政府孜康（负责核算实物地租、劳役地租及财政收支的机关内官员名，设有四品孜本四人、会计员四人、档案员一人、见习生八人）。

〔7〕色朗巴——藏语སྲས་ནམ་པ།之译音。在原西藏地方政府中任职的贵族子弟。

〔8〕孜雪勒空——藏语རྩེ་ནོད་ལས་ཁུང་།之译音。原西藏地方政府所有办事机构的总称。

〔9〕仲科尔——藏语དྲུང་འཁོར།，原西藏地方政府俗官。

〔10〕乌思藏——藏语དབུས་གཙང་།之译音。元明时对今“卫藏”的称谓，又作乌斯藏。为今冈巴拉山以东以拉萨为中心的前藏，及冈巴拉山以西以日喀则为中心的后藏地区合称，元属乌思藏纳里速古鲁孙等三路宣慰使司都元帅府，明属乌思藏都指挥使司，清朝时已称卫藏。

〔11〕下区青康六冈地——藏语མདོ་ཁམས་སྒང་དྲུག又称“下区朵甘思六冈”。古代藏文典籍中分康青藏地方为上中下三区。下区青康一带，依水流和山势起伏情形，又分为色莫冈、擦瓦冈、玛康冈、绷波冈、马杂冈和木雅热冈。金沙江和雅砻江之间偏北地区为色莫冈，怒江和澜沧江之间为擦瓦冈，澜沧江和金沙江之间偏北地区为玛康冈，金沙江、雅砻江之间偏南地区为绷波冈，青海省境黄河以南至雅砻江上游以东为马杂冈，雅砻江中游以东为木雅热冈。

〔12〕阿里三围——藏语མངའ་རིས་སྐོར་གསུམ།，吐蕃王朝初称香雄，后称羊同，至公元九世纪末，始称阿里三围。辖地为今西藏阿里地区及拉达克一带。唐会昌二年（八四二），吐蕃王朝解体，赞普后人西逃羊同，相继建立三个小王朝：①拉达克王朝，政治中心在列城，地多湖泊水域，时称“海子围”；②布让王朝，政治中心在布让（今西藏普兰），地

在冈底斯山麓，雪山环绕，时称“雪山围”；③古格王朝，政治中心扎不兰（今西藏扎达），地多悬崖怪石，山势陡峭，时称“崖围”，总称“阿里三围”。元时称“阿里速古鲁孙”，明时称“俄力思”，设军民元帅府，清以来称阿里。

〔13〕定本——藏语ལྡིང་དཔོན།之译音，旧时西藏地方政府所置的官衔之一。也作定琫。①藏军中低级军官，略似排长。清乾隆《钦定藏内善后章程》厘定甲本之下设定本，领兵二十五名。②门巴族、珞巴族和藏族部分地区所置宗本以下的“定”一级行政官员。相当于内地的乡、保长。其有民主推举、宗本择定或差巴户轮流担任等形式，一般任期为三年，也可连任。为噶厦主管摊派差税，处理民事纠纷等行政事务。

〔14〕本篇括号内的文字为档案原文，非编者和译者所添加。

（十五）萨迦和拉加里两领主互换农奴的字据

（藏历木鼠年，民国十二年，公元一九二四年）

萨迦[1]和拉加里[2]的属民尚未进行交换。达东加普的妻子，即尼钦德洛的女儿和廓奴达瓦的妻子，母女二人，如证明已经履行了婚嫁手续，即无需进行赔偿，否则，上述双方同意在互不吃亏的情况下，平等地将人交换过来。

现仍在向拉加里交纳人头税[3]的夏奴·白萨多杰和丹康平措的妻子，两个贫困户，共母女四人，已商定按财产多寡，人口多少，互不吃亏地进行交换。不得以所谓丹康平措的妻子财物已被政府没收要求退还，以夏奴·白萨多杰交了人头税和母女的血统问题作为借口。萨迦属民丹杰格年和拉加里属民穷嘎尼倾，两户共母女四人，也已商定在互无损益的情况下，进行交换。

经拉加里宗乃波和萨迦寺代表德准旺杰，双方根据上官大人的命令，内部商妥将上述人员进行交换。为避免以后萨迦和拉加里双方发生争执，立此字据一式两份。

拉加里宗头人和萨迦德准共同

写于木鼠年三月二十九日

译注：

〔1〕萨迦——藏语ས་སྐྱ།之译音。西藏地方萨迦法王管辖区。位于后藏日喀则西南。为藏传佛教萨迦派始兴之地，元代该派势力最盛，统掌西藏政教大权，定政教合一制度之雏形，后为帕竹噶举派所取代，但仍保有在后藏萨迦地方的政教权势。明永乐十一年（一四一三），该派僧人昆泽思巴、南喀雷必坚赞分别被封为大乘法王和辅教法王，其领地世代相延续。法王下设“佐巴”，为政府系统；设“拉让”，为宗教系统。法王有直辖寺院、属民、土地，自行任命官员之权，噶厦不加干涉。

〔2〕拉加里——藏语ལྷ་རྒྱ་རི།，现为地名，历史上曾有拉加里王，相传该世家乃松赞干布之后裔。自达默巴在该地建府邸起，至西藏和平解放已传三十代。拉加里王享有很大特权，到拉萨朝佛时，噶厦要派高官迎接，朝见达赖时可不下跪，其座位安排要高于噶伦。其领地面积虽经多次战乱日趋缩小，至二十世纪五十年代，仍占有今山南地区面积的十分之一，并占有农奴和奴隶两千户以上，仅府邸内就有百多名管事和奴仆，设有监狱和刑具，握有对农奴和奴隶的生杀予夺大权。

〔3〕人头税——藏语མི་བོགས།，又称人役税。旧时西藏封建领主对农奴的一种剥削方式。原西藏地方政府规定，凡不种领主庄园份地的差巴、差若、豁卡朗生，因不能直接为领主支乌拉差役，从十五岁至六十岁每年需向所属领主缴纳数额不等的差役代金，表明人身依附关系。农奴对所属领主有严格的人身依附关系，一般世代不得离开主人领地。个别农奴得到主人允许，虽可离开庄园，不再直接为主人服役，但每年得交纳一定数量的人役税以代替支差。人役税是领主借以维系领属关系，限制农奴出走的手段。民主改革后被废除。

（十六）简明婚书

愿得吉祥！

暂时和最终之利乐宝资粮，运往如意库中，

继承者靠什么脱离欺诳？尊佛法僧三宝为顶饰供奉。

世俗男女终成宝眷，结下了和睦善业之良缘。

高尚的事业已定，立下这双重璎珞婚书一封。

以吉祥的祝词为先导，下面所要讲的是：贵族撒炯娃之后嗣，木龙年所生公子彭措屯丹，拟娶贵族朗穷巴府上水鸡年所生小姐屯珠央宗为妻，经求神问卜，降赐预言，堪称匹配。后经双方家长和亲友们商议，举行了求婚仪式。小姐的娘家——贵族朗穷瓦府上给小姐的一份财产和陪嫁，另列财物清单在案。

诹吉阴铁龙年正月十五日迎娶完毕。夫妻双方的行为仪轨应像书中所说，做到“圣者犹如珍宝，无论何时不改变”，夫妻要亲密无间，和睦相处，像纯金一样，永不变色。在此基础上，按照男尊女卑，恭敬守礼，结交亲友，精明持家。无论在家里和家外，都要以世间上流人为榜样，具有高尚美德。良谋百出，汇归一策，令人仰慕，自己幸福。坚持善行，永不违背。

立此永恒不变的打了结子的婚书一式两份。依次盖双方府上的印章、证婚人印章、当事人和双方媒人的印章，然后妥善收存。

（十七）详细婚书

（藏历水马年，光绪八年，公元一八八二年）

愿得吉祥！

在这善劫世间，妙法的雷声在空中回响，

佛祖释迦牟尼赐吉祥，把养育浊世众生的甘露降。

主宰三界的欲帝明王，殊胜佛母古茹古利玛，

所愿化成富贵雨的施财神，众多怙主时常来护佑。

拯救佛法众生的护法神，尤其是各自种姓的守舍神，

以及地方村寨的护法们，请永不懈怠共同来保护。

世界中心——佛土西藏，南边与锡金相毗邻。

在此福禄财吉祥如意的好时光，（西藏）贵族显赫，（锡金）国君威严。

双方郑重缔结良缘，修成吉祥美妙的婚书一篇，

盖上永不褪色的印鉴，在满地春光的三域流传。

仅以上述祝词和连珠似的鼓声开篇。

在此所要讲的是，第十五饶迥的壬午水马年正月太阳北上之年初，距离圣地印度一百由旬[1]的北方，观世音菩萨所化刹土——西藏三区[2]之乌思藏教区南方毗邻的锡金王国，二位王子所娶新娘乃是效忠天命甘丹颇章[3]的古老仲科尔帕莫拉顶[4]府上之千金。在八世达赖喇嘛[5]时期，府上先祖顿珠才旺[6]先后出任文武大臣，赐达尔汗之爵位。迄今，各代一

直是内侍官员，自成为古老仲科尔世家之后，与高尚的印度释迦族系大贵族代本阿沛[7]之后代，工布竹拉堪钦[8]的同胞兄弟之世孙结亲，生子朗结多吉[9]。母系亦是古老仲科尔世家，乃康区巴塘由大皇帝委任的土司[10]。七世达赖喇嘛[11]时期，多康地方为大清朝廷直接管辖。铁猪年（一七九一）廓尔喀和西藏交战[12]时期，土司成烈贡波[13]随和琳中堂大人[14]服务军营，功勋卓著，大皇帝授予司其巴图鲁名号[15]，赐二品顶戴花翎，准予世代袭爵。八世达赖喇嘛时，鉴于彼乃是巴塘、理塘的西藏古老仲科尔世家，准其为政府效力，划入西藏上层僧俗官员之列，以示奖赏。

拉顶色·格桑尼玛[16]本人有孙女索朗卓玛[17]姐妹二人，姐姐益西卓玛经诚实可信的神师占卜授记，由庙祝宗巴色[18]介绍，嫁给锡金王子兄弟。嫁娶双方商议后，在本月十九日星期三举行了订婚仪式，喝了求亲酒和哺育酒。至于迎娶事宜，待适当时机，及时详议。同时，小姐的陪奁嫁妆，当面点交，另有清单在案。

今后双方有关礼仪，主要是夫妻双方要永远相亲相爱，二位高堂及二位王子要同心同德，尽人伦善道，对待远离生身父母的小姐，应像亲生女儿一般，随时给予爱护，时刻进行有益的指教，永不嫌弃，以免小姐寒心沮丧。作为媳妇的小姐，对公婆也要以亲生父母相待，对王子兄弟要友好，恭敬侍奉，要遵循“晚辈顺从长者”的规矩，成为淑女的榜样，不可思想轻浮，败坏门风。总而言之，相互之间要像书中所言：

“以格言相对照，区分高尚和卑贱。

如果行为不端，种姓高尚也枉然。”

再如：“贤者如珍宝，永远也不变。”莫要沾染不良行为，而要努力效仿上等人的善行，成为人人仰慕、和睦友爱的典范。要如同碧玉纯洁无瑕，如同赤金，永不变色。无论何时，都要坚持发扬吉祥美德。

在此缔结永远不可拆散的万字[19]百结婚书一式两份。

锡金大君母子印　媒人庙祝宗巴色之印

女方家长拉顶色·格桑尼玛和公子朗结多吉之印

证婚人雪勒空的主事人嘎穷之印

愿一切吉祥！

译注：

〔1〕由旬——藏语དཔག་ཚད།，梵语译音逾缮那，古印度长度单位名称。五尺为一弓，五弓为一俱卢舍，八俱卢舍为一逾缮那，约合二十六市里。时轮派以二十四指节为一肘，四肘为一弓，两千弓为一俱卢舍，四俱卢舍为一由旬。

〔2〕西藏三区——藏语བོད་ཡུལ་ཆོལ་ཁ་གསུམ།。古代藏文典籍中，划分青康藏地区时，称卫藏为教区，多堆为人区，多麦为马区。

〔3〕甘丹颇章——藏语དགའ་ལྡན་ཕོ་བྲང་།之译音，意为“兜率宫”。十六世纪初，帕木竹巴的实力有所恢复，于明正德十二年（一五一七）从拉萨赶走仁蚌巴势力，根敦嘉措（后追认为二世达赖）返回哲蚌寺，任堪布。次年，恢复拉萨祈愿大法会和哲蚌、色拉、甘丹三大寺僧众参加大法会的权利。期间，乃东大司徒扎西扎巴将哲蚌寺内的一座青石殿堂献给根敦嘉措。之后，这座宅邸改名为“甘丹颇章”。崇祯十五年（一六四二）五世达赖喇嘛阿旺罗桑嘉措在和硕特蒙古固始汗的扶持下，使格鲁派凌驾于其他教派之上，具有经济实力，因达赖喇嘛驻甘丹颇章，故后世以此称呼原西藏地方政府。

〔4〕帕莫拉顶——藏语ཕག་མོ་ལྷ་རྗིངས་པ།之译音，人名。

〔5〕八世达赖喇嘛——藏语རྒྱལ་མཆོག་བརྒྱད་པ་ཆེན་པོ།意为“第八世大

佛”，即指八世达赖。八世达赖坚白嘉措（一七五八——八〇四），藏族，生于后藏托布加（今南木林境内）地方拉日岗。清公爵索南达吉之子。清乾隆二十七年（一六七二），坚白嘉措五岁，被乾隆帝所派章嘉呼图克图认定为七世达赖喇嘛格桑嘉措转世灵童，迎至拉萨布达拉宫坐床。三十年（一七六五）拜六世班禅为师，受沙弥戒。四十二年（一七七七）又从六世班禅受比丘戒，四十六年（一七八一）受命亲政，清帝赐金册、金印。四十八年（一七八三）于拉萨西郊建罗布林卡夏宫。执政期间，行政事务交摄政，听命于驻藏大臣，只从事宗教事务。政治上维护祖国统一。五十七年（一七九二）配合清军击退廓尔喀入侵藏区，事后，与清军统帅福康安共拟《藏内善后章程》，次年颁行，稳定了西藏政局，坚决拥护制定“金瓶掣签”制。此制规定达赖、班禅及各大呼图克图转世灵童，由驻藏大臣主持，分别于拉萨或北京雍和宫掣定，后形成定制。嘉庆九年（一八〇四）十月十九日于布达拉宫圆寂。

〔6〕顿珠才旺——藏语དོན་གྲུབ་ཚེ་དབང་།之译音，人名。

〔7〕阿沛——藏语ང་ཕོད་པ།之译音，人名。

〔8〕工布竹拉堪钦——藏语ཀོང་པོ་འབྲུག་ལྷ་མཁན་ཆེན之译音。工布乃西藏自治区东部尼洋河上游地名，竹拉堪钦，一人名。即工布地方竹拉寺的大堪布。

〔9〕朗结多吉——藏语རྣམ་རྒྱལ་རྡོ་རྗེ།之译音，人名。

〔10〕土司——汉语译音，土司系元、明、清时期对朝廷任命西藏、西北及湖广等地民族首领为地方各级官职的统称。职名有宣慰、宣抚、安抚、招讨、长官诸司及土知府、土知州、土知县等。尊卑品秩，各有差等。一经授职，均为世袭，但“袭替必奉朝命，虽在万里外，皆赴阙受职”。任命后朝廷赐予诰敕、印章、金银符等，作为授权“统摄其部落”的标志和信物。明代还区分为武职与文职：宣慰、宣抚、安抚、招讨、长官诸司为武职，归都指挥使管辖，统隶于兵部武选司；土知府、土知州、土知县为文职，归布政司管辖，统隶于吏部验封司，明末以后在一些地区逐步进行改土归流。

〔11〕七世达赖喇嘛——藏语རྒྱལ་མཆོག་བདུན་པ་ཆེན་པོ།即格桑嘉措（一

七〇八——七五七），藏族，康区理塘（今四川理塘）人，索南达结之子。由西藏甘丹、色拉、哲蚌三大寺认定为达赖喇嘛六世仓央嘉措转世灵童。清康熙五十四年（一七一五），在理塘出家，次年，迎至青海塔尔寺，五十八年（一七一九）受康熙帝正式册封为七世达赖喇嘛。翌年，由延信护送入藏，于布达拉宫坐床。拜五世班禅为师，受沙弥戒，取法名洛桑格桑嘉措，先从班禅学习《菩提道次第广论》等，后入哲蚌寺学经。雍正五年（一七二七）复拜五世班禅为师，受比丘戒。因西藏发生阿尔布巴、隆布鼐及扎尔鼐谋杀康济鼐事件，为防止准噶尔乘机入犯，于次年十二月被迎至理塘。八年（一七三〇），又奉诏移驻打箭炉口外（今四川道孚县协德乡）惠远庙。十三年（一七三五）返拉萨管理宗教事务。乾隆十五年（一七五〇），配合清军平息珠尔墨特纳木扎勒叛乱。十六年受清政府令掌管西藏地方政权。二十二年（一七五七），于布达拉宫圆寂。

〔12〕廓尔喀和西藏交战——廓尔喀人侵略西藏，前后两次。第一次是在乾隆五十三年到五十四年（一七八八——七八九），第二次在乾隆五十六年至五十七年（一七九一——七九二）。先后两次战争共历时五年。

廓尔喀原名巴勒布，后来，巴勒布国内的廓尔喀部落兴起，统一了全国，改国名为廓尔喀（今尼泊尔），其首领拉特纳巴都尔自称国王，以西藏地方官员征收廓人商税及其他事项为由，派两千余人侵入西藏，攻占了济咙、聂拉木、宗喀三个宗。并围困噶尔宗。事发后，清高宗即派理藩院侍郎巴忠，四川总督成德、成都将军鄂辉等人，率满汉官军三千人入藏支援。巴忠等人抵藏后，并未认真处理，而采取将就了事的错误态度，只派噶伦丹津班珠尔前往议和，秘密答应每年由西藏方面赔偿廓尔喀元宝三百锭（共合银九千六百两），并给一张字据，廓方才撤出了占领的地方。清乾隆五十六年（一七九一），廓尔喀人讨取每年赔偿的银两，西藏不给，于是廓尔喀人第二次入侵西藏，占领了后藏许多地方，一直打到扎什伦布寺。清高宗派嘉勇公福康安为大将军，超勇公海兰察为参赞大臣，派能征善战的巴图鲁侍卫、章京一百人，从黑龙江调勇敢善战的索伦达呼尔兵一千名，命从西宁出口，经过青海草原，限四十日内到达拉萨，同时命令四川总督孙士毅负责入藏部队的粮食与军饷的运输事宜。福康安等人到藏后与达赖、班禅及众噶伦等进行会商，依据所作计划，于乾隆五十七年（一七九二）五月间，收复了聂拉木、济咙、宗喀等地，侵入后藏境内的廓人已全部被驱逐出境。福康安等根据清高宗在“大雪封山”以前撤出军队的指示，接受了廓尔喀王的投降书，要他写出以后“永不侵犯西藏地方”的甘结，并要他派大头目到北京请罪。廓尔喀入侵西藏的战争就此结束。

〔13〕成烈贡波——藏语འཕྲིན་ལས་མགོན་པོ།之译音，人名。

〔14〕和琳中堂大人——汉语译音。和琳（一七五三——一七九六）字希斋，钮祜禄氏，满洲正红旗人，父常保，兄和珅。乾隆四十三年（一七七八）由文生员补吏部笔帖式。五十二年，累迁湖广道御史，九月，命巡视山东漕运，颇有建树，为乾隆帝所赏识，后官至兵部、工部侍郎。五十七年，授正蓝旗汉军副都统，是年二月，廓尔喀侵犯后藏，将军福康安等统师进剿，和琳驰驿经理藏务，督办前藏以东台站乌拉等事。方是时，大军深入，廓王悔罪乞降。清高宗旨：“命福康安军前受降，善后事宜，会同和琳熟商妥办。”寻授和琳镶白旗汉军都统。乾隆五十七年（一七九二）“奉上谕，据孙士毅和琳奏会商凯旋事宜一折，诸凡皆妥，但藏内善后事宜，专交福康安、孙士毅、惠龄、和琳四人会商妥办，前此已逐条指示，连日又有陆续寄谕，将来撤兵后必当妥立章程，以期永远遵循。钦此”。乾隆五十九年（一七九四），“据和琳奏设立唐古忒各边界鄂博，及查阅前后藏汉番官兵各折：唐古忒地方毗连外番，向因界址不甚分明，易致争扰，此次经和琳带同游击张志林等由沿边一带亲自履勘，悉心讲求，一律堆设鄂博。所有唐古忒西南外番布鲁克巴、哲孟雄、作木朗、洛敏汤、廓尔喀各交界，均已划然清楚，边界可期永远宁谧。至前后藏汉、番官兵，向来最为懦弱，今经和琳严饬训练，亲加查阅，分别奖惩，使新设番兵皆成劲旅，实为卫藏所未有。和琳办理一切均为妥协……授四川总督”。“是年十二月松筠抵藏，换和琳为驻藏大臣。嘉庆元年，八月卒，赠封一等宣勇公、谥忠壮”。

〔15〕巴图鲁名号——巴图鲁是蒙古语译音，“勇士”、“英雄”之意。

〔16〕拉顶色·格桑尼玛——藏语ལྷ་སྡིངས་སྲས་སྐལ་བཟང་ཉི་མ།之译音，人名。

〔17〕索朗卓玛——藏语བསོད་ནམས་སྒྲོལ་མ།之译音，人名。

〔18〕庙祝宗巴色——藏语ལྷ་གཉེར་རྫོམ་པ་སྲས།，庙祝乃寺庙中管理神像香火者，宗巴色为此人姓名。

〔19〕万字——藏语གཡུང་དྲུང་།，意为坚固，永恒不变，符号为卐相，象征坚固不摧、永恒常在。

（十八）驻藏大臣就有关黑河（那曲）地区雪灾需赈济事致摄政策门林书

（藏历铁虎年，道光十年，公元一八三〇年）

钦差驻藏大臣[1]理藩院[2]侍郎惠（显）[3]、钦差驻藏大臣头等侍卫兴（科）[4]二人联名咨文内称：

我二大臣于道光九年十一月初十日遵旨，已将实情具折上奏大皇帝，并将奏折抄录在案，实情如本所奏。今道光十年正月十九日接军机大臣来文内称：道光九年十二月十五日奉上谕，因今年达木索布及三十九部族两地遭受雪灾，恩准达木索布官兵之生计先准予拨银五百两，三十九部族之百姓生计无着，额外恩准予上述日期拨给白银三千两。黑河[5]、萨噶[6]、那仓[7]三地遭受雪灾之百姓，先前达赖喇嘛[8]尽管已私自拨出银粮分发下去，但来年青黄不接之际，百姓生计是否实在拮据，驻藏大臣应予详查，确有生无着落需要赈济者，可酌情再从东路驿站债款利息余额项下拨款赈济给以生路，此已颁下圣旨，务必遵旨行事。为此，特咨此文，请诺门汗[9]遵照圣旨认真对黑河、萨噶、那仓等地上年遭受雪灾，眼前又处于青黄不接之灾民进行详查，有无生活拮据者，若确有需要赈济者，黑河等地受灾百姓之实有户数，立即详查具情上报给我二大臣，以便就如何赈济事具折上奏请旨。再则，黑河地方百姓先前诺门汗已私自拨粮发放救济，当前生计无困难者，无需再行发放，但应将实情具文上报给我二大臣，以便上奏大皇帝。此乃皇帝降旨责成查办之事，至关紧要，不得有丝毫隐瞒和夸大不实之事。

道光十年正月二十二日铁虎年〔10〕
《西藏地方历史文献汇编“自然灾害
雪灾卷”》十九—二十一页

译注：

〔1〕钦差驻藏大臣——藏语གོང་མ་ཆེན་པོའི་བཀས་མངགས་བོད་སྡོད་བློན་ཆེན།清朝派驻西藏地方最高行政官员，全称：“钦差驻藏办事大臣”或“钦命总理西藏事务大臣”，亦称“西藏办事大臣”，藏语借用满语称“安办”。康熙四十八年（一七〇九），首派侍郎赫寿入藏协助拉藏汗办理西藏地方事务，未设大臣衙署，至雍正五年（一七二七）派僧格、玛拉前往西藏办事。翌年，阿尔布巴事件平定始设驻藏大臣衙门，以僧格、玛拉为首任，是为清廷正式任命驻藏大臣之始。初无正副之分，七年（一七二九）始有总理与协理之别。初无一定任期，至乾隆十年（一七四五），始定三年一任。四十五年（一七八〇）复定正副。副大臣称“驻扎西藏协办事务大臣”或“驻藏帮办大臣”。大臣职责，初仅统领驻藏官兵、查边阅伍、监督行政。及平定珠尔墨特纳木札勒叛乱之后，设噶厦，规定西藏重大行政事务及藏官任免、藏军调动，均需由噶厦请示达赖喇嘛和驻藏大臣办理。五十八年（一七九三），清廷颁行《钦定藏内善后章程》，重新规定驻藏大臣的地位和权限，确认审核财政、稽查户口、监督司法以及处理涉外事宜等，全面督办藏内事务之权；对达赖喇嘛、班禅大师及其他大活佛转世并规定必须在其监督下通过金瓶掣签确定。清末撤帮办大臣，添左右参赞各一名，辛亥革命后，被迫全部离藏。

〔2〕理藩院——藏语མོང་ཁོལ་སྒྱུར་ཁང།，清代官署名。综理民族事务及

外交的中央机构，崇德三年（清未入关前）更蒙古衙门设置。清顺治十六年（一六五九），隶礼部，十八年，改与六部齐等，设尚书、侍郎、额外侍郎等职官，以满族人为主，蒙古人为辅。初掌管漠南蒙古。随清朝统治范围的扩大，成为综理内外蒙古、青海、西藏、新疆等地区各族事务的衙署。下分六司：族籍司，管理漠南蒙古各部旗，诸如牧界、会盟、军伍、封爵、驿递，东北打牲旗人如索伦、达斡尔、鄂伦春等诸族事务，亦隶之；王会司（由宾客司改称），管理漠南蒙古诸贵族的俸禄、入贡、年班、围班，教其朝会、燕飨诸仪，来则赉予，去给程资；典属司（由录勋司改称），管理漠北喀尔喀四部旗之事，治其邮驿、互市等。西藏大喇嘛，亦造入部册，制以“金瓶掣签”定其继承；柔远司，管理喀尔喀四部汗以下各爵俸禄、朝贡、赏赐等；徕远司，管理新疆哈密等地维吾尔族札萨克、伯克及西南土司等事务；理刑司，管理诸屏藩各族中刑罚之事。光绪三十二年（一九〇六），改称理藩部。辛亥革命后废除。

〔3〕侍郎惠（显）——惠显，满洲镶黄旗人，道光七年三月癸卯，命往藏办事，八月抵藏，继松廷为驻藏办事大臣。

〔4〕侍卫兴——即兴科，萨克达氏，满洲镶黄旗人。由监生考取笔帖式，道光初年，累升四川、湖北、江西按察使，奉天府府尹。十年（一八三〇）正月，诏京。闰四月壬寅，赏前任奉天府府尹兴科为头等侍卫赴藏办事。十月抵藏，接盛泰病危之缺为驻藏帮办大臣。十月癸卯晋升副都统，接惠显为驻藏办事大臣。

〔5〕黑河——藏语ནག་ཆུ།，地区名，即现今的那曲。在西藏自治区北部，北面与新疆维吾尔自治区和青海省接壤，辖那曲、安多、聂荣、巴青、索县、比如、班戈、嘉黎、申扎等九个县。专区机关驻那曲卡。历史上那曲又称为哈拉乌苏（系蒙古语黑河之意）。

〔6〕萨噶——藏语ས་དགའ།，县名，在西藏自治区西南部，雅鲁藏布江上游，县人民政府驻加加。

〔7〕那仓——藏语ནག་ཚང་།，地名，西藏自治区申扎县旧名。现属那曲专区。

〔8〕达赖喇嘛——藏语ཏཱ་ལའི་བླ་མ།，此处指第十世达赖喇嘛楚臣嘉措

（一八一六—一八三七），藏族，康区理塘（今四川理塘）人。内都那布村头人罗桑年札之子。被认定为九世达赖的转世灵童之一迎请到理塘寺，后奉旨迎往拉萨，清道光二年（一八二二），在布达拉宫举行金瓶掣签，在五个转世灵童中，被确认为十世达赖喇嘛，先住聂塘极乐寺，以七世班禅为师，受沙弥戒，法名楚臣嘉措，是年八月初八日迎进布达拉宫坐床。八年（一八二八）入哲蚌寺学经。十三年（一八三三），复拜七世班禅为师，受比丘戒。曾在皇太后六旬大寿之日，在大昭寺率拉萨甘丹、色拉、哲蚌三大寺僧众诵长寿经。尚未亲政，于道光十七年（一八三七）九月初一日暴亡（一说病死）于布达拉宫。

〔9〕诺门汗——蒙古语译音。意为法王。清代对喇嘛教高级僧人的一种封号。地位低于呼图克图。凡受此号者，皆由清政府给予敕印，并得实行转世。此处是指当时任西藏摄政的策墨林萨玛第巴克什阿旺绛贝次臣。

〔10〕原藏文标题下年代第十四饶迥铁兔年，道光三十一年，公元一八三一年有误。

（十九）协嘎尔宗堆就本地青苗遭受霜冻雹灾后给噶厦的呈文

（藏历火龙年，咸丰六年，公元一八五六年）

诸具德地自在人主大法王至高足莲金座尊前：

小民协嘎尔宗[1]二宗堆，无奈在此共同禀报，聒噪圣聪，敬请宽宥明鉴。

本协嘎尔地区为至上达赖喇嘛政教宏业祈福佛事和隔年法会之酬金，及上年战事期间[2]部分贫穷百姓所欠军饷糌粑等将以粮折算归入公粮入库。火蛇年的差赋以及常年上缴官府的各项差税等因数目甚大，正在商议支应办法。另外，上年本地区由于战事官兵往来频繁，百姓负担甚重，上官大人[3]深为明鉴。加之庄稼歉收，年无盈余，大牲畜牛马多染肺病，羊群又染水痘，先后死亡，所剩无几，而且目前还在继续死亡中。战火之际寺庙和博茸巴[4]对一般盘费设备和应予补偿的清单，先前已经上报，现正在办理中。又，今年本地区厄运福薄，青苗遭到严重雹灾，接着一连七天的霜冻，造成来年的种子粮也将没有着落。为了上官大人明察下情，现将本地区秋粮上中下三种样品加盖宗政府官印呈上。其次，定日[5]常驻绿营官兵之军需由我区提供的折款，驻藏大臣巡视期间的开支补偿，均未按农业区各宗谿呈文眉批支付等。凡此苦情在此具文上报，系无奈搅扰圣聪，决无欺诈之意，愿向红黑护法神立誓。为了将此等百姓之甘苦向上官大人禀报，特派公众代表、根保等亲自前往噶厦面呈。上述呈文请转呈怙主达赖喇嘛座前，请予关照。为边地百姓之生计，所提要求敬祈恩准，并予以明示。

祈请明鉴！明鉴！再明鉴！上述呈文决无差错。

贵族扎西·通聂多杰印

所属领地百姓公众轮转手印

奴嘉·沙康桑顿印。

（《西藏地方历史文献汇编“自然灾害雹灾卷”》二十七—二十八）

译注：

〔1〕协嘎尔——藏语ཤེལ་དཀར།之译音，西藏自治区日喀则地区定日县治所在地。

〔2〕上年战事期间——此处所谓的“战事”是指清咸丰四年廓尔喀在英帝国主义的唆使下入侵西藏的战争。一八五四年（咸丰四年），廓尔喀王先向驻藏大臣报告：“该国屡被披楞（即指英国）欺凌，求赐银两，发兵堵御，并请另换藏属地方。”这是借口英国侵略而强要西藏的地方，驻藏大臣孟保“反复驳斥，并将所呈披楞原信掷还”。廓尔喀王碰了这一钉子之后，又向西藏提出了如下的无理要求：“聂拉木、济咙地方，十年归西藏管理，三年归尼泊尔管理。”驻藏大臣又予“严正晓谕”，没有允许。咸丰五年（一八五五），廓尔喀派干布唐松旺对到济咙，传集村民，欲接管济咙宗宗本事务。接着廓尔喀人以西藏官吏在边境多收廓商税米等事为由头，违背了“永不侵藏”的誓约，拥兵数千侵入西藏，占领了济咙和聂拉木两个地方，接着又攻占了宗喀。驻藏大臣赫特贺亲赴后藏协嘎尔，与廓尔喀方面的噶箕会面，根据廓方所提理由，断令西藏方面赔偿廓尔喀汉银一万五千两，双方罢兵。但廓尔喀不接受，并继续增兵，续占了阿里地区的补仁宗和后藏地区的绒夏地方。

此时噶伦才丹率领藏军反击，杀死廓军数百人，将帕嘉岭的廓营荡平，接着又克复了聂拉木，包围了宗喀，噶伦才丹又亲自率兵进攻了绒夏，战事稍有好转。廓尔喀又从国内抽调精兵七八千人，由约林卡逾崖而入，直扑聂拉木，结果又重新侵占了聂拉木。此时正值太平天国革命时期，清政府自顾不暇，驻藏大臣只好由前藏抽调汉藏兵二千余人，派往后藏增援，一面奏请四川总督调西康番民入藏，以为声援。终因西藏方面在军事上不能取胜，不得已向廓尔喀人屈服，订了不平等条约。该条约要点如下：

一、西藏政府每年以一万卢比付给廓尔喀政府。

二、廓尔喀与西藏均尊敬大皇帝，西藏为佛教圣地，若有任何外国攻击之时，廓尔喀政府应予以援助。

三、此后对廓尔喀商人，不准征收贸易税、过境税及其他种类之税。

四、西藏方面将俘获之廓尔喀士兵、武器、妇女交还廓尔喀政府，廓尔喀政府亦将俘虏之西藏军队、武器、牦牛，及济咙、宗喀、聂拉木、补仁、绒夏各地西藏居民所遗之物件，一律归还西藏。和约签订后，上述各地之廓尔喀军人即行撤退。

五、嗣后廓尔喀政府派一代表常驻拉萨。

六、廓尔喀商人得在拉萨开设商店，并自由贸易。

七、西藏政府不得审讯寓居拉萨之廓尔喀商人之案件，惟廓尔喀与西藏两国人民之争讼，则由廓藏两国官吏共同会审，西藏人民罚款归西藏官吏，廓尔喀人民罚款归廓尔喀代表。

八、廓尔喀犯人逃到西藏，西藏应引渡于廓尔喀，西藏犯人逃到廓尔喀，由廓尔喀引渡给西藏。

九、廓尔喀商贾人民之财产，为西藏人所劫掠时，西藏官吏于审明后应强迫退还，或限定一定时期内退还；西藏人民商贾之财产为廓尔喀人所抢劫者，廓尔喀官吏审明后亦应强迫退还，或限定一定时期内退还。

十、和约签订后，两国政府对西藏人民在战争时期曾帮助过廓尔喀政府，或廓尔喀人民在战争期间曾帮助过西藏政府者，皆不得加怒于其身体或财产。

这次廓尔喀侵犯西藏，实际上是英帝国主义在背后支持和怂恿的，因为当时廓尔喀政府已由英帝国主义的忠实代理人钟·巴哈都尔（首相）完全控制。

〔3〕上官大人——藏语ཟླ་དཔོན།，译为“政教共主”或“上官大人”。旧时对西藏政教合一制度中执掌政教两权官员的敬称。

〔4〕博茸巴——藏语སྤོ་རོང་པ།之译音。博茸为地名，博茸巴即博茸地方之人。

〔5〕定日——藏语དིང་རི།之译音。县名，位于西藏自治区西南部，南与尼泊尔接壤，系一军事要地。

（二十）朗木林宗亚木庄园遭受水灾差民百姓给噶厦的呈文及噶厦的眉批

（藏历火猪年，民国三十六年，公元一九四七年）

呈文内情已知，批复如下：

尔等提出无力支付差税，请求予以减免，以及请求提前无息贷给公粮之事，实在不便满足。至于向贵族、寺庙所借钱粮旧债，多年欠下的利滚利、狠心高利贷等全部予以豁免，本金也要适当减免，然后根据所欠余额之多少，停息还本，好借好还，不准强行催租逼债，在此方面，要与各债主充分协商，地方官员、头人等亦应秉公办理，尽力予以支持。有关芦草差、修建劳务差近三年确实未曾支派过的差税，今后不得额外新征。火龙年，八十五藏克种子的差地突遭水灾，被水冲坏为河滩荒地，根据当时呈文，已责成日喀则僧俗宗堆前往巡视，时至今日拖延未办，实属不当。现又责成日喀则基巧和宗堆共同派员对所说的田地被水冲坏造成河滩荒地之程度到底如何，要实地查明，是否还有能够经过整治的可耕地，完全荒芜的田地有多少，再者经过整治仍可派差的面积有多少，通过熟知内情者认真了解，提出可行意见具文上报。此事由日喀则基巧和朗木林宗堆共同商议妥办，切记！火猪年十一月初四日。

以上噶厦眉批原件，经由噶厦的噶厦卓尼谢扎色[1]和噶厦仲益东热瓦[2]二人审阅。

火猪年十二月初九日

诸具德护地人主大法王足莲高座尊前：

小民朗木林宗[3]属亚木庄园的贫苦百姓顿首，同声一致具文禀报，无奈略微聒噪圣聪，敬请宽宥，垂察明鉴。

敬启者，火龙年小民百姓八十五如尅[4]之差地突然被大水冲走变成了河滩荒地，特呈文请求上官大人准予减免差税和适当拨给替代之田。根据当时呈文，上面指令要日喀则总管亲自派员下来视察灾情，倘若情况属实，确需减免差税等，要求下面如实向上呈报。我等将此指令面呈日喀则基巧[5]宗堆木洽，并请将情况逐级上报。其结果不但未能达到预期目的，而且连指令原件也未退还我等。当时小民未敢将此原委向上官大人具文呈报。时至今日，我等贫苦百姓对上面所下达的军民各项差税都尽力完成。日后各种力役租税繁多，小民实难负担，最后才不得不在此具文禀报。现在要禀报的中心在于：最好请将实在无力支付的一冈半又二十四分之一差地的差税予以减免。如果上官大人认为难于办到，我等先前请求从公粮中准予借贷三百如尅粮食，此外再从后藏地区薪俸粮中作为口粮和种子借给五百如尅无息长期借贷，请提前予以救助，则无限感谢。有关所欠多年的私人旧债，利息全部豁免后，本金可分期偿还。北方四部的芦草差，修建劳务差，近三年来先前确属没有的差税，当前贫苦百姓处境如此困难，又新额外增派，此类差税今后请准予免支，并请赐给权威神圣之批复。祈请明鉴！明鉴！再明鉴！

（《西藏地方历史文献汇编“自然灾害水灾卷”》一三五——一三七页）

译注：

〔1〕卓尼谢扎色——藏语མགྲོན་གཉེར་བཤད་སྒྲ་སྲས།之译音，人名，卓尼意为知客、知宾，为内外接待宾客的人。

〔2〕仲益东热瓦——藏语དྲུང་ཡིག་ལྷུམ་ར་བ།之译音，人名。仲益意为司书、秘书。政府中的秘书和上层僧侣以及官员身边管理文件档案或缮写人员。

〔3〕朗木林宗——藏语རྣམ་གླིང་རྫོང་།之译音。清代译作朗林，县名。又称响朗林、南木林。在后藏日喀则东北，雅鲁藏布江北岸，县人民政府驻任伍村。

〔4〕如藏克——藏语རུའི་ཁལ།之译音。又称官斗。公元十七世纪初，噶玛·登迥旺波统一西藏时制定的标准容量名，约盛二十八市斤青稞。

〔5〕日喀则基巧——藏语གཞིས་རྩེ་སྤྱི་ཁྱབ།之译音。日喀则，地名，在今西藏自治区南部，雅鲁藏布江与年楚河汇流于其境，藏语意为“土质最好的庄园”。相传，此庄园旧时原属仁蚌宗管辖，名叫“昔卡桑珠则”，因此日喀则历史上又称为“桑主孜”、“三竹节寨”、“昔孜”等。日喀则旧时属“卫藏”中心的藏地，又称为后藏。吐蕃时，划卫藏为四如，该地区为“叶如”和“如拉”部。元时，八思巴在元中央王朝支持下以萨迦为中心建立萨迦地方政权统领西藏，设立十三万户，其中四个万户在今日喀则地区。帕木竹巴王朝后期，仁蚌家族发迹于后藏，以日喀则（时称日喀桑主孜）为基地建立了仁蚌政权。后藏巴汗推翻帕木竹巴王朝建立第悉（又称藏王）制度统治，居住在桑主孜。固始汗消灭藏巴汗，掌握西藏地方政权，拜四世班禅罗桑却吉坚赞为师，授予“班禅博克多”尊称，后藏交班禅统辖。班禅的主寺扎什伦布寺就坐落在日喀则，日喀则现为西藏自治区的一个地区，辖有十八个县。专区机关驻日喀则。基巧，官名，即总管。

（二十一）雍正皇帝赐封噶锡娃为辅国公之诏书

（藏历铁猪年，雍正九年，公元一七三一年）

奉天承运皇帝诏曰：

朕统领天下众生，内外一视同仁，凡诚心效力、尊奉仁政者，无分内外远近，均能仰沐天恩，此乃先王们之旨意。凡仰遵先王之旨意，一心效忠者，吾朝将以仁育为本，抚养为先，此乃吾朝之定制也。朕亦将遵从先王旨意，凡勤奋效忠于朕之事业者，将赐予名号、敕书等以资嘉奖。

头等台吉噶锡娃·朗杰才旦[1]，尔之叔父康济鼐[2]，一生秉公效忠朝廷，朕本应嘉奖，因彼后继无嗣，而朗杰才旦乃康济鼐兄弟之子，加之颇罗鼐[3]奏称，尔屡建功勋等情，尤其鉴于康济鼐之功勋，现特封尔为利济番民众之辅国公爵。尔应仰慕朕封赐之圣恩，恪守王法，事无巨细，效尽全力，既可光宗耀祖，亦能世代相传，永享朕之洪福。倘有违法懈怠之事，将贻误尔今生前程，国法昭然，王法难容，勉之。

雍正九年孟春初七日

译注:

〔1〕噶锡娃·朗杰才旦——藏语དགའ་བཞི་བ་རྣམ་རྒྱལ་ཚེ་བརྟན།之译音。噶锡娃乃西藏贵族世家之一，又称“朵仁”（意为碑，因家居拉萨大昭寺唐蕃会盟碑前附近而得名）。在江孜以北地方拥有庄园的家族显要人物首推康济鼐。清康熙五十九年（一七二〇），他曾与颇罗鼐配合清军自阿里、后藏一线反击准噶尔军获胜，以功封贝子兼西藏地方首席噶伦，总理政务。其兄噶锡娃·才旦扎西、侄意希策布登亦因其荫先后任阿里总管。康济鼐无嗣，雍正九年（一七三一），其侄朗杰才旦（史称那穆扎尔色卜腾）袭辅国公爵，任噶伦，其后继承人为朗杰才旦之弟衮布波额珠若旦一系。衮布波之子丹增班觉袭辅国公，任噶伦，并娶八世达赖喇嘛之妹为妻，地位更显。乾隆五十六年（一七九一）率代表团赴尼泊尔边境与廓尔喀军谈判，被袭执，俘送阳布（加德满都）。清廷疑其与廓尔喀人有勾结，解除其噶伦职务。五十七年，清将福康安攻入尼泊尔，索还丹增班觉，夺爵，令候审讯，旋宥之。再两传，于光绪二十五年（一八九九）因其家族有一女参与用巫术谋害十三世达赖喇嘛，禁止该家族成员入仕，遂衰微。

〔2〕康济鼐——藏语ཁང་ཆེན་ནས།之译音，藏族，本名康济鼐·索南杰布，又名岱青巴图尔，清代西藏地方官员，曾任拉藏汗之仲益（秘书），为阿里地区总管。康熙五十六年（一七一七），闻准噶尔部策旺阿拉布坦侵扰西藏，即遣人禀报拉藏汗。准噶尔军占领拉萨后，其坚守阿里，截断准噶尔军与伊犁之间的联系。五十九年（一七二〇），与颇罗鼐配合清军自阿里后藏一线反击准军，获胜。次年，以功封贝子，任西藏地方首席噶伦，总理政务。雍正元年（一七二三），配合清军追击青海和硕特部首领罗卜藏丹津叛军。三年（一七二五），受命总理西藏政务，任内，限制宁玛派，改组宁玛派寺院，遂遭阿尔布巴等人的反对。任颇罗鼐为仔本（审计官），审理拉萨政府财政收支，以杜绝舞弊。五年（一七二七）被噶伦阿尔布巴等人执杀。

〔3〕颇罗鼐——藏语ཕོ་ལྷ་ནས།之译音。西藏地方政府官员，名颇拉·索

朗多吉，简称颇罗瓦或颇罗鼐。藏族，后藏江孜人，幼善骑射，武艺超群，崇信宁玛派，善理政务。拉藏汗统治西藏时期，任传事官。康熙五十六年（一七一七），准噶尔部策旺阿拉布坦侵扰西藏，受拉藏汗命率卫、藏军于达木地方奋力抵抗，兵败被俘，遭凌辱，后被释。五十九年（一七二〇），配合阿里总管康济鼐，于后藏、阿里出兵响应清军，击退准噶尔军。雍正元年（一七二三），封台吉，任噶伦，并任仔本（审计官），掌管、整顿财政，使被准噶尔军骚扰破坏的社会经济得以恢复。同年，青海罗布藏丹津叛乱，他奉命率军驻藏北那雪、青海玉树等地，防叛军窜扰西藏。五年（一七二七），噶伦阿尔布巴等谋杀首席噶伦康济鼐后，其庄园亦被攻掠，亲往阿里向康济鼐之兄噶锡娃·才旦扎西求援，发后藏、阿里兵讨击之。次年，败阿尔布巴于江孜，围布达拉宫，执杀阿尔布巴。受命协助驻藏大臣总理政务。七年（一七二九）封贝子。八年，晋升贝勒。九年，赐给办理卫藏噶伦事务多罗贝勒银印。执政期间，整顿藏政，安定社会秩序；发展西藏政治、经济、文化；设常备军，练兵设卡，捍卫边防；尊重藏传佛教各派，修复各教派寺院，主持藏文大藏经《甘珠尔》、《丹珠尔》的雕刻印行，即著名之纳塘新版大藏经。乾隆四年（一七三九），晋封为郡王。执政十九年，“恪尽忠诚，实心效力”，为加强清政府对西藏之管理，促进西藏社会安定、繁荣作出重要贡献。

（二十二）噶厦颁给贵族世家噶锡娃·格桑占堆的永久执照

（藏历土马年，咸丰八年，公元一八五八年）

事由：贵族世家噶锡娃所属支应一个半马岗兵差〔1〕的扎西通门〔2〕庄园，系噶锡娃·格桑占堆〔3〕的先辈世代效忠噶厦，又因功勋卓著，噶厦给予的赐封。而属于祖业的马岗兵差地今被色拉寺〔4〕结扎仓〔5〕佯称为该扎仓之寺庙庄园。对这种恶鬼扮人的罪恶行径，本应予以严惩，以儆效尤，但考虑到此次假冒行为系寺院下属办事人员盲从所致，可从宽处理，免予追究。而上述庄园之所有权，今后在完成政府支派的各项差税的前提下，永远属噶锡娃·格桑占堆所有。切记。

土马年　月　日

译注：

〔1〕马岗兵差——藏语དམག་རྐང་འབྲི།之译音，原西藏地方政府依农奴所种土地多少而征调兵员的有效差徭，属外差中的一种。每一马岗，约有土地四十藏克，通常需出常年兵一名，兵员应差时期，除枪弹外，装备衣食均须自带，枪弹若有损失，由应差农奴备价赔偿。按乾隆五十八年（一七九三）《藏内善后章程》规定，西藏共有此种兵员三千名，设

马岗地三千岗。

〔2〕扎西通门——藏语བཀྲ་ཤིས་མཐོང་སྨོན།之译音，庄园名称。

〔3〕噶锡娃·格桑占堆——藏语དཀའ་བཞི་བ་སྐལ་བཟང་དགྲ་འདུལ།之译音，人名。

〔4〕色拉寺——藏语སེ་ར་དགོན་པ།，藏传佛教格鲁派最大寺院之一，与哲蚌寺、甘丹寺合称拉萨三大寺。位于拉萨市北三公里的色拉山麓。由格鲁派创始人宗喀巴的弟子释迦益西（《明史》作释迦也失）创建。明永乐十二年（一四一四），明成祖派人进藏，敦请宗喀巴赴京，宗喀巴年迈难以成行，即派他（释迦益西）代赴京朝觐，遂被封为大国师，赐财物。返藏后，即用这些财物以及当地贵族的资助，于永乐十七年（一四一九年）创建该寺。内分三个扎仓，二十九个康村和若干米村。曾规定住寺僧人总数五千五百名，和平解放初实达八千名。寺庙建筑宏伟壮观，内藏有明宣德皇帝在释迦益西第二次进京朝觐，封其为“大慈法王”时新赐缂丝像、以金汁写成的藏文《大藏经》、以白檀香木雕刻的十六尊者塑像等珍贵文物。自格鲁派掌握西藏地方政权后，该寺的政治、宗教地位日显重要。

〔5〕结扎仓——藏语བྱེས་གྲྭ་ཚང་།之译音。“结”意为外乡的寄居者。“扎仓”意为僧院。藏传佛教各大寺院中僧众学习经典之所。按学习经典性质分为：举巴扎仓（密宗）、参尼扎仓（佛教哲理）、丁科扎仓（天文历算）、曼巴扎仓（医学）。三大寺内之扎仓为独立组织，规模各异，由不同数目之康村组成。最大扎仓为哲蚌寺罗色林扎仓，包括二十一个康村，最小之扎仓无康村。各扎仓之首脑为堪布。扎仓有独立的庄园、百姓及动产。平时受大活佛、贵族等布施财物。扎仓间因争显赫施主和大活佛时有纠纷。扎仓有会议组织，称“扎仓冲杜”，由堪布主持、管理本扎仓诵经、戒律、考试、财务等。扎仓内设有诸多执事：扎仓总管，称喇让强佐；翁则，专管扎仓大殿，领导诵经；雄令巴，管理学经事宜；格贵，管理僧众行为戒律，兼管扎仓僧人名册。翁则、雄令巴、格贵为扎仓组织之中坚，藏语总称其为“翁却松”，意为学法三首脑。

〔6〕原藏文标题下括号内之年代有误，本译文已作修正。

（二十三）第十四世噶玛巴法王特却多吉[1]颁布的确认活佛转世的法旨

（藏历水虎年，道光二十二年，公元一八四二年）

统治广袤无垠佛法功业文殊师利大皇帝钦命如来大宝法王[2]西天大善自在佛贝噶玛巴十四世妙乘金刚颁布法旨

整个南瞻部洲[3]以及泊玉[4]、哲孟雄[5]的上师、僧众、王公、噶伦、定本、居本等一切尊卑僧俗听命：

大君米旺却结[6]之子，即多康衮钦司徒仁波切之侄，被我认定为噶玛仁钦·额顿丹增[7]之转世，已举行坐床典礼。取名为噶玛主居丹增达杰伦珠·额顿旺布，正式授沙弥[8]、比丘戒[9]。并多次获得新旧密宗允许灌顶和深入教诲，经典习修业已成熟。著授权为自宗噶玛日布丹林、噶玛扎西却廓林、噶玛却廓林、噶玛其美央温、噶玛竹居丹达林等寺的总管和主持。活佛本人要不分宗派，进行讲、辩、著和闻、修、思。想方设法努力弘扬释教，尤其要不畏艰险，发大誓愿，努力弘扬噶玛噶举派[10]之教法，使其像上弦月一样蓬勃发展，蒸蒸日上。各僧团也要听从活佛之教导，信守佛门戒规，一切虔信施主，也要自愿供养。切记！切记！

水虎年吉日写于俄敏楚布大经院

译注：

〔1〕噶玛巴法王特却多吉——藏语ཀརྨ་པ་ཐེག་མཆོག་རྡོ་རྗེ།之译音，一七九八至一八四五年（?）在世。

〔2〕如来大宝法王——藏语དེ་བཞིན་གཤེགས་པ་རིན་པོ་ཆེ།，明朝封给藏传佛教噶玛噶举派黑帽系活佛的封号。元朝噶玛噶举派首领噶玛拔希应蒙哥汗之召赴和林，蒙哥汗赐给金边黑帽，忽必烈继位后噶玛拔希被拘禁，后放回西藏。他去世后攘迥多吉被认定为他的转世，是为藏传佛教活佛转世制度之始。攘迥多吉及其转世乳必多吉，都曾被元朝召到大都，但都没有得到元朝的正式册封。由于噶玛噶举宗教上的影响大，信徒众多，明太祖时就曾赐诏书褒护其主寺楚布寺。永乐帝继位后派中官侯显入藏迎请高僧，永乐四年（一四〇六年）乳必多吉的转世得银协巴应召到南京，永乐帝派驸马都尉沐昕迎接，并在华盖殿宴请。一四〇七年二月得银协巴率僧人在灵谷寺为明太祖夫妇荐福，三月，永乐帝封得银协巴为“万行具足十方最胜圆觉妙智慧善普应佑国演教如来大宝法王西天大善自在佛领天下释教”，并赐印、诰、金银彩币、织金珠袈裟、金银器皿、鞍马等。又派他去五台山设大斋，再为明太祖夫妇荐福。此后历辈黑帽系活佛都被明封为大宝法王，地位在西藏其他宗教首领之上。但明代西藏的帕木竹巴地方政权从阐化王札巴坚赞开始，始终尊奉格鲁派，噶玛噶举派后来虽然得到第悉藏巴汗的尊崇，但始终未掌握过地方行政权力。

〔3〕南瞻部洲——藏语འཛམ་བུ་གླིང་།，梵音译作阎浮提。佛家宇宙学所说环绕须弥山外的四大洲中的南方大洲名。

〔4〕泊玉——藏语སྦས་ཡུལ之译音。意为禁区。

〔5〕哲孟雄——藏语འབྲས་མོ་ལྗོངས།，锡金。

〔6〕米旺却结——藏语མི་དབང་ཆོས་རྒྱལ།之译音，意为人之法王。

〔7〕噶玛仁钦额顿丹增——藏语ཀརྨ་པ་རིན་ཆེན་ངེས་དོན་བསྟན་འཛིན།之译音。

〔8〕沙弥戒——藏语དགེ་ཚུལ།，梵音译作室罗摩尼罗，简称沙弥。别

解脱七众之一，承认守护十所学处及其所属三十三种违犯之出家男子。沙弥律仪分略详两类，略者共十条：不杀生、不偷盗、不奸淫、不妄语，此为四根本戒，为除四根本罪恶作之戒；不参与和享受歌舞、不佩戴饰物、不饮酒、不使用高广大床、不过午时进食、不触摸金银，此六条为除忏悔恶作之戒。其详者共三十三条：不杀畜牲、不轻微诽谤、不侮辱毁谤在家人、不饮水吸入微生物、不用草杀死微生物、不无根诽谤、不破坏僧伽团结、不做类似破坏僧伽团结的事、不故意说谎，不徇私情、不嘲讽安居执事、不说"有些许食物而说法"等谤语、不僧残诽谤、不贬弃戒律、不取过量食、不杀生、不偷盗、不奸淫、不妄语、不饮酒、不听声乐、不跳舞、不唱歌、不佩项链等饰物、不着红戴绿、不熏香、不使用高于肘长的大床、不用珍宝等质地优良的好床、不过午时进食、不触摸金银、不违犯舍俗人相、不违犯取出家相、不违犯敬阿阇梨等。

〔9〕比丘戒——藏语དགེ་སློང་།，亦称比丘学处，或比丘律仪。比丘戒主要是防止比丘或比丘尼犯五篇或五堕罪，即他胜、僧残、堕罪、向彼悔和恶作。总共需要守持二五三条戒。

〔10〕噶玛噶举派——藏话ཀརྨ་བཀའ་བརྒྱུད།之译音。是藏传佛教噶举派（白教）中塔波噶举下四大支派之一。噶举派分香波噶举和塔波噶举两大传承，而塔波噶举又分为四大支派，即噶玛噶举、蔡巴噶举、拔绒噶举和帕竹噶举。噶玛为地名，位于今西藏自治区类乌齐县境内。创立于十二世纪，开创者都松钦巴·曲杰扎巴（一一〇〇至一一九三年）是塔波拉杰的得意门徒之一。早年随塔波拉杰习噶当派和噶举派两派教法，兼学萨迦派的"道果"教授和宁玛派的"大圆满"法。南宋绍兴十七年（一一四七年）在康区类乌齐的噶玛地方创建噶玛丹萨寺，故名。这一派最先采用了活佛转世制度，从元朝以来在康藏等地有一定的实力，政治上能左右一方，经济上势力强大，数辈活佛受到元、明两朝皇帝的赐封。十三世纪，噶玛噶举派分成两个系统，即黑帽派和红帽派。黑帽派是以蒙古大汗蒙哥为噶玛拔希·却吉喇嘛（一二〇四至一二八三年）赐金边黑帽而得名，现已传十七代。第五世黑帽活佛被明成祖封为"万行具足十方最胜圆觉妙智慧善普应佑国演教如来大宝法王西天大善

自在佛。”他的弟子先后被封为“国师”、“大国师”。红帽派是以元朝帝室成员赐给三世黑帽活佛的弟子扎西僧格（一二八三至一三四九年）一顶红色僧帽而得名。从第四世红帽派活佛曲扎益希（一四五三至一五二四年）开始和后藏的仁蚌巴家族联合，以武力打败了帕竹地方政权，与新兴的格鲁派相抗衡。第六世红帽派活佛又联合仁蚌家族，辛夏巴家族和蒙古族军事力量对抗格鲁派。至十九世纪，噶玛噶举在康藏一带仍然拥有强大实力，而且把寺院建在与西藏毗邻的不丹、锡金、尼泊尔、拉达克等国家和地区，拥有众多的信徒。噶玛噶举的主要寺院有：噶举丹萨寺、楚布寺、德钦当寺、乃囊寺、羊八井寺和八蚌寺等。

〔11〕俄敏楚布大经院——藏语འོག་མིན་མཚུར་ཕུའི་ཆོས་གྲྭ་ཆེན་པོ།，藏传佛教噶玛噶举派主寺，公元一一八九年，为噶玛噶举派高僧杜松钦巴倡建，其寺位于拉萨市西北堆龙的楚布地方。

（二十四）十三世达赖喇嘛阿旺罗桑土登嘉措[1]向寺庙和宗谿各地颁发的布告

（藏历水猴年，民国二十一年，公元一九三二年）

来自圣地之佛语佛王三界怙主所领天下释教遍知一切不变金刚持达赖喇嘛法旨

居住在西藏十三万户[2]的上中下全体僧俗人众知晓：

广利世间之根本唯佛法大宝，而该佛法又依赖于照理修持的众僧。以三大寺为首的各教派僧众，必须共同遵守习修佛法的根本戒律，以闻、思、修和讲经说法度日。各地上师、执事极需一部监督管理的章程。各宗谿以在职宗本、谿堆为首的诸位头人，对百姓派差执法要不偏不倚、秉公执法，不得徇私偏袒、巧立名目征派新的差税，扰累欺压属民百姓。因公确属需要征派少数乘畜、驮畜时，也要由本府发放乌拉牌票并严加管理。来往商旅、公职人员等不论何人，无盖章的乌拉牌票，不得任意征派马乌拉，乘畜、驮畜、人役、柴草、马夫、伙夫、口粮等，自不必说。不能借口换工借支劳力，必须由本人支付乘畜、驮畜和人役的脚价，不准收取钱款以顶替支差。

各宗谿根保头人，要对乌拉牌票仔细检查，不得隐瞒实情，报多或报少，每六个月呈交一次报表，如实在头人百姓的会议上精确汇总，盖章后按时上报。如百姓无力支付额外差役及实物时，遭受毒打致残者，要立即据实揭发上报。如发现世俗贵族和寺庙上层执事，曲解指令原意，越权独断专行，故意杀害自己手下属民或剜割属民的五官四肢，枉法徇私等不法行为时，各宗豁官员务必将情况具实上报。各地官员未向噶厦请示前，不可擅自施行上述刑罚。同时，如果出现来往商旅、朝佛香客等被盗贼杀伤、抢掠，以及子女遗弃恩重如山的年迈父母等违法行为，各宗豁头人要查明原委，及时上报，不得置之不理或者隐瞒不报。为了防止破坏佛像、佛经、佛塔，焚烧金字经卷，挖掘佛塔、神龛的装藏、泥塑小佛像、小佛塔等，各地方头人要防范和警戒，各守其职。

放债人不得非法牟取暴利，利上加利，以放债为手段夺取百姓赖以支差的牲畜和土地庄园，危害其生活，不准非法私设秤斗。地方官员和僧俗权贵不得接纳无助无告的农奴，保护起来归自己所有，不得以大欺小，弱肉强食。不得横行霸道，欺行霸市，强销换货。各宗豁官员除依照法律轻微量刑外，不准为满足个人的某些欲望以小事作由头进行处罚，或者派人催逼官差进行勒索敲诈。百姓违法时，宗豁官员要亲自处理，不得让奴仆捆打差民户主。

每年在举行传召法会时，规定从藏历正月至七月这段时间内，除狼、鼠之外，其余的飞禽走兽、鱼、獭、猛兽等，总之，所有水中陆上生活的大小动物，已颁布封山禁猎令。尊卑任何人不得违犯。各宗豁官员对先后颁布的一些法令未能认真执行，只顾料理私事，管理松懈，大多数头人百姓也没有照章行事。特别是现在为了本人的长寿和全体佛教众生的安乐在上述时间内不许对所有大小动物的生命有丝毫的危害，对此必须广为宣传，严加管束。

为了地方安居乐业，农畜两旺，消除瘟疫、灾荒、战乱及纠纷，要修复《甘珠尔》[3]大藏经等，进行开光、礼佛、修路等切实有效的福寿法事。各大小村落，要根据各地的经济情况，努力按月完成。每月初八、十五和三十等三日，要尽可能自觉进行禁食斋和近住戒。这都是为了各地的幸福。各宗谿头人，不得中饱私囊，扰害百姓，要认真巡查管理。百姓也不要为应付差役，敷衍塞责，要为各自的善果着想，要切实努力完成。

为了雪域的安乐和政教两制声望的振兴，历辈达赖喇嘛和历任摄政已屡次颁布取舍章程。每年发布“封山禁猎令”已成定制。然而有些破坏安乐的无耻之徒，不顾政教两方面的法令和全体属民的幸福安宁，严重违犯布告精神，违法乱纪行为屡禁不止。今后，无论尊卑何人，倘有此类行为发生，经暗中查访，听到或者地方头人、当事人告发，定要立即追查，一定要按其罪行处以鞭笞、流放、没收其土地财物等，绝不轻饶。

接此布告后，要及时在所有辖区将其要点逐一传达，领会其义，要取舍无误，并具结保证。其执行情况，随时禀报。望你等准确无误地遵行上述所有规定。

此文告于壬申阳水猴年鬼宿月（藏历十二月）上旬吉日写于布达拉宫[4]无量宫相毗邻的罗布林卡贤劫宫。

（《十三世达赖喇嘛文集》三十一——三十四页）

译注：

〔1〕十三世达赖喇嘛阿旺罗桑土登嘉措——藏语རྒྱལ་བ་སྐུ་ཕྲེང་བཅུ་གསུམ་པ་ངག་དབང་བློ་བཟང་ཐུབ་བསྟན་རྒྱ་མཚོ།（一八七六至一九三三年），藏族，藏传佛教格鲁派领袖。拉萨东南塔布朗顿村人，清光绪三年（一八七七年）作为十二世达赖喇嘛唯一的转世灵童，奉旨免金瓶掣签，被认定为

十三世达赖喇嘛。四年正月初四，由八世班禅剃度，取法名“吉总阿旺罗桑土登嘉措鸠差旺觉却勒南巴加娃巴桑布”，翌年，举行坐床大典，经光绪帝批准以阿旺班丹曲结坚赞、普觉夏佛罗桑楚臣强巴嘉措为正副佛师。八年（一八八二年）正月十三日，从摄政通善呼图克图在大昭寺受沙弥戒，开始学习经典。十二年（一八八六）从罗桑索南、罗桑彭措学辩论。二十一年（一八九五）受比丘戒，以西藏政局动乱，奉命亲政。二十五年（一八九九），上巩固西南边疆，抵抗英国侵略军之奏折，因未获清政府支持，致使英军两次侵藏。二十六年（一九〇〇）私派蒙古人德尔智为代表赴沙皇俄国。三十年（一九〇四），以英国侵略军逼近拉萨，出走蒙古。三十二年（一九〇六）朝拜塔尔寺、五台山。三十四年到北京，谒见光绪皇帝和慈禧太后。宣统元年（一九〇九）归拉萨。次年，因受帝国主义的挑拨出走印度，一九一二年返回西藏。他通过西藏驻南京总代表、西藏驻京办事处与中央政府保持密切关系。他精通佛学，有关于佛学及语言学等五种著作，曾在军事、财政、邮务、医疗等方面提出一些“新政”，以巩固封建农奴制。一九三三年在布达拉宫圆寂。

〔2〕十三万户——藏语ཁྲི་སྐོར་བཅུ་གསུམ།，元代乌思藏属下十三处军政建制，以僧俗首领为万户长进行管理。元世祖中统元年（一二六〇）封吐蕃高僧八思巴为国师（后升号帝师），赐予乌思藏（即前后藏）为其封地；又封其弟恰那多吉为“白兰王”，掌乌思藏之最高执法权。至元元年（一二六四），置总制院（后改宣政院）掌全国释教及吐蕃事务，以八思巴领院事。翌年，命八思巴和恰那返萨迦，派员随行清查乌思藏各地户籍。四年（一二六七）恰那卒。从八思巴请，于次年改置本钦（长官）一职，以萨迦囊钦（内务总管）充任，赐“乌思藏三路军民万户之印”，以司其事。二十四年（一二八七）又派员往乌思藏会同本钦再作清查，宣政院于吐蕃全境置宣慰使司都元帅府三：乌思藏纳里速古鲁孙等三路，吐蕃等处，吐蕃等路。于乌思藏依据清查属民户籍而郡县其地，分封各处僧俗首领为万户长，秩三品，统归萨迦本钦调遣，定额为十三，故称十三万户。据档案文献载，乌思地方置万户六：（一）止贡（别作止、必里公、迷儿军，治所今西藏墨竹工卡县直孔）、（二）帕

木竹（别作帕、帕竹、帕末竹巴、伯木古鲁，治所今乃东县泽当）、（三）嘉玛（别作嘉、嘉哇、加麻瓦，治所今墨竹工卡县喜玛墀康）、（四）雅桑（别作雅、雅桑巴、牙里不藏思巴，治所今乃东县雅桑）、（五）蔡巴（别作蔡、擦里八，治所今拉萨市蔡村）、（六）恰域（别作恰、恰拉主、拉恰主、札由瓦，治所今隆子县加玉）；藏地方置万户六：（七）阿里（别作拉，治所今萨迦县）、（八）拉堆洛（别作洛，治所今定日县协噶尔）、（九）拉堆绛（别作绛，治所今昂仁县）、（十）曲弥（别作曲、出密，治所今日喀则市曲弥）、（十一）夏鲁（即沙鲁，治所今夏鲁）、（十二）智笼答剌（别作香、香卓，治所今南木林县）；乌思与藏之间置万户一，（十三）羊卓（别作俺卜罗，治所今浪卡子县）。终元之世，万户名称屡有更迭，史籍曾载有古尔摩（别作古尔、古尔摩哇）、塘波且（别作塘、塘波且巴、汤卜赤八）、达垅（别作达、达垅巴、思答笼剌，别说今浪卡子县羊卓达垅）、达垅巴、拉、主（一说即达垅）、甲域主巴（一说即恰域）、琼、扎、具（一说即恰域、拉、主）、智笼答剌（一说即绛卓）等万户名称。元末帕木竹巴万户兼并邻部，至正十四年（一三五四）攻占萨迦，取代本钦职权。乌思藏十三万户之称延至明初，已名存实废。

〔3〕《甘珠尔》——藏语བཀའ་འགྱུར།，直译为“一切佛经之译文”，又称“正藏”，通称“经部”。内容主要为释迦牟尼佛生前所留存的，死后弟子多次汇集整理的语录译文，即佛经。包括显密及戒律等七类，以纳塘新版即颇罗鼐时所刻印者为例，总计一百函，八百种。其中戒律十三函，二十四种；般若类二十一函，四十九种；经济类三十函，二百七十三种；涅槃类二函，二种；密乘类二十一函，四百二十七种；目录一函一种。各种版本之《甘珠尔》经部数目不尽相同，永乐版为一百八十函，康熙版为一百六十函。具体种类中的所含佛经数量也略有差异，如德格版有一千一百零八种。藏文大藏经《甘珠尔》部与汉文大藏经同类相比，前者经部总数多于后者，尤其密乘部更远远超过汉译本大藏经。在显乘诸经部，除华严、宝积及涅槃三部数量相等外，戒律、般若及经集类三种总数均以藏文《甘珠尔》经为多。汉文大藏经较重视显乘，但在所收七类经文大类方面和藏文一致。因甘珠尔是佛语部，大凡刻印单

藏者，均存《甘珠尔》经部。吐蕃时期，藏文大藏经只有译经的目录集，如《秦浦目录》、《旁塘目录》及《登迦目录》，前两者已失，今仅存后者。最早版本为西藏纳塘寺古本，始于元仁宗（一三一一至一三二〇年在位）时期。由该寺高僧久丹日巴日迟（旧译释尊剑，山南人）及其弟子嘉木样巴克什、卫巴洛塞哇强求益西、译师索南约斯、汇若绛秋朋等，搜集不同版本，精心校勘，编纂而成，缮写了第一部手抄本《甘珠尔》及《丹珠尔》佛经，即首部写本藏文大藏经，藏纳塘寺妙音殿内。此后各种写本相继问世，诸如布顿大师精校本蔡公塘《甘珠尔》，即蔡巴甘珠尔，夏鲁寺之《甘珠尔》及《丹珠尔》。以夏鲁寺（版）为蓝本，又先后在仁蚌、泽塘、贡嘎、丹萨梯等地广为缮写，江孜第斯热丹衮桑帕巴又以纳塘《甘珠尔》为蓝本，经大译师图杰贝详加校定，写成名为《甘珠尔江孜天邦玛》大藏经。最早刻本始于明永乐之际，即永乐八年（一四一〇）以宗喀巴校订之蔡巴《甘珠尔》为蓝本，在南京付梓的《甘珠尔》。是为国内第一部刻本藏文大藏经。十二年（一四一四），明帝曾将该版《甘珠尔》赐萨迦派高僧正觉大乘法王昆泽思巴。此刻本为赤字版，附有汉藏文对照的永乐帝之《大明皇帝御制藏经赞》及《御制后序》，原存萨迦寺，今藏布达拉宫。此部《甘珠尔》经原为一百零八函，今存一百零六函。迨万历三十三年（一六〇五年），又在北京以永乐版为蓝本刻成黑字版《甘珠尔》藏文大藏经，史称万历版大藏经。此外又有天启元年（一六二一年）纳西族木增土司刊刻之丽江版《甘珠尔》（后移里塘寺，又称丽江——里塘版《甘珠尔》）、清康熙六十年（一七二一）至雍正九年（一七三一）卓尼版、雍正八年至十年（一七三〇——一七三二）纳塘版以及德格版、库伦版、拉萨雷巴版、拉嘉版等《甘珠尔》。各版大藏经虽然内容大体相同，但在编排次序、收文倾向，雕版、经纸大小、字体颜色，夹经版形制，经文精细度、经藏序言、插图与否等，都各具特色。明永乐版、万历版在各方面均具备，堪称豪华珍本，但错字较多；德格版以收各家之言著称；拉萨版以注重收集格鲁派论著为特色；卓尼版以全藏而文字秀丽闻名；纳塘版以校勘精确誉满于世。上述雕版除德格版、拉萨版尚存外，其余雕版均先后毁失。

〔4〕布达拉宫——藏语པོ་ཏ་ལ།之译音，又称“第二普陀山”。布达拉为梵语译音，意为“佛教圣地”。在拉萨市西北布达拉山上。藏语原称“玛波日”意为“红山”。相传公元七世纪中叶吐蕃赞普松赞干布与唐朝文成公主联姻，在此山南麓依山建宫室后，始有此名。早年凿建的藏王修法洞“却杰珠普”位于红山顶，至今尚存。余皆遭雷电与兵燹毁坏。清顺治二年（一六四五）五世达赖命第巴索南绕丹主持重建，至十年（一六五三），建成白宫部分，遂从哲蚌寺甘丹颇章迁此。该处遂渐成为西藏政教中心。康熙十八年（一六七九），桑结嘉措任第巴后，集中西藏大量财力、物力，历时三年，竣工建成红宫部分。后历经不断增修扩建，始具有现在规模，成为高耸于拉萨市内的一座辉煌壮丽的宫堡式建筑群。全部为土木石结构，东西宽四百二十米，进深约三百米，最高的宫室十三层，其金顶距地面一百一十七米多。共有房间近万间，总建筑面积约十三万平方米。全部建筑依山垒砌，群楼重叠，气势磅礴，为藏族古代建筑之精华，其中有宽大的石砌阶梯，有供达赖等举行庆典、处理政教事务和居住的东大殿、东西日光殿和寝宫，专门供奉五世和七世至十三世达赖肉身灵塔的灵塔殿、享堂，众多的佛殿、经堂、廊庑，庭院，还有摄政、噶厦、译仓的办事房，僧官学校的教室、僧舍等。宫内存有大量精美的塑像、雕像、卷轴画、壁画、佛经史籍、法器、供器、幔幢，清朝皇帝牌位，明清两朝赐的匾额、封诰、册印、礼物。五世达赖灵塔高约十五米，系用三千七百二十一公斤黄金页皮和无数珍珠、宝石包裹镶嵌而成。解放前，其管理机构称孜恰列空，意即布达拉宫管理处，由基巧堪布，即总管堪布主持。解放后为全国重点文物保护单位。

（二十五）持白莲十三世达赖喇嘛阿旺罗桑土登嘉措颁发的《取舍明了之寺规》

（藏历土蛇年，民国十八年，公元一九二九年）

愿得吉祥！

贤劫佛[1]处在繁星中，发菩提善心最殊胜。

净饭王子[2]语自在，普降甘露予众生。

俱十力[3]智慧之剑来武装，讲、辩、著般若[4]放光明。

在广阔无垠之雪域，宗喀巴[5]大师无匹敌。

依佛法内库四缘[6]之律典，制定出取舍门径[7]之寺规。

受用十地血[8]之护法神，经常护卫善业莫大意。

此寺庙乃班禅罗桑益西[9]（五世班禅）亲传弟子比丘德娃协巴[10]所建。现由比丘阿旺格桑[11]任主持。兹将亚东洞廓扎西伦珠寺[12]取舍法规逐项明确规定如下：

首先，出家之人品德要好、要勤奋。一定要断律经[13]中所讲的逆缘，具备一切顺缘。入寺时要向寺庙敬献供灯和哈达，根据各人的财力，向师傅献薄礼，给寺内的全体僧人放三次斋茶，向每人布施藏银五分，同时呈递申请入寺的禀帖。不懂《法行》[14]的，要集中精力念诵学习，经师傅和领诵师考试合格后，向师傅和领诵师各献“素喜”哈达一条，向各主要佛像和护法神献哈达，向僧众放两回斋僧茶（每回三碗）和按当地习惯放粥一次，给每人布施藏银一钱。然后可正式加入僧团组织，成为该寺的喇嘛。如果是从其他寺庙转来的喇嘛，其《法行》考试与正式接收之仪轨同上，但无须放斋茶和布施。一定要在寺庙总管委员会（拉基）全体会议上背诵经文，进行显密宗的实践考核，诵经时必须声音洪亮、发音准确、吐词清楚。

平时，所有年长和年轻的僧人，都要严格遵守寺庙清规，不得穿有袖子的上装，或光着膀子来回游窜，不得挑拨离间、嬉戏吵闹、高声喧哗、放荡无度、打架斗殴等，尤其是对于酒和四根本罪，[15]绝对不准有所闻、见、疑 。要勤奋学习《皈依经》[16]、《菩提道次经》[17]、《修心经》[18]、《生圆次第》[19]等。每天早晨，当太阳从雪山上升起时，随着管理人员的法号声，除执事僧和病号外，沙弥、比丘都要戴好帽子，披上披风，带上铺坐、漱口器皿、念珠等用具，满意地来到大殿参加法会。比丘们入座之后，新入寺的沙弥们在殿门抱厦依韵朗诵《无缘大悲颂》十三遍后，方让其入座。迟到者，未经铁棒喇嘛[20]允许入座前，要一直在座下叩头。法会开始后，由一名沙弥给众僧送早漱口水，比丘们行授受仪式。坐的姿势和仪轨所缘相等合乎规则，就会引起有缘净信，防止胡思乱想。没有进行晚漱之前，除庙祝和行茶僧之外，其他人不得从座位上突然起立，要经铁棒喇嘛允许方可用茶。在定期的和临时的全天法会上，要等晚茶和晚漱之后，沙弥们才能行授受仪式。三事（长净、安居、解制）仪轨不能减少。到民间进行法事活动时，除集体参加者外，其余由铁棒喇嘛公正无私地依照诵经水平的高低适当搭配，或者按照名册顺序次第派遣。在施主家的一切行为，要如同在法会上一样。临时被邀请为生、死、病人等进行大型祈福禳灾法事时，未经批准不得随意在百姓家借宿过夜。

领诵师和执事僧等，要由经法好、公道正直的人担任。选举时，先将候选人名单报告寺庙总管委员会批准，当场把候选人名单包在糌粑团内，将糌粑团抛在地上，滚得最远的当选，不得徇私舞弊。领诵师必须具备会跳神、绘坛城、诵经时声音洪亮等条件，成为佛教徒的表率。

铁棒喇嘛只准根据寺规戒律进行管束，坚决不能狠心摧残众僧。寺庙总管在平时放斋僧茶及一切大小开支不能抛撒浪费，要肉汁渗进肉里面——涓滴归公。各寺庙执事可以根据自己供奉的本尊和心愿按照《续部》[21]的要求进行长期念修。外出游历和朝圣，七日以内要有铁棒喇嘛同意，七日以外要有领诵师和财物总管批准，否则不得随意外出。在此期间要找可靠的人代理其职。普通喇嘛请假也按上述规定执行。

每年廿九朵玛（抛驱魔送祟的食子）和每月初十日发放布施时，对在职上师、堪布、总管、卸任执事、正在闭关和生病的喇嘛，要按照应得份额发给，不得短缺。

在为公家支派劳役、实物、差税时，按照先例由寺庙和施主共同协商，同心协力，和衷共济。任何人不准将在内部讲的话泄露出去，不准任意把寺庙的公共财物丢失抛撒。

有背离本寺，另找新的主子，对僧众及其部属无端陷害存心捣乱者，要开除出寺，并将其僧舍里的财物没收充公，交地方官进行惩处，决不宽恕。犯戒者要消除恶报，在主佛像前敬百供、献哈达；向法座和神母马索玛、六臂护法神（大黑天）献哈达，并叩五百个头；向上师忏悔赎罪，献“素喜”哈达一条，交藏银三两；给领诵师、掌堂师各献“素喜”哈达一条，交僧俸基金藏银二十五两。向全体喇嘛放两次斋僧茶（一次三碗）、一次米粥。根据所犯罪过之大小进行处罚，以及本人所做的奉献，乃是为早日获得今生来世之善果，是为在边远地区永久弘扬纯正之佛法。望取舍无误。

殊胜佛教之兴衰，关键取决于众僧。

遵守政教之规章，佛教众生吉兆生。

特此公布上述正确取舍之规章。

持白莲十三世释迦比丘阿旺罗桑土登嘉措无畏克敌制胜自在佛于藏历第十六饶迥土蛇（一九二九）年八月八日写于罗布林卡遍喜贤劫宫。

（《十三世达赖喇嘛传》五十—五十二页）

译注：

〔1〕贤劫佛——藏语བསྐལ་བཟང་རྣམ་འདྲེན།，贤劫指有千佛出世的光明时代。贤劫诸佛即自第一拘留孙佛至最后胜解佛中贤劫所有已来当来一千如来。

〔2〕净饭王子——藏语ཟས་གཙང་སྲས་པོ།即释迦牟尼。

〔3〕俱十力——藏语སྟོབས་བཅུ།又作如来十力：知处非处智力、知业报智力、知种种解智力、知种种界智力、知根胜劣智力、知遍趣行智力、知静虑解脱等持等至智力、知宿住随念智力、知死生智力和知漏尽智力。

〔4〕般若——藏语འབུམ།《大般若经》，释迦牟尼在灵鹫山、王舍城等处，采用与舍利子、须菩提、帝释天等互相问答的形式，为诸菩萨僧众演说甚深空性教理的经典。全书共十万颂。

〔5〕宗喀巴——藏语ཙོང་ཁ་པ།（一三五七——四一九），西藏佛教史上著名宗教改革者，藏传佛教格鲁派（黄教）创始人。本名罗桑札巴贝，青海西宁西南湟中县宗喀人，藏族，父伦本格元末官达鲁花赤（镇守官）。元至正十九年（一三五九）三岁，随父谒噶玛噶举黑帽系四世活佛乳必多吉，受近事戒，取名贡噶宁布。二十三年（一三六三）七岁，由父母送至夏琼寺出家，从噶当派高僧顿珠仁钦学经，受沙弥戒，

取名罗桑札巴贝。明洪武五年（一三七二），继续深造，访师求道。九年（一三七六）开始攻读显教主要论著，向萨迦派仁达瓦学《俱舍论》、《集论》、《入中论》、《量释论》，向顿桑瓦学《量释论》等。十四年（一三八一）赴前藏，先后到止贡、桑朴、孜塘等寺进行立宗答辩。十八年（一三八五）向布敦弟子学密宗的经典注疏。居前后藏共二十余年，学问精进，博通显密，逐渐形成自己的思想体系，著有《菩提道次第》、《密宗道次第》、《事师五十颂释》、《中论广释》、《辩不了义论》等多种著作。对萨迦、噶举等教派上层享有各种特权，追逐利禄、生活淫靡等弊端深为不满，为恢复佛教的纯洁性，倡议对宗教进行改革，严行戒律，要求喇嘛重苦行、持戒律、禁娶妻。在噶当派教义的基础上，吸收其他教派教义的一些内容，创立格鲁派。因该派僧人戴黄色僧帽，又称黄帽派，俗称黄教。永乐六年（一四〇八），应阐化王札巴坚赞所请，到仲不龙为各寺僧众讲授《菩提道次第广论》及《密宗道次第广论》等著作。七年，在帕木竹巴政权的支持下，在拉萨大昭寺举办大祈愿法会，俗称传大召，同年，在拉萨东修建甘丹寺，驻锡此寺。十三年（一四一五），应明成祖邀，派亲近弟子释迦也失赴明都朝谒，加强了西藏与中央王朝的联系。十七年（一四一九）授意释迦也失主持兴建色拉寺。一生弟子众多，著述颇丰（均收入《宗喀巴全集》），所创黄教对藏传佛教影响极深，逐渐成为诸派中最得势者。

〔6〕四缘——藏语རྗེ་བཞི།，四德，四分圆满。法、财、欲、果等世间出世间皆称圆满的四种条件：法谓佛法盛行；财谓资财具足；欲谓享受色、声、香、味、触等五妙欲事；果谓修心佛法能证解脱涅槃之果。

〔7〕门径——藏语འཛུག་སྒོ།，即办法，窍门。

〔8〕十地血——藏语ཞིང་བཅུའི་ཁག，即十恶怨敌之血。十恶怨敌，即佛教密乘所说应杀不赦的十恶怨敌：毁灭佛教、摧残三宝、劫夺僧财、谩骂大乘、戕害上师、挑拨金刚弟兄、障难修行、绝无慈悲、背弃誓戒和颠倒业果。

〔9〕罗桑益西——藏语བློ་བཟང་ཡེ་ཤེས།，第五世班禅额尔德尼。藏族，后藏托布加珠仓（西藏南木林境内）人。出生后不久即被迎接到托布加

附近的南多颇章寺，被认定为四世班禅的转世灵童。清康熙六年（一六六七）迎至扎什伦布坐床，师事五世达赖。二十七年（一六八八）、三十三年（一六四九）两次受诏入京弘法，因未出天花等因均未成行。三十六年（一六九七）任六世达赖之师，主持受戒仪式，是年，为五世达赖灵塔举行开光仪式。四十五年，六世达赖被废，解送北京。此后，又主持拉藏汗所立之达赖喇嘛意喜嘉措受戒、命名诸事。五十二年（一七一三），清圣祖派员入藏，正式册封其为“班禅额尔德尼”，赐金册金印，受命助拉藏汗管理西藏事务。自是“额尔德尼”正式成为历代班禅的称号。雍正六年（一七二八），以调解卫藏两军冲突有功，受命治理冈巴拉山以上，冈德士雪山以下（今后藏拉孜、昂仁、彭措林等）地方，开班禅活佛系统于西藏掌管直辖地区之始。乾隆二年（一七三七）圆寂，其灵塔建立在扎什伦布寺。

〔10〕德娃协巴——藏语བདེ་བར་གཤེགས་པ།之译音，人名。

〔11〕阿旺格桑——藏语ངག་དབང་བསམ་བཟང་།之译音，人名。

〔12〕亚东洞廓扎西伦珠寺——藏语གྲོ་མོ་དུང་དགོན་བཀྲ་ཤིས་ལྷུན་གྲུབ།。位于亚东境内的一著名黄教寺院。亚东，县名，唐代译卓摩。在西藏自治区南部，东临不丹，西邻锡金，县治司马。

〔13〕《律经》——藏语འདུལ་བ།梵音译作“毗奈耶”，义译为灭。阐述八事，谓五篇堕罪、犯堕原因、出堕、离堕、依何制戒补特伽罗，所制学处本体、学处名目、抉择犯和未犯等八。以灭三业罪过，故名为律。

〔14〕《法行》——藏语ཆོས་སྤྱོད།，又作十法行。谓于佛经缮写、供养、施赠、听闻、受持、披读、开演、讽诵、思维和修习。

〔15〕四根本罪——藏语ཙ་བ་བཞི།，别解脱戒的四根本学处：谓不杀、不盗、不淫、不妄说上人法等，为出家僧人的四根本戒。如犯此戒，即败坏戒律根本，故名四根本。

〔16〕《皈依经》——藏语སྐྱབས་འགྲོ།，又作《皈依七十诵》，论述皈依三宝的一部佛学论述，古印度论师月称所著。

〔17〕《菩提道次经》——藏语ལམ་རིམ།，宗喀巴所著广、中、略本

《菩提道次第论》之略称。

〔18〕《修心经》——藏语བློ་སྦྱོང་།，噶当派所说的“修心七事”和“修心八座”。

〔19〕《生圆次第》——藏语བསྐྱེད་རྫོགས།，为生起次第和圆满次第之略。生起次第（བསྐྱེད་རིམ།）为求净治四生习气，解脱凡庸见、闻、觉知之缚，现见本尊、真言、智慧本性而修习之瑜伽；圆满次第（རྫོགས་རིམ།）于金刚身严守要窍，凭借有堪能性风、脉、明点，以四空现证光明，以四喜现证俱生慧的殊胜智。

〔20〕铁棒喇嘛——藏语དགེ་བསྐོས།，纠察僧、掌堂师。负责维持僧团清规戒律的寺庙执事。旧时大寺庙的纠察僧常随身携带铁杖到处巡视，故有铁棒喇嘛之称。

〔21〕续部——藏语རྒྱུད་སྡེ།，怛特罗部。解说大乘教中金刚乘或密乘灌顶、道次建立、修法和法术等的佛说经典。

（二十六）十三世达赖喇嘛颁发的噶厦公务人员的行动章程

（藏历土猪年，光绪二十五年，公元一八九九年）

奉大皇帝圣旨

西天大善自在佛所领天下释教普通瓦赤喇怛喇达赖喇嘛法旨

生活在南瞻部洲清凉白雪环绕的美丽大地——西藏的众生、全体尊卑僧俗，特别是甘丹颇章的政治四业主持[1]、布达拉宫的都果勒空[2]的总管、内部领衔的大小堪布、颇本、代本、孜本、贵族子弟、孜雪政府机关的办事人员、上中下仲科、仲多、俗官大管家、门卫、房管员等，以及按例特设总管布达拉先后在职管家等一体晓示：

遵循大圣密宗事部三怙主、智慧化身、国王祖孙三代[3]的遗训，要在西藏三区大地中心有名的第二普陀——布达拉宫上中下精心供养维护。一切侍从僧俗官员，举止作风等各个方面，早已陆续有明文规定，大家在行动、语言、思想三方面本不应违背，但是后来，由于负责约束纪律的总管，明知有人违犯规章，也都听之任之，放松管束，致使大多数人有机可乘，辗转效尤，置原有的规章于不顾，出现了破坏规章的行为。

此次制订章程的重要意义在于，布达拉宫乃观世音菩萨的无量宫，是无比众生积德造福之最上净土，具有吉兆之特点。尤其是世间贤劫之主，天授地上大梵（对皇帝的敬称）日月交辉，赐予本人金册、宝印等，授予本人统领天下释教的最高权力。本人现今负有保护西藏政教之重任，正当根据出家十善法[4]和在家道德规范十六条[5]等两法的行止取舍，积极采取措施，恢复和发扬优良传统之际，主宰大地的诸法王，也曾依据习惯法开创利济佛法众生之善举。置身在政教两法之首府拉萨的全体众生，特别是长期沐浴政府厚恩的上中下僧俗内侍官员，其一切行为都要抬高甘丹颇章政府的声望，即可名利双收。众所周知，倘尔等不能谦虚谨慎，自觉遵守，就会给维护以大昭寺为首的全部所依处开创极坏的先例，而全区民众的传统优良作风，也将逐渐呈现出浊世的衰败景象。

现在要向公、噶伦[6]、总管堪布等各贵族绅士、高级侍从、大小堪布、颇本、代本、孜本、贵族子弟、上中下仲科尔等人指出：尔等身受政教合一政府的隆恩，应当明白今后怎样生活，怎样循规蹈矩，遵守众生幸福之根本、政教两制的取舍规矩。在执行一般的和特殊的、临时的或经常的政府职务时，要公道正直，忠于职守，扬弃悖逆狡诈行为，要照例实行第巴桑结嘉措的《法典明镜》[7]和其他一些专门布告、纲领以及共同文约等，不得违背。

侍卫[8]办公处的全体僧俗官员，衣着不得破烂。孜仲要穿孜仲官服，[9]俗官要穿合乎自己身份的官服，穿"甲钦"[10]、"吼布查"[11]和"达松"[12]等式样的靴子等，不许随意乱穿。

在宫内外的举止作风，要按照等级区分，要符合身、语、意规范，一切行为不得有伤风化，不能疏忽大意，衰败颓废。力行政教的谦恭礼仪，对自古以来的优良传统，切勿败坏。

在以噶厦为首的各机关内，不许孜仲不穿孜仲服而穿氆氇或布上衣，不许穿粒皮底布靴、后藏靴、破底靴等。俗官们衣服、靴子也不许随意乱穿。任何时候都不许吸烟。更不允许在“德阳厦”[13]等大庭广众场所，穿耸肩无袖坎肩、粗氆氇上衣等不文明表现。在布达拉山下“雪”[14]一带地方，办理公、私事务时，也要符合行为准则，不宜在村庄、市场和饭店到处乱逛。

孜仲外出催收粮食和僧茶时，衣着要符合规定，从拉萨出发时不准穿蒙古服和便装。俗官外出时也不能穿汉装或蒙古服及便装，在石碑[15]和“达索”[16]内行走和停留。坐垫管理员和仲多等到孜雪勒空办事时，身上衣着要符合规定，不准穿汉靴、破底靴或后藏靴。没有配戴汉刀、碗套，未戴黄碗帽，不得来往行动。

门卫、房管员、清洁工等，不得以私事为重，而对公事漫不经心、浪费时间。正如谚语所说：“做针是为了缝纫，做风箱是为了吹火”，各个都要名副其实，各尽其责，坚守岗位。上下宫殿和各厢房，要每天打扫，经常保持清洁，按时进行修缮和维护。三合土地面也要进行检查。尊卑任何人不得有违法悖逆行为，注意防火、防盗，随时探听和观察，不可掉以轻心，对重要供养维护妥当，使众人满意。

在寝宫和拜谒达赖时，不得高声喧哗，各部门要检查。观音殿和各金塔的香灯师，要从早晨开门起坐守到天黑。关门时要使长明灯足够过夜，并杜绝火险。另外，还要认真检查供香和酥油灯等。启闭殿门时，除因重大公事或特殊情况外，孜仲必须亲自前来，不能将钥匙交给多事的佣人及缺乏警惕性的人或者是不可靠的人保管。其他供施的人员也要固定不变，坚守岗位，虔诚维护好各殿堂，不能疏忽大意。为了本人的长寿和雪域佛法众生的安乐，各个部门的供物数量不能减少。在佛面前摆设供品和向护法神祈祷念经时殿门打开之后，对来自远方的朝佛香客，不能放松警惕，为防止失火、失盗，要派人检查。各处负责念经的人是否坚守岗位，是否按照《续部》仪轨念经，是否按时供养祭祀。平时布达拉宫管理处，要不时巡回检查，对于不完美的方面，要秉公处理，不得拖延。各处的夏卜庙祝[17]对供施、清扫要上下有序，自成章法，按理取舍，孜仲和供施人员未穿袈裟和禅裙，不得来往走动，也不得在袈裟、禅裙上再穿布上装或氆氇上装，或者不穿正规僧服而穿蒙式奇装异服。无论僧俗都不准戴遮阳草帽、风雪帽、汉式帽、蒙式帽和不合尺寸的黄碗帽，不准穿皮筒长坎肩、便服，不许穿掌钉的靴子、汉式圆口鞋、皮鞋、穿奇装异服或赤裸上身，不准打阳伞，不准提无罩的灯盏等等。在大殿和布达拉宫上走路时脚步要轻，不能发出沉重的脚步声。在布达拉宫周围和"雪"一带地方，不许大声吼叫，不许伤害麻雀一类的生命，不许无故放枪。总之，不许发生与地位不符、有碍观瞻、有不祥之兆等行为。依照防范规定，倘若有不听从指挥、不守纪律者，各地区不能放任不管，要及时通知所在机关。

不许在布达拉宫上下前后到处高声喊叫，讲黑话，不许甩糌粑团子和石头，在楼梯处不许发出嘈杂声和剧烈的撞击声，不许慢慢悠悠，或者大声骚闹，在墙壁上乱涂乱画，或者吵嘴打架。不许在僧舍内砸骨头，养猴子和猎狗，栽花，喂鸟，吸鸦片和香烟。不许在腰间插长杆烟袋、长刀或马鞭。不准吹笛子，拉弦子，弹琵琶。无论何时不准玩"阵"[18]、掷骰子、下棋、玩羊踝骨、玩针和石子等。

守门人和清洁工等对早晨来殿里朝佛的香客、僧俗上中下人等的穿着、行为，是否符合规定，要进行检查，讲明利害，秉公放行。对个别寻衅的坏人，不许放行。经门卫检查，发现形迹可疑者，不许放行。

下午对护法神的祈祷结束之后，即禁止妇女通行。燃灯节[19]和各个逝世祭期间，对于擦洗灯盏的差役，当天下午可例外随时放入，随时放出。

禁止背地饮酒，鉴于饮酒是一切罪恶的直接原因，今后在寝宫、护法神殿和朗杰扎仓等处，除念经用的内供神饮、公家厨房的红糖酒等因特殊需要外，其余房管员、门卫、清洁工、内侍官、家仆、朗杰扎仓的僧奴、运水工等，任何人一律不许在大门内饮酒，也不许对酒有所闻、见、疑等。倘若发生，一定给以处罚，以惩前毖后。因此，在大门内自不必说，大门外石碑以内、夏角[20]、布达拉后山腰、官员下马处、马齿形围墙附近、僧舍后门山根处，也不许携带和饮用酒。

不许在宫殿各处的屋顶上晒衣服和陶器，及随意倒垃圾和脏水。如果出现此类情况，各处的房管、清洁工不得照顾情面，要念及政府恩典，把名誉和事业放在心上，及时通知大管家，根据情况予以指责和揭露，不可姑息放纵。

如家仆一类人中，在布达拉宫上下行走，穿戴也要符合规定，如有违反，及时追究。

宫殿上下房屋，随时有发生火灾的危险，各处的香灯师、房管员、清洁工等对朗杰扎仓的净厨、炸点心的厨房、熬糖房、公家和私人的炉灶，以及经常和临时做法事搭的灶房和堆放柴火的地方，日夜都要警惕防范，不可掉以轻心。确实需要留火种时，也要认真仔细查看，不可把火种和柴薪堆放在一处。

布达拉宫的垃圾，必须按规定倒在山下石碑外堆放垃圾的地方，不许偷懒省事，倒在宫殿附近，各处要加强监督管理。

在布达拉后山上以及偏僻路上进行攀登行走之事，多数人已忘在脑后。今后，房管员、清洁工要检查防范，禁止在这些地方放牧毛驴、奶牛，大声吆喝。布达拉宫的门卫、清洁工如若发现此类事情，要随即报告布达拉宫管理处，及时予以处理。另外，不许在宫殿周围捶打、研磨“苏巴”[21]和植物染料。

尊卑任何人不得在布达拉宫山下石碑和马齿墙附近随地小便。为了不使后门和“德阳夏”的厕所倒塌，禁止在这些地方倒脏水和垃圾。今后，也不许在宫内的厕所里倒脏水和垃圾，以及随意小便。

今后，在燃灯节、逝世祭、上下密院[22]和布达拉诵经会，以及经常的和临时的百僧诵经会，必须点长明灯，不许间断。

前后的马齿形围墙和石板地面损坏之处，各处的房管和清洁工要及时修复和加固，不得任其损坏倒塌，置之不理。同时，只准在僧舍前后和布达拉宫东便门等地卖花、萝卜、圆根等，不许到宫内叫卖和在正门及后门处摆摊。

公家和私人的驮畜，只准在布达拉宫正面的石碑以内和“夏角”中门的马齿形围墙边，以及后山马道的灶房、僧舍后门和榆树门等可经过外，不准超越此限。关闭宫殿大门时，管家及其二位助手，要随鼓声落锁，收回门锁钥匙，点交给布达拉宫管理处，不得因等候过往人员延误关门时间，关门后禁止通行。如因公特别需要进宫时，可告知布达拉宫管理处，开东便门或西便门，并随时将门锁好，不准开其他正门。饲养奶牛的人到宫内送牛奶时，可走“彭措杜朗”[23]小道。运水骡夫可走后宫门。并要按时前来，由朗生亲自拿钥匙开门。早晚要按时开门，自不必说，也不准骡夫要钥匙开锁。不准在正门之间来回搬运器物和牛粪、柴火、灶灰、垃圾等不当之物。私人的运水骡子等，只许从后宫门和山腰附近大道通过，不许将骡子牵到上面。除为寝宫运水、运日用品的骡子外，其余任何人都不准给驮畜挂铃铛。

在宫殿前面尊卑任何人都不得在（达赖的）下马礅附近上下马。公、噶伦、宫内侍、颇本、代本等，只能在石板地面边沿下马，勿使尊卑等级错乱。僧俗官员乘马来到布达拉宫后山时，只能在“达朗归莫”[24]下马。仪仗、乐队、五品以上的官员，在宫墙以内下马。公、噶伦、宫内侍从等人员均不得逾越下马礅下马。

宫内尊卑侍从、孜雪的办事员，色拉、哲蚌、甘丹三大寺的活佛、执事等，遵照以前惯例可以从后宫门出入。而其他的朝拜百姓和贵族世家的办事人员等，走布达拉宫正门的彭措杜朗，送回向礼[25]的人和进香祈祷的人，走北门的“羌钦坦朗”[26]大道，而不能走后宫门。

在布达拉正面山下石碑内的山脚小道等视野所及之处，不准有胡人坐姿，或伸开四肢躺在地上抽烟、赌博、高声呼叫等违法表现，以免有碍观瞻。贵族侍从的举止，要循规蹈矩，不得与各自的地位身份相违背，其主人要像“钳子夹烧红铁”那样，严格管教。房管员、门卫、清洁工等也要严格检查。

昔日布达拉宫管理方面的取舍章程，原先已有详细的条文规定，记载在“打仓果姆”[27]墙壁上并曾向布达拉宫管理处多次下达过指令，让其沿袭旧制，循规蹈矩，但在此方面，由于坚持检查不够，有些人无视政府两制的善规，如同牧人驱牛涉水，发生各种非理行为。因此，今年根据原先的章程，增补了必要的条款，在此予以公布。从今以后，由总管管束孜恰[28]在任的各级管事、香灯师、房管员、门卫、清洁工等，所委派的所有工作人员，要严格负责，各自爱护管束，对于供养、维修、打扫卫生、防火、防盗，都要认真检查，严禁违法乱纪的行为发生。上中下僧俗任何人，都不许在身、语、意三方面放肆，出现败坏风纪的恶行。对上述各项任务，不可疏忽大意，欺哄诈骗。无论尊卑何人，倘出现违章行为，都要根据罪行予以处罚，对罪大恶极者，严惩不贷。

本处也要在宫内外进行巡察。此事关系到各自的利害，念及政府的声望和恩惠，要预先考虑，应行应止，取舍得当，务必循规蹈矩，认真坚持执行。

特此通告。

第十五饶迴土猪年十二月初三，持白莲十三世写于两法普照的第二佛陀布达拉宫。

（《十三世达赖喇嘛全集》十一—十四页）

译注：

〔1〕政治四业主持——藏语ཆབ་སྲིད་ལས་བཞིའི་སྣེ་འཛིན།，噶厦四项事业的领导者：主持政务者，主持经济建设者，主持财税者，主持军事者。

〔2〕都果勒空——藏语འདུ་འཁོད་སྤྱི་ཁག།，原西藏地方政府筹集军饷的机构。

〔3〕国王祖孙三代——藏语ལྷ་བཙན་མེས་དབོན་རྣམ་གསུམ།，即吐蕃国王松赞干布、赤松德赞和赤祖德赞等。

〔4〕出家十善法——藏语ལྷ་ཆོས་དགེ་བ་བཅུ།。吐蕃松赞干布时，根据佛家十戒所制出家人应遵守的十条清规戒律：即不杀牲造罪；不偷盗财物；不与他人邪淫；不谎言妄语；不挑拨离间；不恶言讥骂；不散布流言；不仇视害人；不邪见不违因果；不贪欲。佛教徒认为，行“十善法”，能达到“治身”、“治言”和“治心”之目的，即佛教所皈依之“身、语、意”三宝。

〔5〕在家道德规范十六净法——藏语མི་ཆོས་གཙང་མ་བཅུ་དྲུག，又叫在家

道德规范十六条，是吐蕃王松赞干布制定的，即一、敬信三宝；二、求修正法；三、报父母恩；四、尊重有德；五、敬贵尊老；六、利济乡邻；七、直言小心；八、义深亲友；九、追踪上流，远虑高瞻；十、饮食有节，货财安分；十一、追认旧恩；十二、及时偿债，秤斗无欺；十三、慎戒忌妒；十四、不听邪说，自持主见；十五、温语寡言；十六、担当重任，度量宽宏。

〔6〕噶伦——藏语བཀའ་བློན།，原西藏地方政府最高行政官员，通常为四名，官阶为三品。其正式名称为噶伦贡伦简称为噶伦。有时在文书中又称为顿那敦（意为在达赖喇嘛近前效力）或敬称为萨旺（意为人王，人民土地的统治者）、夏卜拜（意为莲足，比拟对方足部为莲花以表敬意）。在拉藏汗（约一六五六至一七一七年）执政时已设，多由大贵族充任。清乾隆十六年（一七五一），废西藏郡王掌政制，设噶厦，任命噶伦四人（三俗一僧）主持之，其中设首席噶伦一人，秉承驻藏大臣和达赖喇嘛意旨，总理全藏事务。启用“德吉玛”印章，以发布政令。地方各级机构分管的粮钱收支、物资管理、征派差税、案件审理等事务，均须经噶伦讨论批准。遇有关全藏的重大事务，由噶伦和基巧堪布商议后，再交仲孜会议商定，呈报达赖喇嘛。十三世达赖喇嘛掌政时，规定首席噶伦须由僧官充任。

〔7〕法典明镜——藏语དངས་ཤེས་མེ་ལོང།，系五世达赖时的西藏执政第司·桑结嘉措于一六八一年所著的一部封建法典，共有廿一章：一、关于国王的主要事务；二、关于众官吏之事务；三、关于大臣和丞相事务；四、关于军官的工作；五、关于法官的工作；六、关于文书工作；七、关于接待人员的工作；八、关于仓库的工作；九、关于会计工作；十、关于牲畜工作；十一、关于宫内外工作；十二、关于内务工作；十三、关于工艺乌拉管理工作；十四、关于警卫工作；十五、关于僧团管家工作；十六、关于杂务管理工作；十七、关于商务信使工作；十八、关于税收工作；十九、关于度量工作；二十、关于宗教工作；二十一、官吏日常工作等。

〔8〕森噶——藏语གཟིམ་འགག，侍卫。旧时，达赖、班禅等最高统治者的内寝侍从，通常选身躯高大者充当。

〔9〕仲堆——藏语དྲུང་སྟོད།，官服，仔仲的短褂。用红氆氇制成，无领，袖口为马蹄形。

〔10〕甲钦——藏语འཇའ་ཆེན།，彩靴。旧时，西藏贵族所着的一种花靴。

〔11〕吼布查——藏语ཧབ་ཁྲ，靴子的一种。

〔12〕达松——藏语ཏ་ཟོམ།，靴子的一种。

〔13〕德阳厦——藏语བདེ་ཡངས་ཤར།。“德阳”意平坦、平坝，“厦”东边，即东平坝。

〔14〕雪——藏语ཞོལ།，下面、下方之意。此处指布达拉宫山下一带。

〔15〕石碑——藏语རྡོ་རིང་།，此处指位于布达拉宫的石碑。

〔16〕达索——藏语ཏ་སོ།，寺庙、园林等顺山势修建的墙顶高低不齐的围墙。此处指位于布达拉宫正面石阶两旁的围墙。

〔17〕夏卜庙祝——藏语ཞབས་ལྷ་ཁང་གཉེར།，布达拉宫中管理佛像、佛经、佛塔和香火的人。

〔18〕阵——藏语འཁྲིགས།，一种用黑白两种石子做棋子的游戏。

〔19〕燃灯节——藏语དགའ་ལྡན་ལྔ་མཆོད།。黄教创始人宗喀巴于藏历十月廿五日逝世，藏俗多于是夜燃灯供佛，以示纪念。

〔20〕夏角——藏语ཤར་ལྕོག，位于布达拉宫一带之地名。

〔21〕苏巴——藏语ཟུག་པ།，学名瞿麦，石竹科药用植物，也可用作洗衣时的去污剂。

〔22〕上下密院——藏语རྒྱུད་སྟོད་སྨད།。格鲁派在拉萨地区的密宗学院分为上、下两院，上密院曾以拉萨小昭寺为僧众聚会之地，下密院曾以拉萨木如寺为僧众聚会之地。

〔23〕彭措杜朗——藏语ཕུན་ཚོགས་འདུ་ལམ།之译音。布达拉宫正面一条小道之名。

〔24〕达朗归莫——藏语རྟ་ལམ་སྒོར་མོ།之译音。位于布达拉宫后山半山腰，官员们骑马到此下马之处。

〔25〕回向礼——藏语བསྔོ་རྟེན།，请求为死者诵经回向发愿时致送的财物。回向，佛经言转变轮回因力之诸善根成为大菩提因，增长有尽之诸善根成为无尽。亦即欲求转变、增长自他三世所积一切有漏无漏福泽皆为无上菩提之因，名为回向。

〔26〕羌钦坦朗——藏语བྱང་ཆེན་ཐར་ལམ།，布达拉宫正面之西大门。

〔27〕打仓果姆——藏语ཞྭག་ཚང་སྒོར་མོ།之译音。布达拉宫后门放置达赖喇嘛下马的马磴石的地方。

〔28〕孜恰——藏语རྩེ་ཕྱག，设于布达拉宫中，专管发放贷款和为达赖喇嘛及时收支财物等事务的办事机构。

（二十七）布达拉僧官学校校规《继承优良传统》

（藏历水猴年，民国二十一年，公元一九三二年）

唵！愿得吉祥！
福德资粮之祥云，化作智慧之声音。
响亮佛法之妙音，响彻空性智慧海。
智慧女神，把愚蒙埋葬。
妙音佛母以及，普救至尊佛！
赐予智慧和学问。

在昏暗如铁愚昧落后之边区，引导者把朝阳洒满大地。
松赞干布[1]和贤臣吞米[2]，聚吉祥珍宝于一身，
鞠躬尽瘁为雪域，辗转传授众多贤能者，
打开了无穷知识宝库之大门。
在这知识灵魂的供养处，请妙音佛母多相助。

以如上吉祥颂词为序开篇，现在言归正题。如《经藏》所云："菩提勇识不学五明[3]，就永远不能获得无上圆满遍知纯熟之智慧，故为证得无上菩提，就要学习五明。"未来佛弥勒菩萨曰："如不精通五明，圣者也不能成为一切智，因此，为断除其它，慈悲摄受，为使自己达到一切智，要更加努力"等，此语幼儿都会背诵。至尊龙树[4]曰："如不信任名言，就不能理解真谛，如不理解真谛，岂能证得涅槃。[5]"

正如佛经和各种论典广泛讲述的那样，以色拉、哲蚌和甘丹寺为首的卫地各寺院，以显乘、密乘为内容的学说闻、思空前发展，事业自然成功。虽然如此，名言的理论法则本身，在其他地方之寺院，有聚众学习之传统。然而，在拉萨该学科的弟子似乎过于分散。因此，先世达赖洛桑格桑嘉措贝桑波[6]出于对公私全面利乐之考虑，在《如意藤传记宝》中云："国王倘若明智，乐于攀登智慧之顶峰。如若痴愚且狡诈，其所做的则是狡诈和毒辣。行为剽勇乃是战场的善战者，行为高尚即可成仙人，诸凡各地的国王这般做，此处百姓也将这般行。"又云："倘若国王本人热爱圣者的讲、辩、著三种功业，他所管辖的民众也会热爱佛法事业。国王如若作恶多端，民众也会恶贯满盈。他若勇敢爱打仗，民众也喜欢上战场。总之，无论何处之首领，他的好坏行为，所有民众都会效仿。"因此，"名言学"乃进入真理殿堂之大门和阶梯。

为全面发展此种"名言学"，木狗年创建了学校，此后在土猴年五月，将学校迁至布达拉宫之偏房，从此固定下来，并逐步制定了一些规章制度。木虎年正式颁布了校规，并遵照执行。但在第十五饶迥的水猪年由于该校遭受火灾，木虎年的校规被焚。然而，学校不能缺少必要的制度，故将在抄录原有规章制度的基础上制定出继承优良传统的新校规。

获得知识的主要内因是具有虔诚信念和勤奋，并且性情温和。这对"名言学"至关重要。正如亲教师吐米桑布扎所言："师长本身要舍弃懈怠和懒散，凭借善良禀性和虔诚。该人将迅速获得证悟，对此要及时教导，否则会得到相反结果。"应按照吐米桑布扎所讲进行取舍，但是现今正当浊世，完全合乎标准者甚少。在师长方面，不得因利养恭敬而偏袒某人，要具有真正利人之心。愿意勤奋求学的弟子，也要认真遵守戒律，尊敬师长。师生双方对待艰辛的事业不以为苦，反以为荣，即可聚集善缘。

正是如此，秉承此宗旨，昔日学校有优先吸收孜雪仲科之子弟和边外小邦及上官大人之仆人入学的惯例。他们在入学时，最好会朗读和起码在习字板上会写藏文字母。对应录取的学生，师长要通过西藏地方政府的译仓将应录取的理由上报。被录取者，入学之初，达赖喇嘛若有接见时，是否集中起来一次接见，要视情况而定。

入学那天，学生向学校放布施，布施标准没有上限。一般照例交纳放三次僧茶和粥的茶叶及糌粑。可根据各自的财力，不要太铺张，提供一次规模适当的午餐，即油干饭、肉烩饭或人参果煮饭均可。每一个人都要献敬神哈达，点供灯、焚香等。学生向师长敬献见面礼物后，由师长根据各自的情况指定适当的座位。如不便于列入公派名额以内则可作为旁听生，但名额不宜过多。由师长酌情吸收的学生，其入学手续同上。

入学一个月后，每月交清放三次上等僧茶和粥，或者向学校的管家交纳六钱藏银，不得延误。旁听生除参加学校内部的考试外，无须参加关键考试（即译仓[7]举办的考试——译者）和无须向学校管理员请假等。但要遵守学校纪律。

至于其余每天应做的规章制度如下：

因时令的变化，冬夏季昼夜长短不同。根据时令的自然变化，集会制度稍有不同。每天清晨天一亮打开校门，通常集合起来，由一声音洪亮的领腔师带领念诵《四无量皈依发心经》、《迎请沐浴简要》、《大地涂香颂》、《睹史天众经》、《文殊赞》、《妙音颂》，然后按照念珠数目念诵《文殊师利咒》、《妙音陀罗尼咒》各一百零八遍，接下来念《无缘大悲颂》二十一遍，《观世音菩萨自生本尊》、《六字真言》[8]各一百零八遍，并可根据时间的早晚而增减。在念《白伞盖天母赞》时，要边念边拍手。

在进行佛事颂、轮流休息和供食子[9]时，不得打瞌睡或心思不专。当领腔师举腔后，便洪亮、准确、清楚地进行念诵。

放早茶时，首先要献祭祀茶。当喝茶时不得附耳低语，小声交谈。喝完茶之后顺序背书。日出之后放粥和课间休息，而后依座次顺序进行背诵考试，然后放写字茶。在早会时从开始念诵《睹史天众经》起，凡迟到者，要由老师或者由小先生按照迟到时间的长短，和老师议定打不同数目的竹板子，并放适当数量的茶。放写字茶过后，除书法极其娴熟者外，都要学习书法的基本功。根据各自的天资高低，不管什么字帖都可以临摹。其次，当老师不在时，要加强纪律管束，如实地登记学生练字的行数。如能长期固定一位公正无私的小先生，自不必说，否则，可让为人正直、年岁稍大、天资聪颖的学生轮流担任。习字行数的多少要视天时的长短和手法娴熟之程度无冒充掺假而定，不能强求一律，但要参照原订行教计划。小先生要不徇私情，公平合理，不许学员打闹和无端嬉戏、互相抛掷糌粑团子和其他物品，不看书不得打开书夹，不许将书箱垒在面前，不得随地泼茶泼水。不许跨越和践踏书籍和字纸，不准将其放在坐垫下或拿去擦土墙，也不得将其放在坐垫和湿地上，更不允许用牙垢来粘贴字纸和书籍。所有这些各自的愚蠢无知、远离佛法之举止以及低声细语等不文明的行为，都要坚决制止，倘若不听劝告，就禀明师长，查清情况，不留情面，予以处罚。

晌午（十点左右）休息进食之后，在此期间大多数学生要听讲授课，直到正午开午饭。所有习字的学生按照书法的好坏和所写行数的多少，排列先后，依次回到各自的卧室吃午饭。沿途不准左右徘徊，或者未经准假串游到其他地方以及到处吵闹喧嚣。

到了上课时间，由学校管家开门，集合时不准稀稀拉拉，或者聚众喧哗嘈杂，在喝午后茶时迟到者，惩罚办法同上。午后大家以习字为主，其次也可以学习绘画和写作等。无论学习什么，大家都要专心致志。夏季昼长之时，在晚茶前的这段时间，若是有人愿意学习筹算，可以顺便学习，但不能做为主课。喝过第一道晚茶后，检查习字，统计行数。读书的学生也要依次进行背诵。喝过第二道晚茶后稍事休息，然后集合念诵《简要皈依发心经》、《文殊赞》、《妙音佛母白云赞》、《迦摩罗》、《度母赞》，各念三至七遍。而后再念诵《救度母经》、《心经》、《吉祥天母经》、《金刚伏魔经》、《金刚名经》、《土地神朵玛回向经》、《向神母马索祈祷四业之希望经》。这些赞颂祈愿是为了消除各人学习知识的障碍和耗费政府资财之罪孽，故早晚应努力念诵，不得敷衍塞责。

喝完粥之后，全部到二楼集体背诵场，严肃地围坐在一起，按照右旋（自右至左）依次轮流背诵《睹史天众经》和《时轮金刚经》。这时任何人都不许发出沉重脚步声。随后跟着领诵人的声调和快慢，异口同声地朗诵诗词和文法。声音要粗细合宜，不许发出怪声突出个人，不许交头接耳，不许侧身斜卧，不许蒙头打瞌睡或者双手抱膝而坐。当估计大家已将原文背熟之后，再轮流念诵《宗喀巴颂》、《七世达赖颂》、《释迦牟尼颂》、《前世达赖密传》。另外，每天晚上在各自的寓所还要反复念诵《声明学》、《诗词注释》、《天文历算》、《汉族周易占卜法》、《推算》、《释迦佛赞》、《云海赞》、《呼文殊菩萨名号》、《菩提道次第论》、《帝释天颂》等，课间和晚上在各自的宿舍反复念诵。夏季下雨天和冬季刮风时，可以在各自的宿舍进行复习。每天的集体背诵结束之后，每人至少要三叩头，而后一边念诵《无缘大悲颂》和《文殊师利咒》等，一边径直回宿舍，途中如有追赶嬉闹者，要及时惩治。

以上是日常的取舍章程。

在有条不紊执行的同时，每月要进行一次整天笔试，当面将每本书的书目和句读段落书写清楚。时而还进行一次总测验。即每月的十四号和二十九号两天的下午各进行一次笔试，由译仓转交本处，或者由译仓将成绩拿去，按顺序在侍卫室安排竹板子。

当本人去拉萨、哲蚌寺、色拉寺和罗布林卡的时间和考试的时间冲突时，按照传统惯例考试可予延期，等本人从各处返回后再进行。每月十五和三十两日放假，因为这是特定的朝佛转经时间。与此类似的其他节日，如神变月（正月）十五、四月十五、会供法会[10]的二月三十日等都符合规定自不必说。按时轮历算，每年的氐宿月（藏历四月）初七日，纪念佛的诞辰日。每月初八日、六月初四日、九月二十二日、燃灯节（十月二十五日）、每月初三日等，所有祭日都要集体到布达拉宫朝拜佛像、佛经和佛塔，或者个人尽其所能敬献供灯、哈达和神香等。到拉萨最好是集体去，也可结伴或分散前往。所有这些都是为了各自积福消障，发展学业，决不能表现出游玩和应付，要小心谨慎，循规蹈矩，决不准发生口角和争吵，也不准结帮拉派，寻事生非。在上述假日内从早会至喝写字茶前都必须到校。

十二月吉日在更换常设神馐时，要进行少量的捐助。当天下午做法行时，所有的经文都要念诵，并要引吭高诵，会什么经就念什么经。晚上朵马回向结束之后，依照座次轮流作三次吉祥巡香[11]，在诵经时倘有重复念诵或者念不出者，罚其在廿九朵玛[12]放斋茶一次。从年底廿九朵玛至新年初四、传大召送鬼[13]、迎神会[14]、八月朵玛拜见，[15]、七月初一的雪顿节[16]以及本人出行等都要停课放假。夏谒[17]后举行考试，然后好好休息。夏坐休沐期[18]和寒假的天数可根据需要确定，时间不宜过长。在夏坐休沐期，雇人替自己当管家者，要交三钱银子，其余僧俗学生照例交少量份金。

能够作管家的学生，按月轮流做管家，一年轮一遍。管家在任期间要及时放斋茶、斋粥，搞好卫生。但各自的学业和向佛像献净水、上供灯、添补食子等均不得耽误，而且要虔诚。厨房里不要让闲人逗留，用作薪俸的茶叶、酥油以及唐卡佛像、哈达等，要交点清楚。学校和厨房里的东西要与登记的情况相符，不得丢失，交接时要当着老师的面点交，短少和损坏的，要由保管者赔偿。有钱时，管家要请一位年纪较大的学生作为大家的代表，由代表盖章，把钱交老师保管，或由老师盖章后交管家妥善收藏。

另外，离家较近的学生，若请一两天的假，需经老师同意，回来后并要向老师销假。准假与否，主要根据学生是否撒谎、装病或经常请假等决定。另外本学校对外签订协议时经仲益指示办理之。凡到十天路程以外的地方或请假时间在一个月以上者，由老师报请译仓批准。对探家或到远处去的学生，叮嘱不要超假，如果延期，要请求续假。

平时的起立登记（即请假出去大小便），因离厕所比较远，请假的人较多，为顾其年幼，每次可去两人，要径直同去同回，不准在途中漫不经心，打石头，或坐在一起扯闲话，或者到自己或他人的宿舍闲逛。

对于新手，要按老师给安排的好书法进行临摹，及时将老师批改的习字取回，并要参加学校举行的书法测验。对于朗读差的学生，要随时进行背诵考试。至于批改习字，由译仓指派仲益前往，或者译仓指派书法好的孜仲担任。

以后，如能有一位书法等各种学识俱佳的老师当然好，否则，如批改习字等可根据需要，依靠各学科的代理师长。主要的学科是书法、声明学、修辞学、韵律学、文法、天文历算、汉族周易占卜法等，要全面努力学习，养成学文化的好风尚，努力成为讲和听方面的有智之士。草书和筹算[19]等，这些连贵族的仆人们都会，不要以此自足。

对于从外面到学校短期学习的人，不要阻止。其他如扫地的清洁工、佣人等，除非有事和经过特许，任何人不准进入学校。

任何人都不得对师长无理。不得在校内打架、穿奇装异服、举止轻浮和领头与小先生还嘴动手。对于表现恶劣，师长管不了的，得报告译仓或布达拉宫管理处。为惩前毖后，惩治的办法有革职及科派其上供灯、献敬神哈达、进行体罚，令其放斋茶、斋粥或者在达赖寝宫或学校作百拜等，要酌情适当处理。

总之，无论此章程详尽与否，如何取舍，首先由年长者做出榜样，对年轻者进行教育。至少吃、住、行要合乎规矩，遵守经教。吃东西不要发出咂嘴或咀嚼声。佛经云："食物不香皱鼻子，食物香甜就抢夺。"此乃吃喝方面的毛病。吉雪夏仲讲："像乞丐一样睡卧、倚靠斜坐、坐霍尔式椅凳等，为仲科的坐姿所不容。"这些是坐姿方面的毛病。另外，用力开关房门，上下楼发出沉重的脚步声，蹦蹦跳跳，无事乱跑等，都是下流的恶习，会使房屋遭受极大损坏。这些毛病都要舍弃。

随时随地效仿上等人美德的基础上，互相之间要有兄弟般的友爱，要心地善良，举止温和，对于有意义的事情，要努力做出成绩。还可根据各自的天资，学会大小五明，这自不必说。另外，各种学科的考试，书法，绘画，背诵一些著名的书籍等，最起码要通过书法和背诵之考试后才能退学，不准随心所欲。一旦批准退学之后，在给学校布施的斋茶、斋粥大部分完成的基础上，各自保留一份手书试卷，以便在闲时翻看一下，甚为有益。为报答学校的恩德，缴纳供施，纯属自愿并非科派的差税。

学校毕业后，仍要努力提高学识，不要过河拆桥，将所学知识抛至脑后。这些极为重要，大家要牢记在心。凡如此循规蹈矩行事者，今后必能获得圆满善果。反之，无疑会身遭报应。望全体师生牢记并坚持取舍。切记，切记。

如此吉祥幸福之欢宴，取舍分明百光之宝库，
全体众生各自正确区分，聪明智慧之光芒四射。

特此布告。

统领天下之释迦比丘，阿旺洛桑土登嘉措无畏遍胜自在佛，于第十六绕迥壬申水猴年吉日，写于聚四部祥瑞于一处的罗布林卡遍喜贤劫宫

（《十三世达赖喇嘛传》）

译注：

〔1〕松赞干布——藏文སྲོང་བཙན་སྒམ་པོ།（？至六五〇年）之译音。吐蕃王朝缔造者。又作弃宗弄赞、弃苏农、亦号弗夜氏。赞普囊日伦赞之子。生于雅嫩哲堆园之强巴敏久林王宫。其父为属部叛离的族人毒死

后，嗣位。平定内乱，尽杀投毒者。经数年征战，兼并诸部，统一西藏高原，定都逻些（今拉萨），建立吐蕃奴隶制政权。经休养生息，聚集力量，先后降服苏毗（今青海玉树一带）和羊同（今西藏阿里一带），吐蕃益强，白兰、多弥等西部诸羌皆畏威咸服，成为属部。并曾向汉地松州一带发展。唐贞观八年（六三四），遣使赴唐沟通关系，唐太宗亦派行人冯德遐下书临抚，唐蕃关系益深，同时通好泥婆罗（今尼泊尔），十三年（六三九），与泥婆罗王鸯输代摩（约色果恰）女尺尊公主联姻。为密切与唐关系，遣使携珍宝入朝，向唐求婚，遭拒。疑唐拒婚系吐谷浑王离间所致，遂率羊同兵共击吐谷浑。继勒兵二十万人扰松州，为唐兵所败。后命使者贡金甲，并派大相禄东赞至唐谢罪，复请婚。唐太宗为结好吐蕃，以求西境安宁，于十五年（六四一）以宗室女文成公主嫁之。继后，采取措施加强吐蕃建设，建立严密的军事组织，划分“四如”、“五如”、“千户”（东岱）等作为军事行政单位，牢固掌握吐蕃军权。组织禁卫军，建立戍边制度，加强对属部和边鄙地区的控制。强化王权，集军政大权于一身。订立三十六种制度，系统确立奴隶制的管理体制，以章饰（即告身）区分五等官阶，以盟誓制度加强对各部的约束，要求大臣忠于赞普，赞普对臣下亦尽保护之责。订立“六大法”等法律，划分“桂”与“庸”及贵族与奴隶等阶级。清查人口，土地划分王田与奴田，明令保护私有财产，惩治盗贼，设酷刑。采取措施发展经济，鼓励百姓学习和运用先进生产技术，改进耕作方法，制定度量衡以利通商，在红山（今布达拉山）始建宫以居。对发展本民族文化艺术多有建树，派臣子吞米桑布扎赴天竺（今印度）学习语言文学，改创吐蕃文字。注意吸收汉族等的先进文化，如造纸、水磨等。又派遣贵族子弟赴长安，入国学，请唐人掌其表疏，又请摩诃衍那等人进藏翻译汉地历法、医学等书籍，促进汉藏文化交流，与唐的和好关系益密，使者络绎不绝。借文成公主入藏带去的释迦佛像之机，开始从内地吸取佛教文化，并令吐米翻译佛经。十八年（六四四），派禄东赞携七尺金鹅的重礼，入贺唐太宗征高丽得胜。二十二年（六四八），遣兵营救为中天竺劫掠的赴西藏唐使王玄策。二十三年（六四九），被高宗封为驸马都尉、西海郡王，继进封王。对藏族社会经济、文化的发展和汉藏两族友好关系的加强，作出重大贡献。永徽元年（六五○），卒于逻些，唐遣使吊祭，抚慰。

〔2〕吞米——藏语ཐོན་མི།，全称吞米桑布扎，又作通米三菩扎(ཐོན་མི་སཾ་བྷོ་ཊ།)，吐蕃王松赞干布的一大臣名。早年奉命赴印度留学，精研梵文和佛学，还藏后损益梵文元音和辅音字母，结合藏语声韵，首创藏文，初译佛经。藏史称为七良臣之一。吞米是氏族名，桑布扎意为西藏学者，是印度人对他的敬称。

〔3〕五明——藏语རིག་པའི་གནས་ལྔ།，有大五明（རིག་གནས་ཆེ་བ་ལྔ།）和小五明（རིག་གནས་ཆུང་བ་ལྔ།）之分。又称大五科和小五科。大五明即工巧明、医方明、声明、因明和内明。现译为工艺学、医学、声律学、正理学和佛学。小五明：修辞学、辞藻学、韵律学、戏剧学和星象学。

〔4〕龙树——藏语ཀླུ་སྒྲུབ།之译音。大乘佛教开派祖师。瞻部洲六严之一。佛灭后四百年顷，生于南印度一婆罗门家。幼通密宗四续、显宗三藏等一切经典及道术之学，在那烂陀寺依喜乐和大士出家，法名具德比丘。著《中观理聚六论》及《本续集论》等阐明如来教义之书甚多。在医学方面，有《寿世经颂》、《草药龙须根炮治法》、《珍宝药物次第》、《疗毒四瘟疗法》等著述。及门弟子圣天等多如日光之尘。遍建塔寺于五印度，为圣地金刚座起网状围墙，为南印度米积寺设计结构等，世称其享年六百岁。有说其寿逾千岁者。

〔5〕涅槃——藏语མྱ་ངན་ལས་འདས་པ།，脱离忧苦，超脱忧愁。旧译寂灭，梵音译作涅槃。

〔6〕贝桑波——藏语དཔལ་བཟང་པོ།，意为尊荣，贤德。佛教徒在活佛名后用的表示尊敬的修饰语。

〔7〕译仓——藏语ཡིག་ཚང་།，即指译仓勒空，原西藏地方政府宗教事务局，负责监督寺庙戒规，任免寺庙执事，升降僧官级别等事宜。内设报批呈文的译仓主事一人，普通僧官执事十二人，绘画师一人，为仲益钦莫行茶的译仓学生四人，埃巴司书一人。

〔8〕六字真言——藏语མ་ཎི།。其六字为：ཨོཾ་མ་ཎི་པདྨེ་ཧཱུྃ།，汉语译音为：唵嘛呢叭咪吽。又称六字陀罗尼咒，观音六字真言。佛教徒认为诵此咒

语除难、祛病、灭灾、集功德、度众生，故过去藏族及部分蒙古族信徒终日念诵不止。

〔9〕供食子——藏语གཏོར་མ་འབུལ། 。食子有时也称为朵玛（译音），由糌粑捏成用以供神施鬼的食品丸子。

〔10〕会供法会——藏语ཚོགས་མཆོད།，俗名传小召。原指为西藏上层喇嘛活佛举行的逝世周年祭。后以此特指七世纪末第巴桑结嘉措为五世达赖举行的逝世周年祭。从此以后，每一代达赖圆寂，即延长周年祭法会一日，每年均在藏历二月下半月于拉萨大昭寺中仿祈愿大法会举行，但规模稍小。

〔11〕巡香——藏语སྤོས་སྐོར。佛教徒手捧点燃的线香，向集会僧众巡礼致敬的活动。

〔12〕二十九朵玛——藏语དགུ་གཏོར། 。藏历十二月廿九日或除夕前一日抛送的驱魔送祟食子。

〔13〕传大召送鬼——藏语སྨོན་ལམ་གཏོར་རྒྱག。旧时，每逢正月二十四日大愿法会结束时，举行的大规模的送鬼仪式。参加者有甘丹赤巴、布达拉朗杰扎仓和哲蚌寺安巴扎仓的僧侣，以及扮演蒙古古装骑士数百名等。

〔14〕迎神会——藏语བྱམས་པ་གདན་འདྲེན། 。旧俗藏历正月二十五日，为迎接弥勒佛化度众生时代的迅速到来，将大昭寺内银质弥勒佛像抬出环行拉萨八廓街，接受信徒朝拜的宗教活动。

〔15〕八日朵玛拜见——藏语བརྒྱད་གཏོར་མཇལ་ཁ། 。旧说藏历三月初八日为四面怙主节日，因于是日为以四面怙主为首的护法神众举行祭祀，供献食子，以禳灾祈福。

〔16〕雪顿节——藏语ཞོ་སྟོན།之译音，意为“酪宴”，又称“奶酪节”，亦称“藏戏节”，藏族传统节日。按藏传佛教格鲁派（黄教）的规定，每年藏历六月十五日至七月三十日为禁期，即全藏黄教大小寺庙的喇嘛禁止出门，待开禁之日喇嘛方可出寺下山，世俗百姓施舍酸奶子，故名。十七世纪下半叶和十八世纪初，五世达赖阿旺罗桑嘉措和五世班禅罗桑益西先后受清朝册封，此后节日便增加了藏戏，每年七月一日至

七月七日举行，届时各地藏戏团在哲蚌寺演出，后至布达拉宫为达赖演出，故又称藏戏节。罗布林卡建成后，节日地点由布达拉宫移往罗布林卡，拉萨附近百姓入林卡看藏戏，形成固定节日。

〔17〕夏谒——藏语དབྱར་འཛོམས།，夏季拜见。旧时，布达拉宫学校的学生在夏季五月有拜见达赖喇嘛的惯例。

〔18〕夏坐休沐期——藏语ཆབ་ཤུགས།。佛教徒在进行了夏令安居的长期宗教活动之后，安排的休假宴会。

〔19〕筹算——藏语རྡེལ་རྩིག，用石子和木片等进行运算的一种方法。

（二十八）北京[1]北海公园之碑记

（藏历水蛇年，乾隆三十八年，公元一七七三年）

大都于唐朝名为范阳，北宋名为燕京，辽代始称为京都，金、元、明仍沿用此名。其城郭宫殿等市建，时有不同，但此阳光汇聚之大都绝伦超群，居天下之首，为全国景仰之地，建万载不变之金殿。作为宫殿之精华，乃是壮丽之景山，能与西苑媲美者名曰白塔山。白塔山者，金称之为琼华岛，据《北平图径》中载：辽代名曰瑶屿者，即为此地。元朝至元年间，改名为万寿山，亦曰万岁山、万人敌山。明朝两名并用，有时也称之谓大山子。到大清朝此时名曰白塔山之原因在于，阿依笔儿洽萨嘎齐年间[2]于山顶建有白塔，考大都咏八景时，无不曰“琼岛无时不为春”。故朕于辛未年立碑于左[3]，仿照历史，延用故名，以期不忘往事。山四面皆建有美景，实乃非同一般，在《春明梦余录》和《日下旧闻》中载：“仁爱精湛宫殿雄伟，羊脂玉的旺旭[4]喷发金露，其高度和方域难丈量。”人们到此一游，无不萦绕脑际，叹为观止。其占地之博，建筑之精，难以想见。此地犹如雷池明令严禁之地，间或偶有窥视之机，难以观看。仅从昔日之传闻略知一二，因此，四方皆有书提于上。犹如柳宗元之《钴姆》及《石城》的描述，因此，因其文而欲观景者，如同亲临其间，尝鼎一脔，足知全味。

水蛇年仲冬御笔[5]

译注：

〔1〕北京——པེ་ཅིན།中华人民共和国首都。据史料记载西周初叶，开始在今天的城址西南一带建立城堡。周武王灭商以后，分封诸侯，先后建立了七十一国。封召公于北燕。北燕强大了，占据了蓟，蓟城成了燕国的都城，即北京城的前身。公元前三世纪初，秦始皇并吞群雄，第一次建立了中央集权的封建国家，全国推行郡县制，广阳郡的治所设在蓟城，成为北方的重镇。隋朝为涿郡治所，唐初改郡为州，幽州治蓟，因此又称为幽州城。辽代，升幽州为南京（又称燕京），作为陪都。金朝，金主完颜亮在一一五三年正式建都于此，改名中都，此后，元世祖忽必烈在一二六七年以中都的东北郊外的离宫万宁宫为中心（内有琼华岛，即今天的北海），营建新都，定名为大都，作为元朝的首都。从此，北京成为全国的政治中心。公元一三六八年，汉族农民领袖朱元璋在南京建立明朝，改大都为北平。一四〇二年，明成祖又改北平为北京，并于永乐十八年（一四二〇）正式从南京迁都北京。迁都之前，大兴土木，改建北京城。一六四四年三月，李自成领导的农民起义军攻下了北京城。四十三天后，兴起于长白山的满族又进占北京，这年九月，清顺治帝定都北京。北京遂成为清代全国的政治中心。

〔2〕阿依笔儿洽萨嘎齐年间——满语ཨི་ཡི་པར་ཛ་ས་ག་ཆི།译音，意为清顺治朝。远在公元九世纪，辽代在今北海公园处建瑶屿行宫。金代又在此建琼华岛、瑶光殿，广寒殿，挖海堆团城和环海小山等。一五七九年，琼华岛上的广寒殿倒塌拆除。一六五一年，清顺治帝八年，在广寒殿废址上建藏式白塔。

〔3〕乾隆年间，在这里连续施工三十年，建立了许多亭、台、殿、阁，在布局上更加紧凑，琼岛成为全园之中心。岛上建筑精美，布局巧妙，变幻无穷，可称胜景。琼岛的高峰，洁白的塔身巍然高耸，自下而上，高低错落，黄瓦红墙，色彩鲜艳。琼岛东坡的景色别有洞天，古树参天，饶有意趣，乾隆帝曾亲笔书写“琼岛春荫”之碑。所谓“燕京八景”之一的“琼岛春荫”就指这里。

〔4〕羊脂玉的旺旭——藏语གཡང་ཏིའི་དབང་གཤུག，旺旭为译音。

〔5〕白塔山总记碑为乾隆三十九年（一七七四）立，位于琼岛南坡引胜亭内，碑阳南向，石碑为四角攒尖顶，碑下有方形石须弥座。碑高二·一米，碑身四面各宽一·〇四米；碑下须弥座高〇.七米，四面各宽一.二五米。石碑南、东、北、西四面碑额分别刻有汉、满、蒙古、藏文“御制”二字；碑身南、东、北、西四面分别刻有汉、满、蒙古、藏文《白塔山总记》。碑身周边刻有花叶纹；碑下须弥座上、下枋无花纹，上下篆刻“八达马”，束腰四角刻“宝瓶”有圭角。

碑身阳面刻文白塔山总记

京都于唐为范阳，于北宋为燕山，辽始称京，金、元、明因之。虽城郭宫市建置沿革时或不同，而答阳都会居天下之上游，俯环中之北拱，诚万载不易之金汤也。宫殿屏扆则曰“景山”，西苑作镇则曰“白塔山”。白塔山者，金之琼华岛也。《北平图径》载辽时名曰“瑶屿”或即其地。元至元时改为“万岁山”或曰“万寿山”，至明时则互称之，或又谓之“大山子”。本朝曰白塔山者，以顺治年间建白塔于山顶。然考燕京而咏八景者，无不曰“琼岛之春荫”，故予于辛未年题碣山左，亦仍其旧。所为数典不忘之意耳。山四面皆有景，惜《春明梦余录》及《日下旧闻》所载广寒仁智之殿，玉虹金露之亭，其方隅曲折未能尽高下窈窕之致，使人一览若身步其地而目睹其概。盖地既博而境既幽，且禁苑森严，外人或偶一窥视，或得之传闻，其不能睹之切而记之详也亦宜。兹特为四面，面各有记，如柳宗元之《钴姆》、《石城》诸作，俾因文问景者若亲历其间，尝鼎一脔，足知全味云尔。

乾隆癸巳仲冬中浣御笔

（二十九）文殊皇帝颁给多吉仁钦之诏书[1]

奉天承运皇帝诏曰：

朕唯佛氏之道，以慈悲为用，以清净解脱为宗，上以翊赞皇度，以下化导群迷，凡彼有能承其教者，朝廷必有褒嘉之命。尔多吉仁钦早已皈依梵教，恪守戒律，化诱众生，良足嘉尚，兹特封尔为普贤益教国师，尔尚弘宣法教，庶扬阐于宗风，永笃忠诚，式丕承于宠命。

钦哉！

译注：

〔1〕本篇译文为明英宗朱祁镇于天顺四年（一四六〇）颁给多吉仁钦的诏书。明史称多吉仁钦为朵儿只领占。

（三十）镇西武靖王颁给古向·贡噶顿珠的指令

（藏历土鸡年，至大二年，公元一三〇九年）

长生天气力里，大福荫护助里，却白镇西武靖王[1]指令

乌思藏纳里速古鲁逊[2]三路宣慰使司[3]、军官、军人、招讨使司[4]、达鲁花赤[5]、收检者、来往僧俗、各拉让近侍、万户长[6]、寺庙部众、传令官、掌印官、俗民、部落头目、牧民等晓谕：

皇帝圣旨敕封古向·贡噶顿珠[7]为宣慰使司，依规矩本人也予了委任。兵将以及掌印官为首的上中下执法者一切人等，均得听其指使，应时而至，如期到达。无论什么地方，昔日归夏鲁寺[8]所有的庄园、寺庙部众、俗民、牧民、上师眷属众（即佛弟子）等，上述尔等莫管闲事，已颁下诰命。对此，古向及其侄孙们也应不偏不倚，一切寺庙部众、俗民奴仆等共勉之。此指令本人鸡年七月十一日写于昂若。

（原文注：萨迦古向·扎巴坚赞[9]之子拉伙加[10]生于霍尔[11]地方，其子名为古向·贡噶顿珠，皇帝赐予彼“妥吉都元[12]之诏书，并赐领西藏三区之执法者夏鲁万户长[13]之马头宝印。此后，古向·扎巴坚赞来到东方汉地，大皇帝用水晶孔雀碗为其赐酒，言道：“汝祖辈系具德萨迦世系，乃为姑舅，亦可算作朕之舅父。”从此之后吉氏家族便掌上第二颗马头宝

印，升任执法长官，并得到夏鲁万户长之封号）。

（《夏鲁寺历史集要》十九页）

译注：

〔1〕却白镇西武靖王——藏语ཆོས་དཔལ་ཙིང་སྲུ་ཅིང་དབང།。此镇西武靖王即朔思班镇西武靖王。元代诸王封爵，简称武靖王。“镇西武靖”意指镇守西陲武功绥靖。世袭领地为乌思、藏、纳里速（即今前藏、后藏、阿里地区）以算木多（今青海互助县松多乡）域为镇西府。大德元年（一二九七）世祖孙奥鲁赤之子铁木儿不花始受封，赐驼纽金镀银印。搠思班袭封，历仕武宗、仁宗、英宗、泰定帝、文宗数朝，大德十年（一三〇六）二月彼率蒙古军讨伐吐蕃各地叛乱。顺帝后至元三年（一三三七），又有吐蕃为乱，杀镇西王子党兀班之记载。明洪武三年（一三七〇），故元镇西武靖王卜纳剌（党兀班之子）率众降明。

〔2〕乌思藏纳里速古鲁逊——藏语དབུལ་གཙང་མངའ་རིས་སྐོར་གསུམ།，即今日西藏自治区前藏、后藏、阿里等地的藏语译音。元代西藏地区名。因在西藏设乌思藏纳里速古鲁逊等三路宣慰使司都元帅府，故称。《元史》世祖本记称“乌思藏纳里速古儿孙”。《永乐大典》作“乌思藏纳怜速古儿赤”。十一世纪成书的藏文《德乌佛教史》载：吐蕃王朝崩溃后，赞普王室后裔一支迁往今阿里地区时“阿里”有“领地”之意，为吐蕃王族封地之一，旧称香雄或羊同。“纳里速”，即“阿里”古音汉译，今康巴方言仍以此读法称“阿里”。古鲁孙，意为“三围”，指阿里高原地貌景观有雪山、岩石、湖泽三种环抱围绕，故名。

〔3〕宣慰使司——官名，唐代始置。元和十四年（八一九），命扬于陵为淄、青十二州宣慰使。元置宣慰司，设宣慰使掌军民之务，分道总理郡县，行省有政令则为布告于下，郡县有所请则上述于省，类似今地区一级机关之主管。有边陲军旅之事者，其所驻衙门则兼都元帅府，

宣慰使称都元帅，或称管军万户府。司设宣慰使三员，包括一员土官，秩从二品。下设同知一员，从三品；副使一员，正四品；经历一员，从六品；都事一员，从七品；照磨兼架阁管勾一员，正九品。明初开始改为世袭土官专称，秩从三品，其职责成为保境安民，纳贡赋，听征调。司内另设同知一人，正四品；副使一人，从四品；佥事一人，正五品；经历一人，从七品；都事一人，正八品。清沿明制，品阶、职责与明同，但司内其他官员则已大为简化。

〔4〕招讨使司——官名，唐代始置，称军事招讨使，掌招抚讨伐事务，兵罢即废，五代设有行营南面招讨使、北面招讨使，都招讨使等。宋代多以文武大臣兼任，不常设置。辽金沿诸路常设有招讨司，以边区部族兵长官充任招讨使。元代多置于朵甘思（青海）、吐蕃（西藏）等边要地，秩从正三品。明代多设于西南少数民族地区，如四川天全六番以及朵甘思等六处，成为武职土官，秩从五品，赐予铜印、诰命、冠带。职责为谨守疆土，修职责、听征调，无相携贰。下设副招讨一名（正六品），吏目一名（从九品）。其承袭、革除、升迁、降调隶兵部武选司。清初因袭明制，亦设正副二使，但仅存天全番一处，雍正七年（一七二九）改土归流。

〔5〕达鲁花赤——藏语ད་ར་ཁ་ཆེ།，元代蒙古官名。又译“答鲁花赤”、“答鲁合臣”、“达鲁噶齐”。《元朝秘史》译为“镇守官”。蒙古汗国初始置，《元史·太祖纪》：“定域诸城，置达鲁花赤监治之。”管军民，掌印玺，行总辖监治之职。为众官属之长，掌实权。后于所征服的中原地区及中亚、西南亚、东欧等国家、地区、城镇均置此官监治。元朝建立后，虽近仿金、宋，远法汉、唐，定内外之官，仍保留了这一官职。在中央的各大司、寺、院、总管府及宝钞总库等重要官署，在地方的路、府、州、县及少数民族地区的长官司均设此职，在军队的元帅府、万户府、千户所等亦设此职，以监摄军务。在诸王位下，以及皇室，各授下所属人匠总管府官衙亦设之。此职均须由蒙古人充任，参用少数门第高贵之色目人。世祖至元二年（一二六五）规定：“以蒙古人充各路达鲁花赤，契丹、汉人为达鲁花赤者，回回、畏兀、唐兀人仍旧。”

〔6〕万户长——藏语ཁྲི་དཔོན།，吐蕃时的一种军事行政建制。约七世纪松赞干布掌政后统一吐蕃兵制时建置。统隶于五如及其长官“如本”。这种万户多见于河陇吐蕃占领区。如在陇山一带建“通颊五万户”，吐谷浑也有万户设置。万户首脑称“万户长”，又称“一万人将”。万户下又有千、百户、十户之设置。元代定为军制，在各路分设万户府，统领千户所，隶中央枢密院，战时隶行枢密院，分上、中、下三等。均设达鲁花赤、万户、副万户各一员。明初，除在西藏仍设万户府，封授藏族头人为万户之外，其余均废。

〔7〕古向·贡噶顿珠——藏语སྐུ་ཞང་ཀུན་དགའ་དོན་གྲུབ།之译音，人名。古向སྐུ་ཞང་།，为藏语舅父，因元帝认萨迦吉氏为舅父，故在贡噶顿珠名前冠以古向二字，遂成为家族名。

〔8〕夏鲁寺——藏语ཞ་ལུ་དགོན་པ།，藏传佛教寺院名。位于西藏日喀则东南。宋元祐二年（一〇八七），由僧人杰尊喜绕迥内创建。元时设夏鲁万户，为乌思藏十三万户之一。府址即在该寺。由把持该寺的地方势力阿氏家族任万户长。寺内保存许多元朝时对该寺的封文、诏书和令旨。该寺高僧布顿·仁钦朱（一二九〇——一三六四）扩建夏鲁寺，主殿夏鲁拉康（又称夏鲁金寺）为精美的汉藏合壁式建筑，系元代保存至今的唯一仅存者。布顿大师学问高深，创夏鲁派，或称布顿派，收徒传教。其所著《布顿佛教史》最为闻名，书末所附其住作《大藏经日录》尤为珍贵。

〔9〕古向·差巴坚赞——藏语སྐུ་ཞང་གྲགས་པ་རྒྱལ་མཚན།之译音，人名。

〔10〕拉伙加——藏语ལ་ཧོ་ཙ།译音，人名。

〔11〕霍尔——藏语ཧོར།之译音，①藏文古籍对黄河以北游牧民族回鹘、蒙古等的通称。②藏族对居住在青海土族的专称，十二世纪以前，吐蕃人称吐谷浑为阿柴、十二世纪后称霍尔。明代时吐蕃人把吐谷浑人看作霍尔人，不再称阿柴。③卫藏农业区藏族对西藏北部和西藏以北地区的藏族牧民的泛称。

〔12〕妥吉都元——藏语ཐོ་ཇ་ཏུ་དབེན།之译音。元朝置宣慰司，设宣慰使掌军民事务，其所驻衙门则称都元帅府，宣慰使亦称都元帅。妥吉为

藏语译音。

〔13〕夏鲁万户长——藏语ཞ་ལུ་ཁྲི་སྐོར་བདག་པོ།，元代乌思藏十三万户之一，又作夏万户，《元史》作沙鲁万户。世祖至元二年（一二六五）帝师八思巴及其弟白兰王恰那多吉返萨迦（今西藏萨迦县），总制院派遣官员阿衮、米林前往协助在乌思藏设置郡县。约于五年（一二六八），完成乌思藏各地之调查，总制院任命萨迦本钦统领乌思藏三路军民各万户，后亦于乌思藏各处置十三万户，夏鲁万户为其一，治所在夏鲁寺，管民三千八百九十二户。万户长为吉氏家族世袭，与萨迦邻接，与萨迦款氏家族联姻。境内有鲁夏寺、纳塘寺等著名寺院。

（三十一）七世达赖喇嘛颁给萨迦咒师贡噶索朗仁钦的封地文书重申令

（藏历水蛇年，康熙五十一年，公元一七一三年）

下属尊卑僧俗、蒙藏霍尔牧场、宗堆、在职管家、在任首脑、众百姓一体周知：

萨（迦）[1]格（鲁巴）[2]同宗同源，自前辈诸尊以来，吾等都先后关注后藏同仁。因此，大寺的香火、定期佛事、修供等之所依之基础，例供寺庙庄园、萨迦东科尔、迟贝札玛尔、洛同哲布、扎西岗、噶热普达、卓卡松、雅猛普达、厂普达、拉萨堤、曲松普穷、拉东昌窝、玛洽东噶、格仁岗廓草场、噶觉阿夏努卡藏、定日洞，域钦曲卡尔、色松朗杰寺寺庙庄园、扎桑寺寺庙庄园、热隆日普、阿索博卓和普松姆林玛德瓦金寺庙庄园及其分寺、桑耶寺及其拉勒索卜、夏木格顶、江玛雍仲、札嘎尔德丹、笔尔钦江色木、曲嘎尔帕顶、旺堆甲杜、协初黑登、普日杰、夏俄吉觉洽多等，所属山川河流、水草牧场、畜圈、取草坯、天然人工树林、水渠、园林、人头税的收入，以往至今为照顾情面所赐庄园领地，不得无端摊派驮子、乘骑、驮畜之乌拉，驿站、兵差、营房之乌拉等，均按至上五世达赖喇嘛[3]所颁执照，已封赐给萨迦咒师阿旺贡噶索朗仁钦，并准其世代承袭永远占有。不论尊卑尔等何人，都不得对其侮慢扰害，敲诈勒索，让其安生。

水蛇年月日达赖写于大布达拉宫[4]

按照上辈达赖喇嘛所颁执照之精神，无可争论，照以往一样，予以执行。

译注：

〔1〕萨迦派——藏语ས་སྐྱ་པ།，藏传佛教教派之一。贡却杰布（一〇三四——一一〇二）创建。宋熙宁六年（一〇七三）彼在后藏萨迦地方建萨迦寺，故名。元中统元年（一二六〇），其第五代祖师八思巴被忽必烈尊为“国师”（后升号帝师），至元元年（一二六四），又掌总制院（后改宣政院），总理全国佛教及藏区行政事宜。后历代帝师均出自该派，在政教两方面显赫一时，左右西藏政局，为西藏政教合一制度的开端。甘、青、川藏区及蒙古地区也多有其教派势力。把藏传佛教传入内地，该派为首功。其特点是以“道果法”为教法核心，认为只要断除“烦恼”，就可以达到“涅槃界”。在修持上有三次第法：“首应破非福，次则破我执，后除一切见。”该派大德多有著述，广泛涉及历史、文学、因明、医学、教法等。元末，渐为帕竹噶举派所取代，仅保有萨迦地方的政教权势。

〔2〕格鲁派——藏语དགེ་ལུགས་པ།，藏传佛教教派之一，又称新噶当派。因该派以戴黄色僧帽为标志，故又称黄帽派或黄教。宗喀巴（一三五七——四一九）创建，明永乐七年（一四〇九）建黄教首寺甘丹寺，身体力行，严格遵循阿底峡《道炬论》中的思想，且有所创新，针对长期以来藏区佛教界中戒律废弛、教法混乱之弊端，进行宗教改革。不仅为广大佛教界拥护和赞扬，且适应了地方政权实力人物的需要，故获得了大力支持，逐渐通行于全藏，成为藏区佛教中的主流派。该派以持律守戒、三学（即闻、思、修）并行、显密双修的严格教程为其特点。《土观宗派源流》称：西藏所有余派，亦全无与格鲁派相匹敌者。宗喀巴又以《道炬论》为指导理论，著《菩提道次第广论》及《密宗道次第论》，广泛弘扬其说，并在世俗势力支持下，先建立西藏四大寺（即

甘丹、色拉、哲蚌、扎什伦布）作为该派之根本道场，建立一套完整的经院组织系统及学经条例，程序明确，五明兼学，先显后密，有条不紊。黄教对“别派所奉之法，其精要者随其所有，本派无不具备”。既能兼容别派之精华，又自有特色，遂胜于他派。该派自大慈法王释迦也失受明朝封赐，得到历届中央朝廷的支持，尤以顺治之封达赖喇嘛、康熙之封班禅，遂形成两大系统，使黄教在兴黄教以安众生的政策下迅猛发展，不仅受到国内蒙藏地区崇信，且影响域外的锡金、不丹。故被赞为“在雪山之全部深广显密河流中成为一大法海”。当前黄教不仅以意识形态的信仰方式存在，而且以宗教文化和民俗风貌得以发展。

〔3〕五世达赖喇嘛——藏语རྒྱལ་བ་ལྔ་པ།，即阿旺罗桑嘉措（一六一七——一六八二），生于西藏山南琼结地方的一个小贵族家庭。初名贡噶明久多杰旺格杰波，日喀则宗本都杜饶登之子。明天启二年（一六二二）六岁，由甘丹、色拉、哲蚌三大寺僧众迎请至拉萨哲蚌寺，认定为四世达赖喇嘛云丹嘉措之转世灵童。五年（一六二五），从四世班禅罗桑却吉坚赞出家，受沙弥戒，僧名阿旺罗桑嘉措。崇祯九年（一六三六），与青海蒙古和硕特部固始汗共商消灭格鲁巴之敌对势力。十年从四世班禅受比丘戒，就任哲蚌、色拉两寺座主，尽学诸多佛典。为对抗噶玛派对格鲁派的压迫，于十四年（一六四一）与四世班禅遣人赴青海密招固始汗率兵入藏。次年，固始汗击败噶玛派登松旺波及白利土司，征服前后藏，擒杀藏巴汗，以所得赋税献五世达赖。同年，与四世班禅遣伊拉古克三等至盛京（今沈阳）。清顺治元年（一六四四），清帝遣使存问，并迎请其入京。次年建布达拉白宫，并为每年一次的“传大召”规定会期和规模。九年（一六五二），应召赴京，受顺治帝殊礼款待，住西黄寺。是第一位赴京之达赖喇嘛。翌年返藏，至内蒙古代噶（今凉城），被顺治帝封为“西天大善自在佛所领天下释教普通瓦赤喇怛喇达赖喇嘛”。自是“达赖喇嘛”在西藏的宗教地位得到中央政府的承认而确立。返藏后，巩固封建农奴制度，扩大格鲁派寺院集团实力，数巡游卫藏各地，委任宗本、制定法规和服饰等级，新建大寺十三所，规定诸寺庙住寺僧人数、田产、农奴等，制定严格的组织机构、僧官任免、学经程度等。康熙帝即位后，每年派人携皇帝亲笔信和贵重礼品到西藏看望他和

班禅，并规定由打箭炉（今康定）税收项下每年拨银五千两作为僧众赡养。康熙十八年（一六七九），委任桑结嘉措为第巴，主持西藏政务，自己专心潜修，从事著述。二十年（一六八一）派噶丹才旺击退拉达克越界者。他受过系统教育，知识渊博，通晓梵文，著有各种作品二十一函，以《五世达赖自传——云裳》、《三世达赖喇嘛传》、《四世达赖喇嘛传》、《大昭寺志》及《西藏王臣史》等为最著名，传播甚广。康熙二十一年（一六八八二），于布达拉宫圆寂。

〔4〕本篇（原藏文）标题《五世达赖喇嘛颁给萨迦贡噶索朗仁钦的封文》与标题下括号内所给时间有矛盾。五世达赖阿旺罗桑嘉措，生于一六一七年，圆寂于一六八二年，为清顺治、康熙朝之人。而本篇中所给时间为第十三饶迴水蛇年、乾隆三十八年（一七七三年）明显是矛盾的。再者，查有关史料萨迦咒师贡噶·索朗仁钦为一七〇五——七四二年在世。彼与七世达赖罗桑格桑嘉措（一七〇八——七五七）为同一时代，系康熙、雍正、乾隆时代人，本篇为封文的重申令，应为七世达赖所颁发。

（三十二）持白莲阿旺益西嘉措[1]贝桑波之法旨

（藏历火猪年，康熙四十六年，公元一七〇七年）

遍知净梵王子功业闻名的持白莲阿旺益西嘉措贝桑波之法旨

大千世界的所有王土、特别是卫藏四部[2]所居住的僧俗部众，蒙、藏、霍尔牧民、宗本、执事、催派差税的官员、在职的文武官员及一切尊卑人等一体晓示：

神连同一切有情众生的利乐产生之根本在于三藐三菩提之经教和证法之宝，而佛法之久兴不衰，弘扬光大又有赖于守持佛法的寺庙和僧伽。大乘佛教开派祖师龙树和无著[3]等，历代众多班钦[4]在圣地（印度）弘扬佛法，此后，至尊吉祥燃灯智（即阿底峡）[5]一字不漏地向人们如实地宣讲成佛之道的顺缘，领悟此教诫即谓之“噶当”，从而产生了广为流传的、纯洁无瑕的佛教噶当派。[6]另外，在《经藏教诫传授》一书的《佛法清浊有别》一章中记载说：

为了宏扬吾教法，在未来浊世之时，
于直和邓[7]的交界处，建座寺庙名为噶。
有位名唤洛桑者，聚集无数之徒众，
并创法行十程序。于大昭寺内将吾来供奉，
在吾的两尊塑像上，献上头饰五叶冠。
宣讲《经藏》之语言，声音悦耳实动听，

衷心向吾做祈祷，愿佛法千秋万代永昌盛。
而后彼往东方行，去到极乐之世界，
佛名谓之“狮子吼”[8]。若是虔诚信奉彼，
必将转生于佛土，此乃美好之仙境。

正如许多显密经典所教诫的那样，经过龙树和无著二人传承之教派，观点纯正，犹如两条涛涛之江河汇聚一处，使释迦牟尼教法，如灿烂之阳光普照大地。佛王宗喀巴大师洛桑扎巴在三域无与伦比，亲传迦当派著名典籍《祖师问道录》和《弟子问道录》中记载说：“十善法优越无比，在圆满幸福的南瞻部洲（即西藏），娘曲和夏曲两河流域，本为大地之中心，在此地区尤为殊胜，高高的扎什伦布山边，犹如镶上了一颗红宝石。”书中又说：“在此宝光照射下的卫、藏、康各地，建起了星罗棋布的庙宇，大寺如同海洋，小寺犹如升斗，所有各寺均守持佛法。”佛及众生如同授记所云，佛王持白莲（即观音菩萨）之化身遍知根敦珠[9]，于阴火兔年亲自创建扎什伦布寺，并在此进行讲经修行，弘扬佛法，嗣后，大约第十四任摄政之后，班禅遍知洛桑却吉坚赞[10]之声誉响彻轮回世界之顶峰，彼登上高大无畏的狮子宝座，转动法轮，讲经说法。嗣后彼之化身班禅遍知洛桑益西贝桑波，登上不变金刚座，坚定地三转法轮，佛法宝如同日月生辉，普照人间，先后出现了一些圣贤。历建的寺庙以及有情众生，及佛像、佛经、佛塔等三所依等，乃佛教众生利乐之源。

本寺庙系统的寺庙庄园，除在西藏牧区属于寺庙和私人（活佛的拉让）庄园外，新将叶卓亚拉山背后、上下巴初、泽库、勒普巴卓、达那、仁青则、柳麦等地区所属的庄园系统的收入、属民、水、草、林木等的一切所有权全部奉献于该寺。

对上述新旧寺庙庄园的有关主权要牢固掌握，按照丹增曲

吉结波[11]盖印封文的内容精神，除沿途驿站差照例支应外，今后，人役、近卫军、兵役、营盘乌拉、糌粑运送差、拉萨传召糌粑差、仓库的炒青稞差、马乌拉、修房小工等，总之，所有一切大小力役物税全部豁免。即使在有权势者出面干预的特殊情况下，也不能随便摊派差税，进行骚扰。应如何行事，拉让有权自决。

在此严禁慌报假情，请求加封，提出争议，争夺主权。对诬告陷害使其不得安宁者定要严惩。只要佛法尚存，此执照永远有效，不得违背。

梵语巴热第达即藏历阴火猪年七月上旬
写于两法之首府大布达拉宫
（编者注：上述官契系抄件，然准确无误。）

译注：

〔1〕阿旺益西嘉措——藏文ངག་དབང་ཡེ་ཤེས་རྒྱ་མཚོ།，即拉藏汗所立之达赖喇嘛。康熙四十二年（一七〇三）拉藏汗继承汗位。康熙四十四年（一七〇五）败第巴桑结嘉措，并上奏由第巴桑结嘉措所立之六世达赖仓央嘉措贪恋酒色，行为放荡，奏请废黜。康熙帝得奏后，遂派护军参领席柱赍敕印往封拉藏汗为“翊法恭顺汗”，并谕将仓央嘉措解送京师。一七〇六年，仓央嘉措解京途中，死于青海湖边。拉藏汗遂选定阿旺益西嘉措为六世达赖，并于一七〇七年二月奏准正式坐床。但益西嘉措不得众望，特别是遭到三大寺上层喇嘛的反对。康熙五十六年（一七一七）准噶尔部汗策旺阿拉布坦派他手下将官策楞敦多布率军袭据拉萨，杀拉藏汗，并废拉藏汗所立之达赖益西嘉措。

〔2〕卫藏四部——藏文དབུ་གཙང་རུ་བཞི།，系吐蕃政权所辖四个军政单

位之总称。松赞干布时创建，是为吐蕃王朝形成的主要标志之一，即伍如、约如、叶如、如拉，亦有将如拉不计，将苏毗拉计入四如的。七世纪，松赞干布仿唐朝兵制创设，将吐蕃分为五大军政区，即伍如、约如、叶如、如拉及苏毗如。各有固定辖区：伍如以逻些（拉萨）小昭寺为中心，东至约卡巴本敦，西达尼木舒，北抵萨地之朗玛古甫，南临玛拉拉举；约如，以卫地之雅砻昌珠为中心，东至工域芝纳，西达卡热吉堆，北抵玛拉拉举，南临夏乌达果；叶如，以卫地之香吉雄才为中心，东至萨地之朗玛古甫，西达切玛拉古，北抵米迪丘纳，南临聂囊亚波纳；如拉以卫地之翟吉吾巴纳为中心，东至聂纳查，西达肯玛弥，北抵切玛拉温，南临泥婆罗朗古；苏毗如以佳雪达巴才为中心，东至聂域芝纳，西达贝肖定彼切，北抵纳巴雪斯昌，南临米迪丘纳。

〔3〕无著——藏文ཐོགས་མེད།，瞻部洲六庄严之一，佛教广行派开宗大师，四世纪生于北印度一婆罗门家。相传其往鸡足山修行，亲见弥勒，向人间传播解说大乘经中隐义现观次第之《慈氏五论》。著有注释其密意之《瑜伽师地论》、《阿毗达摩集论》和《摄大乘论》等多部论著，有弘扬对法学之弟子世亲等。

〔4〕班钦——藏文པཎ་ཆེན།，又作班禅，即大学者之意。

〔5〕阿底峡——藏文ཇོ་བོ་དཱི་པམ་ཀ་ར་ཤྲཱི་ཛྙཱ་ན།，又称作ཇོ་བོ་རྗེ།觉沃杰，即对阿底峡（九八二至一〇五四）之尊称。吐蕃佛教后弘期进藏之印度高僧，系印度萨霍尔王格瓦贝次子，生于萨护罗（今孟加拉国达卡附近）。宋庆历二年（一〇四二），被阿里王绛曲约遣使迎入吐蕃弘教，先后到阿里、后藏、拉萨、叶尔巴、桑耶、连巴、纳曲、唐波且、聂塘等地，居吐蕃十三年，传教收徒，著书、行医。所传之大乘学、藏传密典及中观论等，均因其弘扬而完备于吐蕃。著有《菩提道灯论》、《中观教授论》、《发菩提心论》等，为藏传佛教的重要经典，僧人必读之作。后世黄教创始人宗喀巴代表作《菩提道次第广论》即脱胎于《菩提道灯论》（又译称《菩提道炬论》）。被誉为西藏噶当派开派之祖师，萨迦、噶举、格鲁诸派亦因其学说而新兴。弟子无数，其中以“三师”（即三顿）仲敦、杜敦及沽顿（又译俄译师）等人最著名。所著《八分医方》，对西藏医学北派的形成起着重要作用。曾在山南贡噶县姐德秀地区为民修造

水坝，至今为人传颂。为印蕃宗教文化交流作出重大贡献。卒于聂塘寺，其遗骨供奉于该寺。一九七八年孟加拉国派使节至聂塘寺致祭，后在北京广济寺举行迎送其骨灰隆重仪式，并将骨灰运回该国供奉。

〔6〕噶当派——藏文བཀའ་གདམས་པ།，藏传佛教教派之一，有新旧之分，旧者在宗喀巴创格鲁派之前，新者始于格鲁派开派之际。该派晚于宁玛派，始于西藏后弘期佛教兴起之际，首创者为印度僧人阿底峡，继由其弟子仲敦巴定其派，又经朗日塘巴弘扬。阿底峡对藏区佛教各派的形成及佛教的传播关系至大，《土观宗派源流》言："在此雪域（即西藏）所出一切真实清净教派及宗部，全系阿底峡尊者来藏转法轮（即传教）之成果。"该派特点是：重在佛典或佛语的教授，主张"于如来教言，不舍一字，悉了解为教授主义"。改变前此重律轻密或重密轻律的状况，主张密律并重，正确解释显密关系，谓"了知律义（即显教）为秘咒之助，秘咒为律仪之助"。倡言显密应相辅相成，重在明见，见行双重。以其所著《炬论》为立论之根本。仲敦巴死后，其三大弟子分别传法，形成教典、教授及教诫三派，广为传播。此"显密双融之法门"影响极深，格鲁派祖师宗喀巴的两大显密名著之理论基础和方法论即源于此派。故该派成为其他教派的先声。

〔7〕直和邓——藏语འབྲི་དང་ལྡན།，地名。

〔8〕狮子吼——藏语སེང་གེ་ང་རོ།，藏传佛教宁玛派所说莲花生八大称号之一。即狮子吼佛。

〔9〕根敦珠——藏语དགེ་འདུན་གྲུབ།，又作根敦朱巴（一三九一至一四七四），即一世达赖喇嘛，明代藏传佛教格鲁派名僧。宗喀巴四虚空弟子之一，后藏萨迦附近霞堆人。家贫，自幼随父母放牧。明永乐三年（一四〇五）十五岁时，于纳塘寺出家，从楚巴喜绕受沙弥戒。八年（一四一〇）受比丘戒，后云游卫藏各地名寺圣地。十三年（一四一五），赴扎西多喀地方听宗喀巴讲经说法，拜宗喀巴为师，成为宗喀巴最末一个弟子。与宗喀巴另一个弟子喜绕僧格到后藏各地讲经说法。宗喀巴圆寂后，又从宗喀巴弟子喜绕僧格、贾曹杰、克主杰等人学习佛法。后到拉萨向甘丹寺第二任池巴贾曹杰学习众多要法，再返后藏。正统十二年（一四四七），在日喀则地方贵族班角桑波资助下，建扎什伦

布寺，自任该寺主持。广泛研习哲学和佛教经典，精通显密教法，是当时西藏著名的佛教学者，故称“大班智达根敦珠”。著有《戒经疏》、《正理庄严论》等。成化十年（一四七四）圆寂于此寺。后被格鲁派僧人追认为达赖喇嘛一世。

〔10〕洛桑却吉坚赞——藏语བློ་བཟང་ཆོས་ཀྱི་རྒྱལ་མཚན། （一五六七至一六六二），即四世班禅，藏传佛教格鲁派领袖。生于后藏西部兰周加地方，差巴本仓策忍之子，初名曲结典巴桑波，五岁即能诵各种经卷。明万历七年（一五七九），于安贡寺出家为僧，拜克珠桑杰益西为师，受沙弥戒，法名洛桑曲吉坚赞，并受灌顶。次年，任安贡寺池巴，十六年（一五八八）拜大堪布班钦当秋亚白等为师，在扎什伦布受比丘戒。次年，赴拉萨朝拜释迦佛，并与诸多大德辩论，得大慧名。从上师青绕旺修受时轮长寿佛大灌顶等，从桑结嘉措等聆听四系诸法。二十九年（一六〇一）回扎什伦布寺坐床，就任第十六任大法台，阐扬黄教，整饬僧纪，扩建扎什伦布寺等。到拉萨哲蚌寺为四世达赖传授诸大灌顶及比丘戒。四十四年（一六一六）四世达赖卒，因藏巴汗疑达赖曾诅咒自己，明令禁止达赖转世，后经其从中周旋始允许达赖转世。次年，复至拉萨，兼色拉、哲蚌两大寺寺主，周游各寺，访诸大德，研究经典，精通五明，主持写《甘珠尔》大藏三部，剃度僧侣，塑像建寺。天启二年（一六二二）受藏巴汗之请，寻认五世达赖灵童，迎至哲蚌寺为其剃度，授法戒。倡议联合蒙古和硕特部固始汗，并与五世达赖、固始汗共同遣使朝清。清顺治二年（一六四五），固始汗授其“班禅博克多”尊号，是为班禅名号之始。四年（一六四七）与达赖遣使贡于清，清帝封之为“金刚大师”。五年，清帝请其与五世达赖进京，九年（一六五二）欢送五世达赖赴京。一生对巩固西藏与中央的关系，稳定西藏政局起了重大作用。康熙元年（一六六二）圆寂于扎什伦布寺。

〔11〕丹增曲吉结波——藏语བསྟན་འཛིན་ཆོས་ཀྱི་རྒྱལ་པོ།之译音，即固始汗（一五八二至一六五五）。明末清初卫拉特蒙古和硕特部首领，名图鲁拜琥（蒙语意为天资聪颖）卫拉特汗哈尼诺颜洪果尔第四子，以勇武著称。明万历二十二年（一五九四）率军击败俄伽浩特（一记指头缠白布信仰伊斯兰教部众居住的城市）之千万士兵，占据今巴里坤、乌鲁木

齐一带。三十四年（一六〇六），因调解平息卫拉特与喀尔喀战事之功，备受推重，被东科尔呼图克图授以“大国师”称号。自万历四十三年至崇祯九年（一六〇六至一六三六）率所部与杜尔伯首领达赖台吉游牧于恩巴河和喀拉库木河一带，后徙额尔齐斯河支流托波河流域。崇祯七年（一六三四）冬，与准噶尔巴图尔珲台吉远征哈萨克，获胜。九年，遣使至盛京贡马匹、方物。同年，为避免内部冲突及另寻新牧地的需要，应西藏黄教代表人物之请，与巴图尔珲台吉联兵进军青海，从塔尔巴哈台经伊犁和塔里木盆地，于次年抵青海，击败却图汗，据其地。十一年，至拉萨会见达赖五世阿旺罗桑嘉措和班禅四世罗桑却吉坚赞，获顾实·丹增曲结（“国师·持教法王”或作“丹津却吉甲波”，意为“佛教护法王”）尊号，蒙语又称为“顾实·诺门汗”。十三年（一六四〇），攻灭康区白利土司顿丹多吉。同年，出席卫拉特和喀尔喀领主大会，共同制定《蒙古卫拉特法典》，翌年，兴兵入卫藏，击溃第悉藏巴汗军队。十五年，灭藏巴汗，掌握西藏地方政权。命长子达鄂齐尔汗驻守拉萨，以第六子多尔济佐之。竭力扶持黄教，以前后藏之税收奉献五世达赖作为寺院用费，并拜罗桑却吉坚赞为师，授予班禅博克多尊称。除日常政务由其控制的第巴索南绕丹料理外，西藏高级官员均由自己委任，并制定“十三法律”，新添噶伦、代本等官职，健全西藏地方行政机构，直接控制西藏军队，严厉镇压藏巴汗拥护者之反抗，牢固掌握青、藏地方政权，以黄教护法王自居。屡遣使与清廷联系。顺治三年（一六四六）与卫拉特各部首领二十二人联名奉表贡，清廷赐以甲胄弓矢，命其统辖诸部。十年（一六五三），受封为“遵行文义敏慧固始汗”。对加强西藏地方和清廷的联系起过一定作用，后病故于拉萨。

（三十三）郡王颇罗鼐索朗多吉呈文殊室利雍正皇帝之奏折

（藏历火羊年，雍正五年，公元一七二七年）[1]

奉天承运大皇帝犹如千辐金轮盛开的莲花宝座尊前：

札萨台吉噶伦颇罗鼐叩首谨奏。

顶戴圣旨抵抗准噶尔与罗卜藏丹津[2]的贝子康济鼐和台吉颇罗鼐，现身遭恶意加害，详情派遣科尔通·茶克尔等十人，途经西宁，又台吉颇罗鼐派遣二人，途经康区分别前去奏报，陛下即可获悉。

为陛下的朝纲和社稷着想，台吉颇罗鼐从后藏、阿里发兵，欲为贝子康济鼐报仇，正严阵以待。然扎什伦布及萨迦等方声称要订立和约。陛下明鉴，此事关重大，实难议和。达赖喇嘛、索朗达吉、工布噶伦阿沛·多吉结波[3]、隆巴瓦[4]、角惹瓦[5]等为首纠集卫地工布、塔波和雄索、那曲索波、康巴罗卜藏丹津等青海蒙古兵约三百人，围攻后藏，于八月初一、初五、初八、十一日与我等进行了数次交战，虽杀伤俘获卫、工、索波之兵无数，然后藏代本奴玛瓦和山南之兵皆投降了前藏。

皇帝陛下之怨敌青海蒙古约三百人曾向达赖喇嘛、索朗达吉、贝子康济鼐、隆巴瓦等投降。彼等用贝子康济鼐之枪、弓箭、盔甲等兵器予其武装，并以政府金库里的大批金、银、绸缎做为奖赏，让其冲锋陷阵，毫无限度地乘骑政府的马匹。而后藏的马匹膘差，加之阿里路途遥远，故对卫、工、索波等很难一举歼灭。我等从扎什伦布行军五天到达拉孜宗，暂且坚守此要塞。达赖喇嘛所派之卫、工、索波之兵到达后藏后，男子被杀害，妇女遭蹂躏，房屋被烧毁，庄稼被践踏。总之，彼等之一切行为可谓灭绝人寰，惨不忍睹。

为佛教和藏地众生之安乐着想，伏乞皇帝陛下速遣大军进藏，进行消灭降伏。否则，后藏阿里之官兵定将大失所望。万望广开圣恩，勿弃我等。

明鉴，明鉴，再明鉴！

随折敬献押书礼品哈达、藏红花等。

×月×日于拉孜兵营谨呈

译注：

〔1〕本篇原藏文标题中收入者乾隆皇帝有误，应为雍正皇帝。

〔2〕罗卜藏丹津——藏语བློ་བཟང་བསྟན་འཛིན།（一六九二至?），卫拉特蒙古和硕特部台吉，清和硕亲王达什巴图尔之子（固始汗之孙）。清廷曾封为亲王，康熙五十九年（一七二〇）随清军护送七世达赖罗桑格桑嘉措进藏。七世达赖于拉萨举行坐床典礼后，他以青海及西藏旧皆和硕特属，己乃固始汗嫡孙，遂谋据西藏以遥制青海。嗣因清廷未令其掌管藏政，而以康济鼐等治理藏事怀怨。雍正元年（一七二三），诱诸部盟于察罕托罗海，令各仍故号，不得复称清所封王、贝勒、贝子、公等封爵，自称“达赖洪台吉”，揭起反清旗帜。雍正帝派川陕总督年羹尧、四川提督岳钟琪讨之。一七二四年事平，其母、妹等人被俘，其本人遁居准噶尔。乾隆二十年（一七五五），清军平定伊犁时被浮。获宥，令居京“不许擅出”。二子被编入正黄旗蒙古，分授蓝翎侍卫。

〔3〕阿沛·多吉结波——藏语ང་ཕོད་རྡོ་རྗེ་རྒྱལ་པོ།（？至一七二八），清代西藏地方政府官员，本名阿尔布巴·多吉杰布。藏史又称贝子阿沛·多吉杰布及噶伦阿尔布巴。西藏工布人，拉藏汗执政时任噶伦。康熙五十六年（一七一七），准噶尔部策妄阿拉布坦侵扰西藏，助清军攻取墨竹工卡，于工布地区拥兵自卫，防御准军东侵。五十九年（一七二〇），应清抚远大将军、皇十四子允禵邀请，赴青海噶玛塘（今贵德县境）与允禵相见，任进藏清军先遣队总管。六十年封贝子兼噶伦，协助康济鼐管理工布地区军务。七世达赖坐床后，忌首席噶伦康济鼐，于雍正五年（一七二七），联合隆布鼐、扎尔鼐等杀康济鼐，遣兵至后藏欲害颇罗鼐，次年，被颇罗鼐围困于布达拉宫，后被清廷处死。

〔4〕隆巴瓦——藏语ལུམ་པ་བ།（？至一七二八），又称隆布鼐·扎西结波，清代西藏地方政务官员，西藏拉萨人，曾任拉藏汗主管财政的仔本。康熙五十九年（一七二〇）亲赴哈拉乌苏（今西藏那曲地区）迎接清军入藏，驱逐准噶尔军。次年，因功封为辅国公兼噶伦，管理拉萨东北一带军务。雍正三年（一七二五），以女嫁七世达赖之父索南达结，与达赖喇嘛结为姻亲，恃势妄行，培植亲信，排斥异己，忌首席噶伦康济鼐。五年（一七二七），与噶伦阿尔布巴等杀害康济鼐。同年，率工布、塔布、霍尔蒙古军，并调运拉萨火炮两次增援前藏军，与后藏颇罗鼐军战于江孜。次年，为颇罗鼐围困于布达拉宫，被执伏法。

〔5〕角惹瓦——藏语སྦྱར་ར་བ།（？至一七二八），清代藏传佛教格鲁派僧人，西藏地方政府官员，本名扎尔鼐·罗追杰波。西藏拉萨人，曾任七世达赖喇嘛的司库。康熙五十九年（一七二〇），拥护清军入藏平定侵扰西藏之厄鲁特蒙古准噶尔部军，同隆布鼐等人赴哈拉乌苏迎接清军。因向导有功，封一等台吉，任命为噶伦，管理西藏地方政务。雍正五年（一七二七），附和噶伦阿尔布巴等杀害首席噶伦康济鼐。同年，与后藏颇罗鼐军战于江孜。次年，为颇罗鼐围困于布达拉宫被执伏法。

（三十四）郡王颇罗鼐索朗多吉颁给噶丹彭措林的永久执照

（藏历木牛年，乾隆十年，公元一七四五年）

奉大皇帝圣旨

授权掌管大地政教两法，利济佛教和众生之人主郡王颁布之法令

生活在南瞻部洲的汉、藏、霍尔所有众生，特别是居住在阿里三围、四部、六岗的王公、王族、大臣、俗官、僧俗部众、近侍、军官、代本、各地宗本、庄园管家、各寺庙执事、来往的军人、小工、支差者、大小使臣、催缴差税的官员、全体在职的一般和特殊文武官员、根保、居本、百姓等，总之生活在边区的全体众生共同晓示：

噶丹彭措林[1]秉承无比法王宗喀巴大师的教义，弘扬显密二宗，久兴不衰，为了佛法，以往至今的簿册和章程所常设之定期法会、常年的和临时的福寿法事、定时祭祀护法神等方面的必需用品以及全年的僧俸等，从未发生过短缺和延误。以往至今各宗和庄园征收差税之人员认真负责，保质保量，不使佛法善业之常年供施受损，每年理所当然均按常规惯例进行。

作为五匹马的饲料和各级常年供奉基金之实有牲畜及保管者的差税减免，水、草、畜圈等自不待言应按传统惯例保持不变。对以聂拉木[2]为主的各个集市也实行差税减免。

因为没有单另的寺庙庄园，因此朝拜福田施主师徒（即

达赖和班禅）及佛事善施，寺庙僧茶、僧粥的采办，肉、酥油的转运，沿途柴薪和对主寺、分寺及百姓的维护，以觉囊寺[3]为首的喇嘛之所需，以沙隆[4]、扎贝[5]为首的寺庙小管家的常规委派和公共佛事驱魔禳灾时的集会，应轮流操办。

嘎托日真钦波[6]和阿里公[7]二人所倡建的，每月十五日有一百三十六名僧人参加的颂百种姓仪轨，均应按照盖印文件的内容精神执行，不得松懈和违犯。法会时所需柴薪由彭措林寺在任的管家按规定的数目筹办。全年寺庙的柴薪也该由管家尽力筹措，全力以赴。

对哲桑、哈西、康多等的庙产、土地、善源、僧源以及房屋、农田耕地、领地水草、畜圈等的一切主权，施主丹增曲吉结波（即固始汗）曾赐有封文，我处亦曾发文，上述各项主权不可偏离原封文的精神。火鸡年至今的常规保持不变，此无可争议。现再次重申此永久执照。

上述尔等要永远相助，不得有丝毫欺诈和倒行逆施。为使文告的内容得以顺利执行，特颁此令。

乙丑木牛年吉日写于百法圆满之首府殊胜噶丹康萨宫

译注：

〔1〕噶丹彭措林——藏语དགའ་ལྡན་ཕུན་ཚོགས་གླིང་།之译音。西藏自治区日喀则专区拉孜县属一寺庙名。明代藏族史学家兼梵语学家、藏传佛教觉囊派高僧多罗那他倡建，原名达丹彭措林。五世达赖喇嘛改今名，并改宗为格鲁派寺庙。

〔2〕聂拉木——藏语གཉའ་ནང་།，旧译聂朗。县名，在西藏自治区西南部，南面与尼泊尔接壤，县人民政府驻充堆。

〔3〕觉囊寺——藏语ཇོ་ནང་དགོན།，藏传佛教觉囊派主寺。初建于宋代，由土杰尊珠所创建。在日喀则西彭措林山沟尽头处。

〔4〕沙隆——藏语ས་ལུང།之译音，寺庙名。

〔5〕扎贝——藏语གྲགས་དཔལ།之译音，寺庙名。

〔6〕嘎托日真钦波——藏语ཀ་ཐོག་རིག་འཛིན་ཆེན་པོ།之译音，人名。

〔7〕阿里公——藏语མངའ་རིས་གུང།，清代西藏阿里地区官员。即珠尔默特益西才旦，西藏郡王颇罗鼐长子，妻拉达克酋长之女。雍正五年（一七二七），卫藏战争中，与父分南北两路包围拉萨。八年（一七三〇）封头等台吉，办理军政事务。次年，晋封辅国公。乾隆十一年（一七四六）赐镇国公，任阿里宗本，自此遂称阿里公，常率藏军巡防阿里北部边境。后因身体不佳，居拉萨，溺于佛事。十四年（一七四九）与珠尔墨特纳木扎勒不睦，被诬于阿里时侵夺商人货物，欲发兵拉萨等。十五年病发身亡。

（三十五）多罗郡王索朗多吉颁给定结杰喀庄园之指令

奉天命文殊大皇帝圣旨

大地政教两制之主宰人王之指令

生活在阳光之下大地之上的一切众生，尤其是后藏代本、宗堆、执事、甲本、如本、僧俗部众、僧俗官员、根保、居本、贤人志士等，总之，所有文武任职官员、一切上下人等一体周知：

定结杰喀[1]庄园内官员百姓将自己土地的差税接二连三地转嫁到流放落户者最初之代表垂穷身上，致使彼主仆无法承受贵族政府双重差赋，陷于崩溃之境地。故请求绕登结波给以保护，遂委派彼代理噶本，前往阿里常驻，并将原来支付的差税如兵差、传大召糌粑差[2]、驿站差、重大木料差完成之后，其余的力役物税一概豁免。然而，庄园内的妇女多受欺凌，宗堆和百姓均不理睬盖章协议文书，仍然摊派各种差税。从今以后，完成上述差赋之后，糌粑、油料、青稞、豌豆的运输差，芦苇、草、砍伐运输木料差，送炭差、修城堡差、修堤坝差、觉惹差[3]，打扫、听用乌拉、放养汉马、马乌拉、借马、内差[4]、庄仆，政府、贵族、寺庙三者平摊劳务、纸税、织布税、炼铁用炭差、整修河道差，为宗政府打扫卫生、背水、背柴差，达那庄园的羊粪、树木差，为马帮赶骡马差，为庄园运输草料、麝香、黑墨、火硝差，牲畜税、架桥差，岗巴宗的肉、酥油运输差，峡谷里的木料搬运差、木料运往山下堆放晾晒差，所属土地的马和人役税金的收入，僧尼差、各种手工业差、经商税等，在正式噶本任职期间，上述各项差税全部予以豁免。绝不允许借口重要、特殊，或负担沉重，硬性摊派，致使不得安宁。与此同时，倘若佣人充当宗政府的管事，注册表明属于定结宗政府之差民，有去处者要退还。另外，雪捏所规定的放牧草场和畜圈，照旧属于他们主仆管辖，不得侵占。今特颁给庄严文书，尔上述人等只能大力相助，不得扰害侮慢，倒行逆施。永远继续遵照绕登结波之规定。为其安宁，特颁此令。

×月吉日　写于殊胜噶丹康萨宫

译注：

〔1〕定结杰喀——藏语གཉིང་སྐྱེས་རྒྱལ་མཁར།。定结，县名，在西藏自治区的南部，南与尼泊尔相邻，东南方与锡金接壤。杰喀，庄园名。

〔2〕传大召糌粑差——藏语སྨོན་བཛེད།。西藏实行民主改革之前，人民群众每年为拉萨大愿法会炒磨糌粑的差税。

〔3〕觉惹差——藏语ཇོ་རགས།之译音。在“觉”地区之修渠差。

〔4〕内差——藏语ནང་ཁལ།，有时称囊差。旧时西藏农奴对各自直接领主承担的差税，和外差相对应。是农奴向农奴主负担的劳役地租的一部分，是庄园领主对农奴的直接剥削。凡从政府、贵族或寺院领主那里领种一份差岗地的差巴农奴，每年要在领属领主的庄园自营地上从播种、锄草、收割到入仓，为主人无偿地服劳役。此外，差巴农奴还要支外差。内差和外差合为农奴总的份地租。

（三十六）七世达赖颁给阿旺旦巴坚赞和仁钦穷乃二人之法旨

（历藏土虎年，乾隆二十三年，公元一七五八年）

奉皇上圣旨

在大霍尔国土之上六世达赖喇嘛[1]金刚持颁布法旨

世间一切众生，尤其是居住在青海、上下玛尔康[2]地方之寺庙部众、首领、王、王族、大小官员、宰桑、米桑[3]、百姓、宗本、管家、在职人员等，总之，汉藏霍尔之一切尊卑人等一体周知：

笃信黄教之丹玛八达寺的主持、转世活佛阿旺旦巴坚赞[4]和仁钦穷乃二人为首的寺院、僧众等，原有之封文上盖有达赖浑台吉[5]和达赖岱青[6]之官印，现对其封文之全部内容精神予以重申。彼二人无论到庄园上下任何地方，上述尔等只能尽量予以帮助，不得收取不适当的营盘税，江河、船舶和道路之关税，不得阻拦、伤害、违抗等。为使其永远安乐计，特发此令。

土虎年八月吉日写于殊胜具德哲蚌寺
所毗邻的甘丹颇章无量宫

译注：

〔1〕此处六世达赖喇嘛并非仓央嘉措，而是罗桑格桑嘉措（即七世达赖喇嘛）。因为在当时第司桑结嘉措被拉藏汗打败之后，拉藏汗曾上报清廷，称六世达赖仓央嘉措行为放荡，系假达赖，奏请废黜。康熙帝准其奏，废了仓央嘉措。由拉藏汗另立了达赖阿旺益西嘉措，但益西嘉措不得众望，特别是遭到三大寺上层喇嘛的反对，康熙五十六年准噶尔部汗策旺阿拉布坦派手下将官策楞敦多布率军袭据拉萨，杀拉藏汗，并废所立之达赖益西嘉措。康熙帝根据西藏人甚为崇拜达赖之心理，遂于当年册封住在青海塔尔寺的西康理塘之小活佛格桑嘉措为六世达赖，并派延信等保护，送往布达拉宫坐床。这表示既不承认仓央嘉措为六世达赖，也不承认益西嘉措为六世达赖。但藏人，特别是三大寺僧众一直认为仓央嘉措为六世达赖，格桑嘉措为七世达赖。而在汉文史料中，则在格桑嘉措之世始终称他为六世。这一问题直到乾隆四十八年（一七八三），乾隆册封格桑嘉措之转世绛贝嘉措为八世达赖时，才默认格桑嘉措为七世达赖，仓央嘉措为六世达赖。

〔2〕玛尔康——藏语སྨར་ཁམས།，即现芒康，县名。旧作宁静，唐代译作马尔敢，元代译作亦思马尔甘，明代译作磨儿勘。在西藏自治区东部，东隔金沙江与四川省为邻，澜沧江穿流其西部，南面与云南省接壤。县人民政府驻嘎托。上下玛尔康，即澜沧江和金沙江两水上游中间地带，在今西藏自治区昌都、察雅、芒康等县境。

〔3〕米桑——藏语མི་བཟང་།之译音，从字面上讲可译为贤士。此处可能是一官名。

〔4〕阿旺旦巴坚赞——藏语ངག་དབང་བསྟན་པ་རྒྱལ་མཚན།之译音（一六八三至一七六一），清代青海地区高僧，塔尔寺活佛，即色多呼图克图三世。出生于青海蒙古旗，康熙二十一年（一六八二）色多二世圆寂后，被选定为转世灵童，迎入塔尔寺。三十五年（一六九六）入藏学经，因水土不服，返回。入塔尔寺显宗扎仓学习，取得第一届多仁巴学位。雍正十年（一七三二）又赴西藏，在各寺广为布施，返回后，于乾隆十一年（一七四六）任塔尔寺法台四年，任内重修大金塔及金瓦寺屋

顶，为寺院置备佛像和法器。

〔5〕达赖浑台吉——藏语ད་ལས་ཧུང་ཐའི་ཇི།（？至一七〇一），卫拉特蒙古和硕特部首领。藏名丹增达赖，又称热丹台吉，衮楚克，朋楚克。博尔济吉特氏，达延汗长子。清崇德六年（一六四一），固始汗夺据西藏后，受命率蒙藏联军镇压工布地区噶举派叛乱，捣毁其大部分寺庙。康熙十年（一六七一），袭汗位。二十年（一六八一），拉萨与不丹发生争执，以拉达克土王德雷南杰声言，不能坐视不丹大主巴大喇嘛受欺凌，派族弟甘丹策旺率军攻拉达克，迫使拉达克将所占古格、日土等地划归西藏管辖。在其统治西藏期间，注意维护与清朝政府的联系，屡遣使入贡。晚年因西藏第巴桑结嘉措弄权，与准噶尔部噶尔丹互相勾结，实际上处于无权地位。三十年（一六九一），遣人向清廷奏报桑结嘉措暗中阻挠五世班禅入觐。三十五年（一六九六），清军大败噶尔丹于昭莫多后，约青海诸台吉遣使祝捷。旋以食物中毒身亡。

〔6〕达赖岱青——藏语ད་ལས་དའི་ཆིང་།（？至一七〇五），清代卫拉特蒙古青海和硕特部台吉，名策旺拉布坦，又称达赖岱青，蒙古族，博尔济吉特氏。固始汗第六子多尔济之子。康熙二十九年（一六九〇）后，袭父爵为青海右翼长，驻牧青海布喀河到柴集河一带。三十六年（一六九七），进京朝觐康熙帝。四十二年（一七〇三）封多罗郡王。

（三十七）乾隆皇帝颁给上师章嘉益西丹贝卓麦之圣旨

（藏历铁马年，乾隆十五年，公元一七五〇年）

（原注：马年，西藏郡王达赖巴图尔珠尔默特纳木札勒[1]秉性暴虐，恣行无忌，众心怨怒，佛王对此深知。彼素不敬奉至尊上师等圣者，残暴成性，狂虐日甚，二位驻藏大臣将伊正法。事发，达赖喇嘛传谕，百姓得以安抚，地方得以宁谧。然逆党罗卜藏札什[2]、巴冲夏巴、丁喀穷则等肆行凶悖，竟将二位驻藏大臣戕害，不法已极。大皇帝勃然动怒，随降旨于上师。）

圣旨：

"珠尔默特纳木札勒赋性凶顽，残暴成性，亦因朕之加恩过厚，致酿此患。由此观之，今后不可将权力交于藏人，须在藏地建一汉人衙门，派一总督为番众之头目，派一军官、一提督组建一支万人军队，再委派收取赋税、执法断案的道官、知府、知县等，总之，西藏大小事宜均由汉官掌办。"

（原注：上师章嘉益西丹贝卓麦[3]奉如上圣旨后内心思忖，如若遵此圣旨办理，则藏地的一切政教好似庄稼遭霜打，于心不忍。故发菩提心，立即双膝跪地祈求道："大皇帝本人乃至先辈列祖列宗，均敬奉佛教，尤其当朝皇上对佛教更加关怀备至，尊为大法王。西藏雪域乃佛教之发源地，倘若降如此

圣旨，无疑将给西藏的佛教带来莫大损害，请以佛法为怀，广开圣恩。”圣上听到大师的潜心直谏后，停片刻谕示：“呼图克图[3]所言极是，然如何是好?”不久，大师又领旨：“鉴于西藏乃佛教发祥地。对此，朕思忖再三，始与汝商议。现以朕之见，倘若将西藏的一切政教重任全部托付于达赖喇嘛，可能对黄教与社稷均颇有裨益，如此是否可行?”)

（原注：上师章嘉益西丹贝卓麦奉圣旨，后奏道：“谢主隆恩。”不久便发圣旨，西藏的政教权力交于雪域圣主一人之手，于是便形成了闻名于世的政教合一的甘丹颇章政府，而且，一直延续至今。)

（《土观却吉尼玛文集》第一函一八五至一九〇页）

译注：

〔1〕珠尔默特纳木札勒——藏语འགྱུར་མེད་རྣམ་རྒྱལ།（？至一七五〇），清代西藏地方官员，郡王。藏文史籍作达赖巴图尔。后藏人，噶伦颇罗鼐之子。乾隆四年（一七三九），委任头等台吉，管理藏北三十九族达木蒙古。十二年（一七四七），承袭其父郡王爵。任职后，虐使其下，所属皆怨，疑忌达赖喇嘛，屡行刁难，诛除异己，暗结准噶尔部谋乱。以藏安宁为由，要求撤驻藏清军。次年，以防准噶尔为借口率藏军和前藏代本于喀拉乌苏处训练兵丁。十四年（一七四九年），欲遣西藏色拉寺、甘丹寺喇嘛经云南中甸发展黄教，要求驻藏大臣将霍尔噶锡等地番目归其管辖，均遭拒绝。后遣兵袭杀其阿里地区首领。凡其父所用旧人，多被杀害、抄没、贬黜，遣亲信通款准噶尔部，求其发兵阿里声援。监视驻藏大臣，阻绝驿递军书，危及达赖喇嘛。十五年（一七五〇），被驻藏大臣傅清、拉布敦所杀。

〔2〕罗卜藏札什——藏语བློ་བཟང་བཀྲ་ཤིས།（？至一七五〇），清代西藏地方官员，藏族。珠尔默特那木札勒执政时期，任卓尼尔之职，管辖近拉萨之占达、墨竹工卡、乌苏、江堆达、鹿马岭五塘等处驿站，后参与珠尔默特纳木札勒谋反，阻断台站，断绝中央与西藏的文书往来。乾隆十五年（一七五〇），珠尔默特纳木札勒以谋叛罪被驻藏大臣傅清杀后，（罗卜藏札什）聚众围攻、焚烧驻藏大臣衙门，文武官员多蒙难，粮务衙门库银被劫，并枪杀劝其停止暴行之热振寺主持赤钦多吉，纠伏潜逃。七世达赖格桑嘉措暂任诺门罕处理政务，将其逮捕处死。

〔3〕章嘉益西丹贝卓麦——藏语ལྕང་སྐྱ་ཡེ་ཤེས་བསྟན་པའི་སྒྲོན་མེ།（一七一七至一七八六），清代内蒙古最大活佛章嘉呼图克图二世（一作三世），亦译瑞贝多吉、若必多吉、罗赖毕多尔吉、绕为多尔吉、也摄丹丕钟麦。生于甘肃凉州（又有生于西宁北乡或多伦诺尔等说）。土族，父名古茹丹增、母名布吉。由五世班禅确认为转世灵童，经康熙帝批准为章嘉呼图克图。四岁时被迎至郭隆寺（佑宁寺），修习经典。雍正二年（一七二四）奉诏进京，驻旃檀寺。谒雍正帝，不久奉旨居嵩祝寺。雍正帝又命在多伦修善因寺赐之。在京与皇四子同习汉、蒙、满三种文字及经典。修毕五大部经。十二年（一七三四），受封"灌顶普善广慈大国师"，赐银印。十三年，奉钦命与果毅亲王允礼护送第七世达赖喇嘛返拉萨，驻甘丹寺。不久赴后藏晋见第五世班禅，受具足戒。同年，闻雍正帝去世，遂离藏进京。乾隆元年（一七三六），奉旨管理京师寺庙喇嘛，授"札萨克达喇嘛"印。八年（一七四三），赐御用金龙黄伞。十六年（一七五一），授"振兴黄教大慈大国师"印。二十二年（一七五七），第七世达赖圆寂，奏准入藏，在拉萨诸寺院讲经弘法。翌年，至后藏扎什伦布寺会见第六世班禅。二十五年（一七六〇），与六世班禅同至拉萨，认定达赖喇嘛的转世灵童（八世达赖），旋奉诏回京，奉清乾隆帝批准确定。二十七年（一七六二），遵旨前经多伦诺尔（今内蒙古多伦县北上都河西南岸）为第三世哲布尊丹巴呼图克图剃度授戒。二十八年，告假至安多为其父治丧，再回佑宁寺，并在塔尔寺讲经。三十一年（一七六六），奉敕在热河（今承德）建普乐寺。三十二年至五台山修习。三十六年（一七七一），至热河主持普陀宗乘庙落成典礼。

四十五年（一七八〇），奉钦命前往多伦诺尔迎接第六世班禅。翌年，同至热河谒见乾隆帝。五十年（一七八五），乾隆帝亲自为其庆贺七十大寿。翌年在五台山圆寂。乾隆帝赐金制塔，并于五台山镇海寺造石塔，供奉龛座。一生佛学著述颇富，均收入《章嘉若必多吉全集》中，此外，著有《白塔寺志》、《清凉山志》（即《五台山志》）等。还主持校订蒙文《甘珠尔》经，将《首楞严经》译成满、蒙、藏三种文字。整理满文藏经之翻译。编纂《满汉蒙藏合璧全咒》八十五册，编纂《钦定同文韵统》，主持蒙译《甘珠尔》经，指导将《金刚经》由梵文译成藏文。又编纂《喇嘛神像集》、《诸佛菩萨圣像赞》等。

〔4〕呼图克图——蒙古语音译，意为“圣者”。用于享有活佛高位和尊号之人。清廷对西藏、蒙古地区佛教上层大活佛的封号。凡受封者均载入理蕃院册籍。乾隆以后，呼图克图转世须经清廷钦差主持的金瓶掣签仪式确定，申报朝廷封授。在西藏其地位仅次于达赖、班禅，如四大主寺的活佛均有此封号，可以出任摄政。其他地区寺庙享此封号的活佛也具有颇为崇高的地位。如喀尔喀蒙古哲布尊丹巴呼图克图、准噶尔的盆苏克·丹津呼图克图（阿拉木札木巴呼图克图）等。此外，蒙古王公也有此称号者，如准噶尔哈剌忽剌就有呼图克图之称。转世喇嘛（活佛）分为四等：一、呼图克图，二、诺门罕，三、沙布隆，四、呼毕勒罕。

（三十八）乾隆皇帝颁给多仁诺颜班第达·滚波欧珠绕登之谕旨

（藏历铁马年，乾隆十五年，公元一七五〇年）

皇帝谕办理噶伦事务的公班第达：[1]

尔等奏折内禀称：在拉萨的二位驻藏大臣将珠尔默特纳木札勒正法之后，令尔办理卫藏噶伦事务，并将关防交与尔手。珠尔默特纳木札勒之卓尼罗卜藏札什等人将二位驻藏大臣之住所包围放火时，尔因势孤力弱，未能从中调停。在此之前未曾办理过噶伦事务，现在西藏无驻藏大臣，凡事不知应如何办理，请求依照旧例委派驻藏大臣。当前卓尼罗卜藏札什及其余党已全部就擒，着牢严加看守，所丢失之库银严密追查中。虑及可能尚有其他的坏人，从阿里至安卡牙一带通准噶尔之边卡，已派遣可靠的人严加防守，眼下藏内无新的情况。

此奏折朕已欣然览阅。

关于藏地近日情形，达赖喇嘛与尔在奏折中禀称：朕之二位大臣曾命尔办理卫藏事务。朕已谕准尔办理噶伦事务，并已委派驻藏大臣，另派遣四川总督策楞[2]前去剿扑余党，安抚藏地百姓。今尔已将卓尼罗卜藏札什等逆党全部擒获拘押，并已派人严守边卡。尔如此黾勉效力，正合朕委托之意。尔奏所失银两，正在追查。逆党头目罗卜藏札什既已捉拿归案，事已了结。其劫夺银两，事甚微末，当扰乱之时，乘机攘窃，无从一一查究，转恐累及无辜，未追得者，免其查追。著加恩赏尔蟒缎、锦缎各二匹、大缎二匹，即著派往西藏的大臣带去。

今藏内没有新的情况，若再派动大军，难免西藏各部无端生疑，惊扰地方。朕令总督策楞带领随从官兵数百人赴藏拜会达赖喇嘛，安抚藏地百姓。尔所擒贼党罗卜藏札什等人，将仔细审讯依法严惩。并会同达赖喇嘛，从西藏贵族世家之中选择一人与尔共同办理噶伦事务，以及派员做各种安抚事项。关于派五百兵进驻西藏之事，等策楞到藏后共同商议决定。在此期间尔所擒获之贼党应严加看守，照内地之例，分清首恶、帮凶及胁从，区别罪恶轻重给予惩处。凡此事，俟总督策楞到后，共同商议，分别判处。珠尔默特纳木札勒已被二位驻藏大臣所正法，彼手下之人又戕害了二位驻藏大臣。珠尔默特纳木札勒之子达尔扎策凌[3]，即或缉捕，亦当父子各有其罪，不能一样论处。但是贼党卓尼罗卜藏札什如此狂妄作乱，是否为达尔扎策凌所指使未详，理应将达尔扎策凌拘押严究，尔若能将达尔扎策凌缉拿归案，应即拘捕，严加看守。俟总督策楞抵藏，尔等共同议处。如实有指使卓尼罗卜藏札什之事，则理应将其同样治罪，立即正法；倘若并无此类情形，达尔扎策凌自然无罪。然而若将彼留在西藏，恐为尔心腹之患，可由朕将其解往内地居住。倘若尔目前无力将达尔扎策凌缉拿归案，亦无需操之过急，定要等待朝廷大臣，其间切勿贸然行事。

珠尔默特纳木札勒之儿媳，原为朕念及颇罗鼐本人黾勉效力，准与珠尔默特纳木札勒联姻，许配其子达尔扎策凌。而今珠尔默特纳木札勒犯法，与其媳无涉。如尚待合卺，理应返回娘家，倘已成婚，自无分离之理。倘达尔扎策凌有唆使卓尼罗卜藏札什之事，自当依法判处无疑，然与其妻无干。彼仍可返回娘家。此事亦应等候朝廷大臣抵藏，尔等妥为议决。

珠尔默特纳木札勒有负朕恩，素不敬奉达赖喇嘛，荼毒藏地百姓。众所共知。现在尔等威胁已除。朕委派大臣前去拜会达赖喇嘛，安抚藏地百姓。属下百姓因不明实情，无不疑惧，因此特向尔与达赖喇嘛颁发谕旨，遍行晓示。尔奉旨后应禀明达赖喇嘛，开诚布公，明白晓谕。尔班第达从现在起能实心恭顺，事事秉公办理，努力侍奉达赖喇嘛，使得藏地百姓依旧安居乐业，若能遵循朕振兴黄教之意，尔将再享朕恩。

钦此。

乾隆十五年十月十九日

（《多仁传》一七〇八—二〇二二页）

译注：

〔1〕公班第达——藏语ཀུང་པཎྜི་ཏ།之译音。班第达系梵语，为藏传佛教最高学位名。又作“班智达”、“班弥怛”。对精通大小五明和精通佛教经典者，始授以此学位。《元史》载八思巴学富五明，故又称“班弥怛”。元初萨迦派高僧公哥监藏，德高望重，精通五明，为世景仰，故称为萨迦班第达，简称萨班。又，格鲁派班禅大师，即“班第达禅波”（“禅波”意为“大”）简称。获班第达学位者，广受僧俗尊敬，被邀赴蒙古各地弘扬佛教。如明末清初卫拉特蒙古藏传佛教首领、语言文学家乌和特隆归达赖（卫拉特蒙古首领拜巴噶斯义子），以博通经教，深受蒙古封建主及广大民众崇敬，被尊称为“拉让巴咱雅班第达”。公班第达即多仁诺颜班第达·滚波欧珠绕登（？至一七九二），清代西藏地方政府官员，俗称公多仁班智达。乾隆四年（一七三九）承袭其兄噶锡娃·朗杰才旦之辅国公爵，妻郡王颇罗鼐之女德丹卓玛。十二年（一七四七），奉七世达赖喇嘛命赴哈拉乌苏（即今那曲）迎接清朝护送准噶尔噶尔丹策凌入藏熬茶之军官和仆从。次年，因拒附珠尔默特纳木札勒

作乱，被抄没家产，离间其妻，羁留其子。十五年（一七五〇），珠尔默特纳木札勒叛乱，七世达赖喇嘛请朝廷将其立为藏王。清恐其嗣后盘踞其地，重蹈珠尔默特覆辙，遂以其“势孤力弱，仅保自全，未能救护驻藏大臣”，无功可录，著以辅国公爵办理达赖喇嘛噶伦事务。四十八年（一七八三），辞噶伦职，子丹津班珠尔承袭，授噶伦。

〔2〕策楞——藏语ཚེ་རིང་།（？至一七五六），清朝大臣。纽祜禄氏，满洲镶黄旗人。尹德长子。乾隆初任御前侍卫，二年（一七三七），永定河决口，奉命赴卢沟桥赈灾，累迁至广州将军、两广总督。因秉公为布政使唐绥祖雪冤，受乾隆帝嘉奖，加太子少傅。后移两江总督。袭父爵，为二等公。随大学士傅恒征金川，任参赞。师还，加太子太保。十五年（一七五〇），以西藏珠尔默特纳木札勒伙党杀害驻藏大臣傅清、拉布敦，奉命偕提督岳钟琪率兵往讨。事平，与岳钟琪等议西藏善后章程。十七年（一七五二），因杂谷土司苍旺侵扰梭磨、卓克基二土司，领兵前往镇压。十九年（一七五四），授定边左副将军，拟征准噶尔。会辉特台吉阿睦尔撒纳内附，遂与将军舒赫德奏防其诈，被削职。次年，清军征伊犁，任西路军参赞大臣。伊犁平定，获副都统衔，率师驻巴里坤，寻晋定西将军，受命追捕阿睦尔撒纳。越一年，以阿睦尔撒纳逃哈萨克，劳师无功，被执送京师。途遇准噶尔叛军，被杀。

〔3〕达尔扎策凌——藏语དར་རྒྱལ་ཚེ་རིང་།（？至一七五〇），清代西藏地方贵族。郡王珠尔默特纳木札勒之子。乾隆十五年（一七五〇），驻守阿里官员珠尔默特策布登卒后，由其父奏准令其驻防阿里地方，管辖该地官兵。因无官职，不足以弹压，经驻藏大臣奏准，加封为札萨克头等台吉。同年，其父以谋叛罪被诛后，依律将其撤职，处死，资产归驻藏大臣公用。

（三十九）乾隆皇帝颁给七世达赖格桑嘉措和诺颜班第达滚波欧珠绕登二人之谕旨[1]

（藏历铁马年，乾隆十五年，公元一七五〇年）

谕达赖喇嘛和办理噶伦事务之公班第达：

朕向因珠尔默特纳木札勒素不信奉达赖喇嘛，心怀仇隙，是以屡加训饬。岂知因朕谕而彼愈心疑。驻藏大臣傅清[2]等亦因珠尔默特纳木札勒残暴性成，狂虐日甚，终恐不利于达赖喇嘛，是以奋不顾身，亟翦凶逆。凡此皆以为达赖喇嘛也。今达赖喇嘛肘腋之间除此隐患，佛地肃清，朕心甚慰。及卓尼罗卜藏札什戕害驻藏大臣，经达赖喇嘛传谕，解散贼党，安抚难民，地方得以宁谧，朕甚嘉之。所有加恩赏赐物件，已交驻藏侍郎那木札勒[3]赍送到藏，示朕优眷之怀。至珠尔默特纳木札勒本不应承袭郡王，因念颇罗鼐一生恭顺效力，是以施恩格外，令其袭爵。乃伊自管理藏事以后，肆虐逞威，骄纵日甚，又因朕许其撤回驻藏官兵，伊更自鸣得计，荼毒所部番众，贪淫无忌。且诬奏伊兄车布登叛逆，派遣噶伦领兵杀害伊兄，屠戮其子及众头目等。又抄占班第达家产，离其妻分驻后藏，而羁留其子随侍左右。复阻绝沿途塘汛，计欲尽害官兵，罪恶不可胜数。然朕静而思之，此固由珠尔默特那木札勒赋性凶顽，亦因朕之加恩过厚，有以纵之。藏地之人虽怨彼，而以朕所封之王，不敢如何，朕实深为追悔。由今观之，办理噶伦之人，权势不可使太专，是乃朕所加恩永辑藏地亿众生灵之要道也。

傅清等诛珠尔默特纳木札勒时，虽有令班第达管理藏地之语，实未奉朕谕旨，只因藏地不可一日无人统率，亦欲其即统兵相助，是以从权委办。使班第达果如所约，翦除逆党，能使二大臣无事，藏地宁静，则即如二大臣所言，亦未为不可。今伊既不能救护驻藏大臣，已不为无过。朕念其势孤力弱，仅保自全，尚属人之常情，事在已往，姑置勿问。岂可自居其功，承受朕封王之异恩乎？著仍以公爵办理达赖喇嘛噶伦事务。总督策楞到藏之日，会同达赖喇嘛，于彼处头人内晓事安分而番众素所信服者，再采择一人为噶伦，与班第达协同办事。其所属寻常细事，仍噶伦二人照旧承办。至具奏折事，及兵备驿递等重务，则令钦差驻藏大臣会同噶伦二人办理，钤用钦差大臣关防，永为定制。其驻防官兵、安设台站及一切事宜，著总督策楞、提督岳钟琪[4]、侍郎兆惠[5]、驻藏大臣那木扎勒、班第等会同达赖喇嘛及班第达等，悉心筹酌，妥议具奏。再，珠尔默特纳木札勒，从前曾经诬奏伊兄珠尔默特车布登谋叛，构衅称兵，暗加图害，而以病死捏奏。今事既明白，珠尔默特车布登本无罪之人，抱屈被害，应予昭雪。著班第达查明伊子，传谕朕旨，复给以公爵，令管阿里克地方番众，黾勉效力。如卓尼罗卜藏札什由阿里克一带奔逃，令伊尽力擒拿。伊父向来所有家产资财，为珠尔默特纳木札勒所抄占者，俱著查明给还。再，本年十月初八日封发傅清、拉布敦之谕旨，又，九月十一日传谕珠尔默特纳木札勒之谕旨，或因珠尔默特纳木札勒之乱，驿站阻隔，尚未到藏，亦未可知。如已到藏，即著班第达开看办理；如尚未到，著班第达于沿途驿站查出，令其阅看。朕治天下臣民，功过分明，轻重各当。班第达果能实心恭顺，进藏官兵，妥协接应，将来与新设噶伦同心一意，事事秉公办理，则为国家心腹之臣，可永享升平之福，承受恩典。用是开诚布公，特颁谕旨，明白晓示。班第达奉到此旨，何以奉行处，即著速奏，并谕藏内番众知之。

（《七世达赖格桑嘉措全集》四一八页）

译注：

〔1〕本篇非译文，抄自《清高宗仁皇帝实录》第三七七卷，第十二页至十九页。

〔2〕傅清——（？至一七五○）清朝大臣，满洲镶黄旗人。富察氏，李荣保次子（一作傅恒之子），雍正时任侍卫。乾隆二年（一七三七），由銮仪使晋正黄旗满洲副都统。五年（一七四○），授天津总兵。九年（一七四四），任驻藏副都统，协助颇罗鼐办理藏务。任内，奏请加强西藏与内地联系，增兵西藏，戍守巡防，以御准噶尔部，均为乾隆帝采纳。十三年（一七四八）回京，补天津总兵，授古北口提督，寻调固原。次年，以西藏郡王珠尔默特纳木札勒年幼且与达赖喇嘛有隙，请将达赖喇嘛移驻泰宁。为加强对西藏的管理，以其对藏务谙悉善处，再以都统衔仟驻藏大臣。十五年（一七五○），抵藏后，屡向朝廷奏报珠尔默特谋叛状，建议相机擒治。后以珠尔默特阴结准噶尔，绝邮路，致军书不达，遂与拉布敦设计诱杀之。后被叛军围困，被迫自杀。谥襄烈。

〔3〕侍郎那木扎勒——（？—一七八五）清朝大臣，姓图伯特氏。蒙古正白旗人，侍卫内大臣拉锡子。初由闲散授蓝翎侍卫，乾隆十年（一七四五），授正白旗满洲副都统。十三年（一七四八），署总管内务府大臣。十五年（一七五○），调工部侍郎，以西藏郡王珠尔默特纳木札勒谋叛，受命同内大臣在准噶尔通藏隘口之阿里克、那克桑、腾格里淖尔、阿哈雅克四路设卡伦，以备御准部。十九年（一七五四），赴北路军营，管理新降杜尔伯特、辉特和硕特等游牧。二十年以阿睦尔撒纳

谋据准噶尔，受命同参赞大臣阿兰泰等驻防乌里雅苏台（今蒙古国扎布哈朗特）。二十一年，授参赞大臣，同将军成衮扎布领索伦兵追剿并擒获和托辉特郡王青衮咱卜，封一等伯。二十二年，授工部尚书兼正红旗满洲都统，署定边左副将军。二十三年（一七五八），授靖逆将军，征新疆小和卓木霍集占。与三泰、奎玛岱率骑兵两百余人夜进，敌三百，被围，力战矢尽，阵亡。赠三等义烈公，谥武毅。

〔4〕提督岳钟琪——清朝官员。

〔5〕侍郎兆惠——（一七八〇至一七六四）清朝将领。满洲正黄旗人，吴雅氏。字和甫，都统佛标之子，雍正九年（一七三一），由笔帖式入值军机处，补内阁中书。自十三年（一七三五）起至乾隆十一年（一七四六），七迁至副都统、护军统领，后兼领户部侍郎，充经筵讲官。十八年（一七五三），奉命赴西藏防准噶尔。十九年（一七五四），乾隆帝拟征准噶尔，奉命协理北路军务并总理粮饷。二十年，奉命率军驻乌里雅苏台，以阿睦尔撒纳叛，陷伊犁，被调赴西路巴里坤。次年，授定边右副将军，率军讨叛，复伊犁。以阿睦尔撒尔纳逃遁哈萨克，与参赞大臣富德策应北进，至额密勒，阿睦尔撒纳叛入俄罗斯，乃还师。二十二年，授定边将军，参与平定回部首领博罗尼都和霍集占，在叶尔羌城东黑水河被围困达三个月之久，历经艰险迎来援军。率军由乌什取喀什噶尔（今新疆喀什），降其众。二十七年（一七六二），擢协办大学士兼领刑部尚书，同刘统勋等勘江南河运，后往勘海口，复查直隶河工，事竣还京，卒，谥文襄。

（四十）乾隆皇帝就珠尔默特纳木札勒事件再谕七世达赖喇嘛

（藏历铁马年，乾隆十五年，公元一七五〇年）

皇帝敕谕达赖喇嘛：

前珠尔默特纳木札勒不敬奉达赖喇嘛，恣意妄行，朕屡降旨训饬，此为藏地百姓所共知。然彼不听教诲，戕害伊兄，暴虐日甚。二位驻藏大臣曾具折禀报，朕欲立即绳之以法，又恐不利于达赖喇嘛。于今年十月初八日，二位大臣奏到珠尔默特纳木札勒悖逆情形，渐益昭著，奏请相机翦除此孽。朕曾斥责二位大臣不可轻举操之过急，批令俟班第抵藏，三大臣共同商议，再禀明达赖喇嘛，明正其罪，以申国法。朕随降旨，令班第进藏。然未及谕旨和班第到藏，二位大臣已将其正法，彼二人也遭戕害。而在动乱之时，达赖喇嘛安然无恙，朕心深慰。朕的二位大臣如此焦虑，凡此皆为报效国家，朕将另外施恩。其间达赖喇嘛随即传谕，向动乱之番众晓以大义，于政事以助朕，朕甚嘉之，著加恩赏。而叛逆贼党不听达赖喇嘛之言，发生此类事件，甚属无理。达赖喇嘛乃超凡之人，逆犯聚众为乱，逆衅已成，达赖喇嘛亦势不由己。朕自始至终皆为弘扬黄教、保护达赖喇嘛也。只要达赖喇嘛贵体无恙，其余事项均易如反掌。朕已遣四川总督策楞领兵进藏，绥辑藏地，搜捕逆党以申国法。近日班第达奏称，珠尔默特纳木札勒之贼党以次就擒。甚嘉。倘尚有未捉拿归案者，甚关重要。达赖喇嘛尽可放宽心，安抚番众，俟大军进藏，朕所遣大臣到后，便可搜除逆党，藏地即可宁谧。望达赖喇嘛心情舒畅，有应禀之事，尽可具奏。

皇帝再谕达赖喇嘛

皇帝敕谕达赖喇嘛：

喇嘛所奏未能救助二位大臣之缘由，及逆党已为班第达所获，并牢加看守，今藏地宁谧，相安无事，朕阅后甚嘉。又，喇嘛所奏有关事项，甚合朕意。俟朕所遣大臣抵藏之后，谕示达赖喇嘛应办理各项事宜，均要随即充分协商办理。在此期间，喇嘛亦要精心讲修佛法，努力安抚番众。经驿站赍送之如意礼品，即日发往。愿一切事项如愿以偿。

特此颁旨。

（《七世达赖喇嘛传》上册四一七页，下册一页）

（四十一）驻藏大臣和西藏地方政府以及色拉、哲蚌、甘丹三寺代表共同会议通过的十三条决议

（藏历铁羊年，乾隆十六年，公元一七五一年）

钦差大臣太子太保兵部尚书都察院右都御史总督四川等处地方军务、监理粮饷顾问巡抚史国安公军功加二级纪录额尔其仁钦、户部左侍郎副都统尚书大臣兆惠、驻藏大臣御前侍卫护军统领工部左侍郎舒泰、户部大臣那木扎勒、西藏事务总理副都统班第、刑部郎中巴哈达、理藩院主事奚介布、笔帖式富郎阿、钦差噶伦公班第达：

事由：遵循大皇帝之命，订立完善之章程。据查，前珠尔默特纳木札勒性情乖张，不敬奉并仇视达赖喇嘛，欺压属下番众，戕害伊兄，软禁伊姊，残暴行径狂虐日甚，目无法纪，反上作乱。种种不法行为，为二大臣所目睹。藏地番众，人人憎恨，恐危及达赖喇嘛，无奈采取最后决策，曾禀报大皇帝。唤其本人至通司房依法剪除。大皇帝从达赖喇嘛和驻藏大臣的奏折中获悉，不法之人业已剪除，虑及各项善后事宜，钦命驻藏大臣我等赴藏，会同达赖喇嘛，与公班第达周密洽商，决定保持旧制。尤其要使西藏地区永久安定，并使所有众生更加信奉达赖喇嘛，人人各得其所，共享安乐。藏地所有僧俗人等，应晓皇帝之隆恩。今后，应遵守皇帝为关顾藏地百姓所颁发的一切命令。

我等聚集一堂，经充分磋商，参照旧制，特制定如下章程：

一、依照旧制，添放噶伦。查西藏向例，办事噶伦，原系四人，其间噶伦布隆占（仲孜娃）因双目失明，以前已被珠尔默特纳木札勒革退。现存噶伦公班第达、策楞旺札勒（次仁旺吉），色裕特塞布腾（色绝次登）三人，班第达业已钦奉特旨仍以公爵办噶伦事务，毋须另议外，策楞旺札勒和色裕特塞布腾此二人，于洛桑扎西逆党叛乱之前，均为珠尔默特纳木札勒故意调遣他处，未在拉萨。此二人不但平日无过犯，以后也不明了叛乱之情，且原系奉旨所放之噶伦，仍应照旧留办噶伦事务。所有布隆占一缺，应选放深晓黄教的喇嘛一名，充当噶伦共同办理一切事务，对一切僧俗均有裨益。现有噶伦内班第达系公爵，其余均系奉旨赏有札萨克台吉名号。今添设喇嘛一名，若不赏给名号，与他人不相称，应奏恳天恩，一体赏给札萨克大喇嘛名号，而与其他噶伦共同办事。

二、噶伦办理事务时，应在公所。查旧例噶伦办理事务原有噶伦之公所噶厦，自颇罗鼐后各噶伦竟不赴公所噶厦，俱于私宅办事。又舍官放之卓尼尔、仲益等员不用，各将私人随从任意添放为卓尼尔、仲益等新的官员。因而造成卓尼尔罗布藏札什（洛桑扎西）等得以专擅，任意纠合部众。今噶伦业已照例补放，自应遵照旧例，遇有应办事件，俱赴公所噶厦会同办理。所有私行添放之官，尽行裁革，仍应用官放之卓尼尔等员办事。凡地方之一些小事务，众噶伦秉公会商，妥善办理外，其具奏折事重务，并边防驿站等紧要事宜，务须遵旨请示达赖喇嘛并驻藏大臣酌定办理，钤用达赖喇嘛印信、钦差大臣关防，遵照执行。倘今后噶伦内仍各怀私见，并不遵照此章程办理者，准其他噶伦公同举报，以凭参奏治罪。

三、补放碟巴头目（宗本、庄园总管）等官，各噶伦不能任意私放。查各处碟巴等官，有管理地方、教养百姓之责。但自珠尔默特纳木札勒乖张用事以来，将其心腹指名补放，并不前往，仅差一家奴赴彼代办，扰害地方者甚多，于民生毫无补益。嗣后凡遇补放碟巴头目等官，诸噶伦等务须秉公查办，公同禀报达赖喇嘛并驻藏大臣，俟奉有达赖喇嘛并钦差大臣印信文书遵行。其现任碟巴内，如有家奴代办者，概为撤回，另行补放。至珠尔默特纳木札勒被诛之后，凡属逆党，均经公班第达遣人换回，但系一时仓促，暂时补放，如有人地不宜，应行调换者，亦秉公举出，禀明达赖喇嘛并驻藏大臣，另行选放。

四、官员革除治罪，应酌定章程。查旧例凡选放碟巴等官，均系择其种族深远、资财雄厚之人，如有不能办理事务，或任意犯法者，自应秉公治罪。乃珠尔默特纳木札勒，妄作威福，不论贤愚，擅将无辜之旧人抄没革除，以致是非颠倒，怨声载道。嗣后碟巴头目等官，遇有轻微犯罪，应以鞭笞，犯有偷盗等重罪者，应挖眼、断肢等。以法查办者，由噶伦秉公处理。喇嘛、贵族仲科尔等僧俗人犯罪，应抄没家产，犯有杀头罪者，噶伦、代本等务须秉公查明，分别定拟，请示达赖喇嘛并驻藏大臣指示遵行。

五、选派坐床喇嘛（法台）、堪布等，应照旧例遵行。查旧例各寺堪布、喇嘛均由达赖喇嘛查看庙宇之大小，选择贤能之喇嘛派往。自珠尔默特纳木札勒任事以来，竟任意私自补放调换，达赖喇嘛根本无权，甚属不妥。嗣后，各寺之堪布喇嘛，或遇缺出拣选派往，或人不妥协应行调换，均应由达赖喇嘛酌行。诸噶伦不得仍照陋规，专擅办理。其喇嘛中遇有犯法者，诸噶伦等亦应秉公禀明达赖喇嘛，按指示遵行。

六、冗员应行淘汰。查旧例，达赖喇嘛前始有卓尼尔、商卓特巴（强佐）、森本、岁本等各重要官员。后因颇罗鼐封王以后，亦照达赖喇嘛，将自已的亲友添设各官，占据重要职位。今噶伦非王爵，若仍照此添官占据要职，不但冗杂，亦属僭越不合，应查明革除，只应于噶伦公所设卓尼尔二人和仲益等官员办理公务。

七、代本应添设一员。查旧例，噶伦办理地方事务，代本管理兵马，防范卡隘，今应照旧，各负其责。但后藏地方甚小，而原设代本三人；卫地地方甚大，只设代本一人，一遇差遣病假，则兵马无人管束。例如，代本达里扎达什（达吉扎西）被珠尔默特纳木札勒差往那曲去后，卫地无管兵之人，以致逆党罗布藏札什得以畅肆纠合，扰乱地方。今应再行添设一员，共为管理，即或遇有差遣，卫地尚可存留一人，弹压地方，护卫达赖喇嘛。嗣后凡遇调遣兵马，防御卡隘，均应遵旨，听候达赖喇嘛并驻藏大臣印信文书遵行。代本等仍应不时留心地方，遇有应行防范事务，亦即禀明钦差大臣指示遵行。至后藏原代本江罗金巴，查系无辜，被珠尔默特纳木札勒意欲侵害、私行革除之人，应仍调取管理后藏代本事务，以示昭雪。

八、噶伦、代本应请颁给敕书。查噶伦、代本均系护卫达赖喇嘛，办理地方兵马事务之大员，责任甚重，应各请颁发敕书一道，以示重用。除现有及新添之噶伦、代本均查取花名，造册送理藩部，奏请颁发外，嗣后遇有缺出，驻藏大臣会同达赖喇嘛，拣选应放之人，请旨补放，仍报部一并颁给敕书。以后若有不尊奉达赖喇嘛，并犯法不能办理地方事务，应行革除者，亦由达赖喇嘛会同驻藏大臣参奏革除后，原颁发之敕书一体退回缴部。

九、百姓等应禁止任意私占。查旧例，西藏所有百姓均属达赖所有，按地方之大小、人户之多少各有一定差徭，以供黄教佛事并众僧熬茶之用。自颇罗鼐、珠尔默特纳木札勒父子任事以来，不但任意占为私有，而且对他所爱之人滥行赏赐者甚多，并擅自发给受赏者免差文书；对其所恶之人，却加派种种差税，以致百姓苦乐不均。噶伦、代本等应立即公同郑重查照旧档，除实因有功于政教者，毋须撤回赏赐外，其他自珠尔默特纳木札勒办事以来，所有一切任意无事私赏之百姓，均应秉公追究，禀明达赖喇嘛撤回仍归公用。其滥发之免差文书，亦应查明退回，仍令其照旧支差。凡新增派之差役，亦应禀明达赖，概行减免，俾所有百姓苦乐得均。此后，若遇服务有功应酌赏之人，噶伦、代本等即秉公禀明达赖喇嘛并驻藏大臣，酌定赏给遵行。

十、乌拉等牌票，应禀请达赖喇嘛颁给。查旧例，所有达赖喇嘛差务，均由地方百姓供给。自颇罗鼐、珠尔默特纳木扎勒父子任事以来，旧例废弛。凡噶伦、代本等人，差人前往西宁、打箭炉、康区、阿里等地方买卖交易，均私出牌票，一切乌拉食用，均取资于各该地方，以致百姓差役加倍，苦累不堪。因此，百姓流离失所者甚多，此风极应革除。嗣后噶伦、代本等买卖差遣，不得擅行私出牌票，即遇公事需派乌拉之处，务禀明达赖喇嘛发给印信遵行。其随时于近处应役者，仍著噶伦发给牌票。

十一、达赖喇嘛仓库存贮之物品，应禁止任意乱动。查旧制，原由管家管理，因公需动用时，诸噶伦务需禀明达赖喇嘛方能动用，开取封闭等均有达赖喇嘛之印信。自颇罗鼐、珠尔默特纳木札勒任事以来，任意私行取用，不但不禀明达赖喇嘛，甚而达赖喇嘛竟无权动用一条哈达，此甚为不当。嗣后应查照旧例，开闭门等应有达赖喇嘛印信，其零星日用物件，管家可自行办理外，遇有公事需动用时，诸噶伦应商讨之后请示达赖喇嘛遵行，严禁私自动用。

十二、阿里、那曲等地甚关紧要。查那曲连接青海，阿里与准噶尔接壤，派往该地之头目，应拣选可靠能干之人，以利该地区。以往常派有名望之人，现在应请达赖喇嘛选择派遣，所派之人员名单，应报理藩部奏恳圣恩，赏给号纸，以利防范边卡。

十三、达木地方之蒙古人，应遵旨安插。据查，该地之蒙古人系颇罗鼐为派遣侦探请旨安设。自珠尔默特纳木札勒被诛之后，彼等因无人管辖，竟跑回达木。该蒙古人原系无罪之人，向以游牧为主，和西藏之风俗不同。最近遵旨讯问，彼等情愿归回达木，听候派遣，自应仰体皇仁，妥善安顿。以前原系编为八个佐领，众头人均有一定名号，或称宰桑，或称台吉，均系颇罗鼐、珠尔默特纳木札勒混行加给职衔，于体制根本不符。应酌定现有之头目八人，均授为固山达名号。佐领仍拣选八人，授予佐领章京名号，再选八人授予骁骑校名号，俱照例给予顶戴，递相管束，俱归驻藏大臣统辖。每佐领派人十名，共八十人，驻拉萨以备差遣，并护卫达赖喇嘛。他们的食用照例由达赖喇嘛的管家供给，一切军事调拨，均依驻藏大臣印信文书遵行，噶伦、代本不得任意差遣。其官员是否补放，俱由钦差驻藏大臣与达赖喇嘛会商定夺。每年查察该蒙古内如有勤劳恭顺者，酌加奖赏；如有不遵法度者，严加惩责。现有驻拉萨之蒙古人中，因本地无牲口饲养，生活无依无靠，以前在拉萨之数十户，应查明存案，依照旧例，仍可留住拉萨，以资养生，庶各蒙古有所约束，均得仰沐天恩矣。

以上各款均遵圣旨，为卫藏所有僧俗百姓永远安乐计，经驻藏大臣会同达赖喇嘛，依照旧制，得到民众的同意和公班第达之赞同制定而成。

尔等噶伦、代本、第巴、头人、一切僧俗人等，均仰沐天恩，遵奉圣旨，无限敬奉达赖喇嘛。现在西藏得以安居乐业，不但自身有享用不尽之福禄，以后子孙后代，亦可终身享用分内之所得，在达赖喇嘛之保护下，永远仰沐皇恩。如有违背上款者，轻者降职，重者必问斩。为此，制定此长久法制，务使广大地区之百姓一体知晓，照章遵行，不得有违。

哲蚌寺的郭芒喇嘛桑吉多吉、罗色林喇嘛加央彭措、德央喇嘛格桑德青、阿巴喇嘛阿旺勒巴、堆瓦喇嘛阿旺扎西、厦郭喇嘛洛桑加央、节巴喇嘛顿珠江措。

色拉寺的埋扎仓喇嘛洛桑坚参、切扎仓喇嘛洛桑克却、阿巴扎仓喇嘛洛桑穷角、堆巴扎仓喇嘛班角江措。

噶丹寺的强子喇嘛洛桑成烈、娘雍喇嘛强巴仁增。

达赖喇嘛的膳食堪布扎巴塔依、仲尼云登勒珠、译师喇嘛阿旺端珠。

哲蚌寺吉索洛桑诺布、桑珠江措。

色拉寺吉索洛桑白登、洛桑成烈。

噶丹赤巴之管家丹巴达吉。

噶伦公班第达、噶伦次仁旺吉、噶伦四角才旦、噶伦尼玛坚参。

公滚噶典真。公角美旺吉。扎萨台吉旺堆。

前藏代本达吉扎西、色南多吉。

后藏代本江罗金巴·阿四、贝才·次仁朗吉、然巴娃·绕旦。

孜本喀丹彭措。

拉萨拉章强佐白西·才旺扎西、达莫·扎西结布协尔邦波热娃·阿旺。

拉萨涅仓巴曲让·才仁扎西。

守门官白登次仁、雪尼喀妥帕珠、拉龙孜·次仁多吉。

密本让则·才旺端珠、则柔·多吉彭措。

马官底拿·才伯、麦莫·旺堆多吉。

噶厦秘书擦吹·欧珠白班、加扎才伯、索康·拉旺达吉。

糌粑官仲堆康沙端珠、波热之子·才登朗吉。

草官厦郭·才旺朗吉、德庆·索朗旺吉。

柴官钦玛·拉旺绕旦等。

乾隆十六年三月初三吉日

（四十二）乾隆皇帝谕七世达赖喇嘛、噶伦诺颜公班第达及卫藏所属番众

（藏历铁马年，乾隆十五年，公元一七五〇年）

皇帝敕谕达赖喇嘛、办理噶伦事务的公班第达及卫藏所属番众：

前因珠尔默特纳木札勒肆行暴虐，与达赖喇嘛为仇，又荼毒所属番众，戕杀伊兄等种种违法行为，驻藏大臣傅清所见闻，番众人人遭殃，且恐其加害于达赖喇嘛，奏请正法。朕本欲降旨，令前往驻藏大臣班第会同达赖喇嘛，明正珠尔默特纳木札勒之罪，以为达赖喇嘛除患，且为藏地番民除凶暴而抒公愤。敕令驻藏大臣，于接到此旨之后，遵照办理，逆党自不致扰乱。然驻藏大臣傅清等迫于事势，未及奉到谕旨，即行便宜诛戮，以致逆党乘机倡乱，人众惊惶。朕闻信，即降旨遣四川总督策愣、提督岳钟琪统领官兵前往，安抚藏地，搜捕逆党，此外一无所问。今据总督策愣等奏到藏地近日情形，又据班第达奏称“卓尼罗卜藏札什并其余党，以次就擒，藏地现已宁谧”等语，朕心深为欣慰。珠尔默特纳木札勒罪恶昭著，藏地人众既可共泄仇怨，且知驻藏大臣奋不顾身，为百姓翦除凶恶。今余党就擒，地方宁谧，自可毋庸派动大兵，致滋惊扰藏众。故特谕令前所派官兵，不必赴藏，提督岳钟琪亦不令赴藏矣。惟令总督策楞赴藏，问候达赖喇嘛及办理一切事宜。班第达办理此事，甚属可嘉。著加恩赏赐内库缎匹，即著派往大臣

带往。所有已获余党，著牢固看守，俟总督策楞、钦差大臣兆惠、那木札勒、班第等抵达后公同查审。照内地之例，分别首从，惟诛首恶及附和为恶者，其余胁从人等俱从宽概无诛及。所有擒获逆党之头目随从人等，著班第达查明，俟策楞到日，酌量赏赐，以示鼓励。其劫夺银两，事甚微末。当扰乱之时，乘机攘窃，无从一一查究，转恐累及无辜。其已追得者，交颇本收贮；未得者，免其查追。朕此番办理，惟欲藏地永远宁谧，敬奉达赖喇嘛，令人心悦服。达赖喇嘛、班第达将朕此旨明白晓谕所属番众人等，令其安静乐业，永享升平之福，以副朕恩德绥怀之至意。

（《多仁班第达传》四十九—五十二页）

（四十三）噶伦班第达等呈乾隆皇帝之奏疏

（藏历铁羊年，乾隆十六年，公元一七五一年）

在天下地上一切众生之怙主文殊室利大皇帝之金莲座前：

臣噶伦公班第达、噶伦策凌旺结、噶伦色玉特色布腾、噶伦喇嘛尼玛坚参等僧俗四人代表西藏堪布、上师、第巴、仲科尔等一切僧俗人等，面朝东方顶礼叩奏。

大皇帝乃一切有情之恩人，怜悯我等藏地番众，为了佛法众生之幸福，在各方面不惜财物、兵员，先后赐予不可思议之恩典。近日珠尔默特纳木札勒不但不效忠朝廷，而且进行搅扰，所有番民百姓、佛法众生受尽了折磨和苦难，实属难忍。二位驻藏大臣将全体番众之怨敌正法，正合民愿。致使所有番众获得宁谧。贼党罗卜藏札什犯下滔天之罪，欲遣大兵进藏，然嗣后贼首一一就擒，唯恐惊扰番众，谕令前所派官兵，停止赴藏。感谢派遣的办理西藏事务之大臣，将罗卜藏札什之嚣张气焰彻底息灭，而对其胁从人等，俱从宽处理，窃夺仓库银两之坏人，除让其偿还外，概无查追，施恩于意外。再，珠尔默特纳木札勒疯狂邪妄，将西藏无辜的尊卑人等尽皆流放异乡，今日幸存者得以返回自己的庄园，并将房屋、地产归还本人。而那些无家可归的地方百姓、均领得偿物，作为政府之属民。并将珠尔默特纳木扎勒随意摊派之新的繁重差税，全部减免。又将前一时期的坏规章制度予以废除，对旧有的一些制度进行清查，会同驻藏大臣制定了西藏善后章程十三款，并已奏上。

堪布、上师、噶伦、代本、执事、仲科尔等所有贵族绅士和衷共济，西藏百姓、佛法众生就可永享幸福，顺从达赖喇嘛旨意，事业不难成功。一切僧俗一心专注请求获得不可思议的大恩大德。为了我等西藏贱民，派遣的驻藏大臣依照旧制，进驻了五百名官兵，清除了目前的一切苦难，赐予一切上下人等以幸福。感谢大皇帝所赐的不可思议之恩典。在此代表一切番民僧俗部众，敬献无垢神物响铜无量寿佛一尊、珊瑚念珠一串、琥珀念珠一串、红黄藏香五十把、提花氆氇二十匹。今后，我等番民佛法众生将同声祈祷。敬献押书洁白哈达。

所有番民僧俗部众叩呈。

（《多仁班第达传》）

（四十四）乾隆皇帝颁给多仁诺颜班第达·滚波欧珠绕登之谕旨

（藏历铁羊年，乾隆十六年，公元一七五一年）

谕公班第达：

尔在奏折中称，二位驻藏大臣将残暴成性的珠尔默特纳木札勒正法，安定藏地时，尔犯有未当面干预之罪，而朕宽容其罪，并徐加恩赏。故尔随将贼党罗卜藏札什等缉拿归案，并帮助在各个边卡严加把守巡查，敬奉达赖喇嘛，和新补放之噶伦和衷共济，黾勉效力等语。珠尔默特纳木札勒不珍视朕之恩赏，素不信奉达赖喇嘛，肆行暴虐，朕之二位驻藏大臣奏请相机办理，然未及奉到谕旨，而将其正法。嗣后，彼手下之人罗卜藏札什无故猖乱，班第达尔欲适时干预，然尔人少，势孤力弱。朕已查明，从宽免予问罪，并著赏尔办理噶伦事务。在此期间，尔感朕恩，将逆党罗卜藏札什等擒获，并于各重要关卡严加防范巡查，和新补放之诸噶伦和衷协力，黾勉供职，尊敬达赖喇嘛，实属得体，朕甚嘉之。尔班第达正当少年，西藏乃重要之地，关系佛教之弘扬，办理公务不可一人独专。朕已命四川总督策楞、钦差大臣待郎兆惠、那木扎勒、策凌、副都统班第等会同达赖喇嘛，就彼处择其大族内为番众素所信服、晓事安分之人，奏请与尔共同办理噶伦事务。为此，尔应感谢朕恩，与新补放之诸噶伦同心协力，尊敬达赖喇嘛，爱护属下番众。事事秉公办理，严守边卡，使地方静安无事。勉之。如有不能裁断，和尚有不明之事，要及时禀明驻藏大臣。尔若尊奉谕旨，照尔所奏，黾勉供职，尔将永享朕恩。

特此颁旨。

乾隆十六年正月二十七日

（四十五）七世达赖喇嘛颁给喇嘛茸布却杰之法旨

（藏历火龙年，乾隆元年，公元一七三六年）

奉皇帝圣旨

在大霍尔之地达赖喇嘛金刚持颁布法旨

居住在北方大地上之众生，尤其是青海、霍尔安多[1]、孔尔扎、堆达、麦达等地之喇嘛、土司、大小官员、宰桑[2]、米桑、部落百姓一切上下人等一体晓示：

阿绕措穷囊谦巴喇嘛茸布却杰，自愿亲自前往，依法普度众生。上述尔等要尊奉供养，大力相助，听从管辖，至关重要。除木虎年以来之旧例，不得向其征派新的差税，侵犯扰害，让其安居。照此遵行者，将得到保佑。

特颁此法旨

火龙年藏历八月某日

写于布达拉宫

译注：

〔1〕霍尔安多——藏语ཧོར་ཨ་མདོ།译音，霍尔不同的时期，所指的民族不同。唐、宋时指回讫；元代指蒙古人；元明之间指吐谷浑人；现代

指藏北牧民和青海土族。安多，地区名，青海、甘肃南部和四川西北一带藏族地区的名称。

〔2〕宰桑——藏语ཇེ་སང་།，蒙古官员。亦作寨桑、斋桑。汉语“宰相”之音译。自元代沿袭下来，绝大多数为出身于非成吉思汗家族的封建领主，属“赛特”（善人、贵人、大官）之列。达延汗时曾一度废除太师、宰桑等官职及其领地，将其降为大汗、诸王、台吉之僚属。而在西藏，明、清时期一直沿用这一官职。

（四十六）五世达赖喇嘛阿旺罗桑嘉措委任桑结嘉措为第巴之命令

（藏历土羊年，康熙十八年，公元一六七九年）

清朝皇帝敕文，西天大善自在佛所领天下释教普通大持金刚大海上师之印。

奉皇帝圣旨

西天大善自在佛所领天下释教普通瓦赤喇怛喇达赖喇嘛[1]之法旨

居住在南瞻部洲大地之上的所有众生，尤其是色拉、哲蚌、甘丹三大寺及其附近的朗杰扎仓等各宗各派之寺庙、秘咒师、苯教[2]等，以及属于寺庙部众的索觉[3]、阻卜四十大部落[4]、厄鲁特蒙古四部[5]、居住在青海湖周围的土司[6]、王族、觉囊[7]、台吉、大小官员、塔布朗[8]、宰桑、米桑、百姓等，三围、四部、六岗及藏区和大藏区的僧俗官员、宗堆、朗囊[9]、达仲[10]、管家、执事一切尊卑人等共同晓示：

奉天承运统领天下大地之主丹增却吉结波（固始汗）赤胆忠心，使佛王宗喀巴之教法日益弘扬之际，水马年（一六四二年）以颇章钦波桑主孜[11]（即藏巴汗[12]政权）为首的属民百姓及其汗王后裔，以无遮布施[13]，创办公积基金。因本人无暇身兼政教两务，故将世俗政务交由第巴索朗绕登[14]担任，后因其同宗无嗣，又委任第巴迟勒嘉措[15]等依次担任摄政。仲麦巴·桑结嘉措[16]乃第巴迟勒嘉措之亲骨肉，且具备广大新伏藏应成为藏地首领的某些授记。木兔年（一六七五年）欲委任其为第巴，因彼屡屡推辞，郑重请求，最后才得以应允。其他人选虽有多名，但未能获得神谕，唯有扎仓管家罗桑金巴[17]在桑结巴之下，卦相较佳。彼为政清廉，不沽名钓誉，且不敢违抗命令，犯上作乱。然仍经正式求神问卜，卦相结果是三年之内无不祥之兆，甚佳。并显示魔难消除之后连续任职之年限，故安排其为第巴。彼私欲很小，且对政教之感情颇深，特别是此时的面谕不便拒绝，正如一切智根敦嘉措[18]给其近住弟子松绕巴[19]之偈句所言"望能继续为之"。然因第巴任职年限已满，又恐遭受厄运，故再三请求辞职。经反复占卜推算和向梵净通堆金请求神谕，结果与其所求完全相符。面临着重新安排第巴之职，然其合适者甚少。鉴于昔日的考虑和占卜神示，吾郑重地告诉仲麦巴·桑结巴本人，然彼却枉自寻找各种借口予以推卸，吾以"白螺和摩羯"之谚语，根本不予批准。对后来情绪之变化甚感伤心，第巴此时倘若继续任职自不待言，否则，在未上任之前就请求辞职，民众则将会产生各种疑虑。目前在吾两年近圆期间，请不要违抗命令，之后准予辞职。

原本彼出家为僧为最佳，虽遍知一切智根敦嘉措以前噶当派之历史亦非唯一效法之范例，然甘丹颇章政教两制之政权建立以来，从最初之甲、僧两位强佐至今，除第巴罗桑金巴之外，其余均未守净行。特别是和具吉祥帕莫竹巴[20]及第悉藏巴的政权盛世相比，现已超过他们。目前东自打箭炉[21]以上均在我治下，需军队和法律来对付各种暴行，只有净行出家人之作为，将会困难重重。尊卑任何人之思想，均非一成不变，目前之思想亦不会驻足不前。尤其是僧人如同白天鹅一样需要群体，朝夕相处之朋友各方面难以估计。大代本一类之官员均有优秀之仲科尔充任。如同穿洞，心胸狭窄，缘分不佳。在拉让依凭主母，公私混淆不清，使人心里难以承受怎么办？日后管理私人庄园，思想亦不可松懈，长远在于为政府效力，请记住如平日所讲的加列滚屯仁波且的事例。该职务与藏地其他的代本职务不同，这是与汉、藏、霍尔三方面打交道，联系经常不断，备受艰辛。有些人玩忽职守，贻误工作，人们对此有各种非议。现时执行之关键在于接受这些面谕，切不可诈现威仪，佯装雍容合度。

彼已同意每月十五、三十和初八这三日守八关斋戒，作净行。不管怎样，每月这三日不能有所违背，亦不能耽误工作，这是允许的。不要讲任职年限，如此皆感厌烦，政府之大门随时敞开着，只要能够胜任，便可委任为强佐。此时，因我本人无暇承担日常俗务，令其做吾之代理，此人所做之一切，均与吾所做无异，众人莫争论不休，说三道四，全部主意已定，切勿在我和第巴之间行离间之事。为政府之公事和声誉，不得弄虚作假，欺诈狡饰。随着年事的增长，需辞去第巴职务时，按一般卸职办理。上述各项内容，上下僧俗人等均须合理执行。消除憎恶，分辨善恶，请欲界自在玛索甲姆和护法神柏孜兄妹等随时予以四业之守护，莫懈怠。

圣地（印度）语“阿塔森哈”，藏地语“顿珠”，文殊大皇帝所在之地称己未，土羊年藏历五月上旬初八，四缘[22]全胜大门敞开之大布达拉宫写来。

（《五世达赖喇嘛文集》第五分册
第一〇〇—一〇二页）

（此委任状在布达拉宫三联梯阶之端的左墙上至今仍然可

见。并从《五世达赖喇嘛自传》中摘抄如下一段文字：现在我无暇承担如此重担，且年事已高，第巴桑结嘉措应该就职。两制首领第巴之职与昔日不同。彼之所为与我无异。令文已委托护法当金加措书写于三联梯阶之端，并清楚加盖双手印。第巴罗桑金巴卸任之后，住于噶丹康萨。由桑结嘉措接任第巴之职。桑结嘉措比起前任从思想、教诲与爱好等各个方面更加缘法合度。《古拉棍桑》——一二七页）

译注：

〔1〕西天大善自在佛所领天下释教普通瓦赤喇怛喇达赖喇嘛——这是顺治帝赐予五世达赖的封号。此封号由两部分组成：第一部分为“西天大善自在佛所领天下释教”，这是沿用明永乐帝给大宝法王得银协巴的封号中的“西天大善自在佛领天下释教”那一部分，只是新加了一个“所”字。清朝封五世达赖这一封号，意在支持达赖为天下（实际上是指蒙藏两族地区）喇嘛教的总领袖，而内地汉僧则不归他管。顺治帝沿用这一封号，也表明他是承袭明朝中央政府的地位，以中央政府的身份，沿袭明朝成例来封一个藏族僧众领袖的。第二部分是“普通瓦赤喇怛喇”。这是沿用了明封顺义王俺答汗赠三世达赖的全部尊号。指在佛家显教、密宗都已达最高成就的超凡入圣的海上师。（详见《西藏佛教发展史略》）。

〔2〕苯教——藏语གཡུང་དྲུང་བོན།，俗称“黑教”。佛教传入西藏前，当地固有的较原始宗教。与内地古代之巫觋和世界许多地方的萨满教近似。崇信天地、日月、星辰、山川、水泽、林木、雷电、风雹等万物有灵，认为天上、地上和地下各有称为“赞”、“年”和“鲁”的神鬼精灵存在，人之吉凶祸福系之于附体之阳神、战神、降生值日神、娘舅神、守舍神、灶神等及其他鬼魅精灵守护或作祟，神鬼是人生命之主宰，能把人的灵魂带走，并保护或危害人之后代。通过苯教师行焚香

供、血肉供、杀牲祭祀、跳神、占卜等祈福禳灾法事。与藏传佛教其他教派不同，以反时针方向转经。其原初之教义和仪规，据说掺有来自伊朗之外道自在派的成分。相传祖师名为辛饶米沃切。至吐蕃二十六代赞普前，此派在藏区一直占主导地位，有御前苯教师参与辅佐朝政。佛教传入西藏后，曾与之进行残酷斗争，终因赞普兴佛抑苯，其势渐衰，然在斗争中双方相互吸收对方之教义和教规，遂使佛教逐渐西藏化，苯教亦渐演变为藏传佛教之一派。今藏族称受佛教影响深者为“白苯教”，保护原有特点较多者为“黑苯教”。其寺院多分布于藏区边缘或牧区。民主改革后，其信徒亦同样在法律允许范围内享有信仰自由。其代表人物亦参加地方佛教和政治事务的协商和管理。

〔3〕索觉——藏语སོ་ཅོག译音。当时蒙古族的一部落名。

〔4〕阻卜四十大部落——藏语སོག་པོ་ཆེ་ཆེན་བཞི་བཅུ།，即蒙古四十大部落。阻卜为十一十二世纪契丹人对分布于克鲁伦河、鄂尔浑河、土拉河上游以南到阴山山脉的室韦系蒙古族诸游牧部落之泛称。金人沿用之，所指范围有所扩大，包括呼伦贝尔地区塔塔尔等部。

〔5〕厄鲁特蒙古四部——藏语ཨོ་རོད་ཆེ་པ་བཞི།。厄鲁特为清代对漠西蒙古诸部的总称。其先系蒙元时期称斡亦剌，明代称瓦剌。初分布于失思吉思（今锡什锡德河）和谦河（今叶尼塞河上游）一带。经过长期发展变化，并融合和吸收周围突厥语族及东蒙古诸部成分，至明末清初有准噶尔、杜尔伯特、和硕特、土尔扈特四大部。土尔扈特西迁伏尔加河下游后，原附牧于杜尔伯特的辉特列为四部之一。牧地不断向额尔齐斯河中游、鄂毕河、伊犁河流域以及青海扩展。以畜牧业为主，兼狩猎，农业和手工业也有所发展。大多信仰藏传佛教。十八世纪中叶，清廷统一西北，在厄鲁特蒙古族聚居地区先后实行盟旗制度。其后裔至今生活在新疆、青海、甘肃和内蒙等地区。

〔6〕土司——藏语རྒྱལ་པོ།。元、明、清时期对朝廷任命西南、西北、湖广等地民族首领为地方各级官职的统称。职名有宣慰、宣抚、安抚、招讨、长官诸司及土知府、土知州、土知县等。尊卑品秩，各有差等。一经授职，均为世袭，但“袭替必奉朝命，虽在万里外，皆赴阙受职”。

任命后朝廷赐予诰敕、印章、金银符等，作为授权“统摄其部落”的标志和信物。明代还区分为武职与文职：宣慰、宣抚、安抚、招讨、长官诸司为武职，归都指挥使管辖，统隶于兵部武选司；土知府、土知州、土知县为文职，归市政司管辖，统隶于吏部验封司。明末以后在一些地方逐步进行改土归流。

〔7〕觉囊——蒙古语之译音。又称济农，蒙古族贵族称号之一，负责祭祀的人，后演变成官职。

〔8〕塔布朗——蒙语之译音，系一官衔。蒙语指额驸，即汉语的附马。

〔9〕朗囊——蒙古语之译音。官职名。

〔10〕达仲——藏语རྟ་དྲུང་།之译音。马弁。

〔11〕桑主孜——藏语བསམ་གྲུབ་རྩེ།，即现西藏自治区的日喀则，历史上称为“桑主孜”、“三竹节寨”、“昔孜”等。桑主孜在一六一八至一六四二年期间为藏巴汗地方政权之首府。

〔12〕藏巴汗——藏语གཙང་པ་སྡེ་པ།。十六世纪晚期，西藏帕竹政权统治时期，兴厦巴后人彭措朗结，在噶玛巴的支持下首先击败了山南地方势力雅郊巴，控制了整个后藏地区，接着又征服了彭波和柳吾宗，控制前藏大部分地区，于是建立藏巴汗地方政府。一六二一年噶玛丹迥旺波继任第悉之后，藏巴汗政权达到鼎盛时期。首先将地势险要而又易于被人用来作乱的小宗堡一律拆除，仅保留日喀则等十三个大宗堡。在古代法律条文的基础上，增添异族边区律等，制定成法律十六条。并规定了叫做“丹次喀如”的全区统一的标准秤斗等，每年还发布轮流减免力役租税的命令，以减轻差税负担，让属民休养生息。一六四二年固始汗打败了藏巴汗，迎请五世达赖到日喀则，建立起甘丹颇章政权。

〔13〕自噶玛丹迥旺波继任第悉之后，为提高佛教地位，规定出家人不向他敬礼叩拜。并迎请数万名僧人到王城桑主孜，每年举行三次僧众大会，为僧众供给斋僧茶饭，并将积存的金银、珠宝、饰物、绸缎、马匹、铠甲、铁、糖、羊毛、染料、茜草、盐、粮食等品物对僧众作大布施，每年给每个僧人提供口粮和衣物。

〔14〕第巴索朗绕登——藏语སྡེ་པ་བསོད་ནམས་རབ་བརྟེན།（？至一六五

八)，明末清初西藏地方官员，又称索朗群培。初任四世达赖喇嘛的侍从官，拒绝后藏噶玛教派彭措朗结于拉萨会见达赖。明万历四十六年（一六一八)，任哲蚌寺强佐。同年，因藏巴汗丹迥旺波袭击色拉寺、哲蚌寺，赴青海向土默特蒙古首领浑台吉罗桑丹增嘉措求援。四十七年，与四世班禅于琼结地方寻觅四世达赖之转世灵童阿旺罗桑嘉措，密藏于囊噶孜。天启元年（一六二一)，击败藏巴汗。次年，将灵童迎入哲蚌寺。崇祯八年（一六三五)，因藏巴汗勾结青海喀尔喀部首领却图汗欲灭黄教，与四世班禅密遣哲蚌寺僧人，向和硕特部蒙古首领固始汗求援。十五年（一六四二)，率藏军同固始汗军推翻藏巴汗，被固始汗委任为西藏首任第巴官职。清顺治元年（一六四四)，按五世达赖法旨，调查各地庄园，重新安排政府各项税收。次年，主持维修布达拉宫白宫，五年后（一六四八）竣工。

〔15〕尺勒嘉措——藏语འཕྲིན་ལས་རྒྱ་མཚོ།（？至一六六八)，又作陈烈嘉措。一六六〇年被达颜汗（固始汗之长子，固始汗于一六五四年去世，后汗位空悬，一六五八年由达颜汗继位）委任为第巴，任职到一六六八年五月去世，后第巴职位悬空。

〔16〕桑结嘉措——藏语སངས་རྒྱས་རྒྱ་མཚོ།（一六五三至一七〇五)，清代西藏地方官员，学者。生于拉萨北部仲麦。为西藏地方第二任第巴尺勒嘉措之侄。自幼受其叔父教养，聪颖好学，深得五世达赖的器重和培养，成为学者和善理政务之官员。崇信格鲁派，兼信宁玛派。康熙十八年（一六七九)，被五世达赖委任为第巴。二十一年（一六八二)，五世达赖圆寂，密不发丧。次年，以喀尔喀蒙古左右两翼内讧，受清朝命遣济咙呼图克图使谕和，假五世达赖之名唆使噶尔丹侵扰喀尔喀，并削弱哲布尊丹巴的宗教威望。噶尔丹败后，又假达赖名义奏请清朝赐“土伯特王爵”。于三十三年（一六四九)，被封为“掌瓦赤喇怛喇达赖喇嘛教弘宣佛法王布忒达阿白迪”（“布忒达阿白迪”意“佛海”，即桑结嘉措之梵译)，赐金印。又阻止准噶尔部首领策妄阿拉布坦追歼噶尔丹，并请撤驻青海清军，煽动青海台吉“缮修器械”，以便噶尔丹遁入青海、西藏，遭康熙帝谴责。三十六年（一六九七)，始遵旨奏报五世达赖圆寂始末及转世、坐床之事。后与拉藏汗矛盾，隐退以其子任第巴。因谋

害拉藏汗未遂，四十四年于德龙被蒙古军执杀。掌政期间，尚奉行达赖喇嘛尊奉清朝政策，使贵族依附于达赖喇嘛，并以世袭居拉萨为条件，将庄园归政府管辖。发展黄教庄园，扩建布达拉宫（红宫），令政府官员一律信奉黄教。于各地行宗本流官制，集权于拉萨政府，并制定法律，强化西藏政藏合一农奴制。主持整理西藏文献，有宗教史、藏医史、历算学等，并著有《黄琉璃》、《蓝琉璃》及《白琉璃》等名著。

〔17〕罗桑金巴——藏语བློ་བཟང་སྦྱིན་པ།，系扎仓涅巴，一六七五年继罗桑图道之后任第巴，至一六七九年退位。

〔18〕根敦嘉措——藏语དགེ་འདུན་རྒྱ་མཚོ།（一四七五至一五四二），即二世达赖喇嘛。明代藏传佛教格鲁派名僧。生于后藏日喀则西北的达纳地方一农家，三岁被认定为达赖喇嘛一世根敦珠巴之转世。幼年随父学习宁玛派密法。明成化二十一年（一四八五），十一岁被迎请到扎什伦布寺。次年，从隆日嘉措受近事戒，同年出家，受沙弥戒，法名根敦嘉措贝桑波。十九岁因与扎什伦布寺的第四任池巴班青益喜则莫失和，前往拉萨哲蚌寺学经。二十一岁拜万宁住持嘉样烈巴曲觉为亲教师，受比丘戒，学量释论及大论。时值格鲁派向西康、青海、阿里等地发展，遂赴前、后藏及山南各地从师学法，并传法讲经。正德四年（一五〇九），在山南圣母湖畔（即拉莫拉措）创建群科甲寺。七年（一五一二），任扎什伦布寺第五任赤巴（法台）。十二年（一五一七）返拉萨，任哲蚌寺第十任赤巴。嘉靖五年（一五二六）兼色拉寺第九任池巴。在哲蚌寺修建甘丹颇章，供其居住，建立管理寺属庄园及农奴的第巴制度。后五世达赖喇嘛便以甘丹颇章为地方政权名。二十一年（一五四二）圆寂。被追认为达赖喇嘛二世。

〔19〕松绕巴——藏语གསུང་རབ་པ།之译音，人名。

〔20〕帕莫竹巴——藏语ཕག་མོ་གྲུ་པ།。元时，为十三万户之一，至正二十五年（一三六五），顺帝封帕莫竹巴地方势力首领章阳沙加监藏为灌顶国师，兼管地方事务，自称喇本（意政教共主），遂集地方政教之权于一身。至大司徒绛曲坚赞（一三〇二至一三六四）兼并邻近雅桑、止贡、蔡巴诸万户，击败萨迦本钦，其势力奄有乌思藏地方，于一三五四年建立帕竹地方政权。至公元一六一八年，灭于噶玛·丹迥旺波藏巴

汗政权。

〔21〕打箭炉——藏语དར་རྩེ་མདོ།，康定，旧名打箭炉。县名，在四川省甘孜藏族自治州东部大渡河西岸，现为州人民政府所在地。

〔22〕四缘——藏语སྡེ་བཞི།，四德、四分圆满。法、财、欲、果等世出世间皆称圆满的四种条件：法谓佛法盛行；财谓资财具足；欲谓享受色、声、香、味、触等五妙欲事；果谓修习佛法能证解脱涅槃之果。

（四十七）康熙皇帝颁给第巴桑结嘉措之诏书

（藏历木狗年，康熙三十三年，公元一六九四年）

（原注：木狗年不待来使而定夺，委派益西格隆[1]和大江喀坚尔波[2]等金字使，赍送金印诏书）

奉天承运统御寰宇公正无私之大皇帝圣旨：

朕统御寰区，为使众生皆臻安乐，无分内外亲疏，一视同仁，统理万邦，溥播仁恩。凡实心恭顺，有益两制者，皆赐以名号和嘉奖。朕凡颁旨，四方闻之，无不雀跃赞喜，恪恭来享，从此亦必定效力。此乃朕训导之根本所在。

第巴尔身居西土，皈依佛法，长期为达赖喇嘛司事，有利地方，意乐加行，切实勤奋，勇于进取，朕予嘉奖。今达赖喇嘛年事已高，尔担负彼之政教合格，故封尔为“执掌瓦赤喇怛喇达赖喇嘛教弘宣佛法之王”。望尔如朕所谕，努力弘宣佛法，有助协调各方人士及公务，实心利人。如遵奉朕旨，尔之荣贵，可获长享。为此，特颁金册。

康熙三十三年，藏历木狗年正月二十九日，金册十二折以及用汉、蒙、藏三种文字篆刻之金印，分别放在双层箱内赍来。

（所颁十二面纯金的签牌上书写有汉、蒙、藏三种文字的诏书和金印，上师授权大有寂顶饰掌管两法之主宰。总之，与彼毫无区别，赏赐庄严的封诰并盖有手印，除此何曾有过。然最初，薛禅皇帝忽必烈[3]迎请萨迦款·洛追坚赞[4]，封为灌顶国师，赐玉印。随之，具德萨迦巴名扬天下，威震四海。接着，又赐予弟子诏书，委之为本钦，授权为统治十三万户之人主。朗拉斯节瓦托毒巴[5]之弟子多吉贝，先后三次赴内地，领到封诰，封为帕竹万户长。[6]此后仲益钦莫强曲坚赞[7]，受封为大司徒，掌三等珍宝虎头印，身居第司之职，名曰帕莫竹巴，敢与转轮王的天性相比。足智多谋的噶尔禄东赞宇松[8]之后裔仁杰瓦[9]前往内地，领有蔡巴万户之封诰。直贡炯多札巴[10]之弟子，领到内地之封诰，称做“贡巴”。木雅苏之后裔扎坦尔接受内地薛禅汗仁波切之封诰和官印，领万户长之职，随成为北方之主。该九洲之国自古以来就有精心争取内地皇帝的特殊诰封，对使之进入大喇嘛和达官显贵之列的红色官印极为重视之传统。料想此次赍送官防之随喜，从此获得了值得尊敬的封诰和印鉴。)

（《金塔——世界一庄严之目录》五九六—五九八页）

译注

〔1〕益西格隆——藏语ཡེ་ཤེས་དགེ་སློང་།之译音，人名。曾赴藏赍送敕书。

〔2〕大江喀坚尔波——藏语སྦྱང་ཁས་སྦྱར་པོ།之译音。人名。

〔3〕忽必烈——藏语སེ་ཆེན་རྒྱལ་པོ།（一二一五至一二九四），元朝的创建者。又称呼必赉，蒙古孛儿只斤氏。成吉思汗第四子拖雷之子，蒙哥汗之弟。蒙古语尊称薛禅（贤者）皇帝。即位前，使“思大有为于天下”（《元史》卷四），召藩府臣僚问以治道。宪宗元年（一二五一），受命掌漠南汉地军国庶务，驻爪忽都。遣使抚治邢州；力阻官吏肆杀无辜；置五仓令民入粟，以资军行；立经略司于汴，整顿河南军政，屯田

唐、邓，均有成效。三年（一二五三），受京兆分地，遂立屯田，兴农业；举汉儒，建学校；遣将校，戍诸州；印支钞，佐经用，使关陇大治。同年，受命与大将兀良合台领军征云南，降摩沙蛮、白蛮，灭大理。六年，开府于桓州东、滦水北之龙岗，筑宫室，后建成开平府（今内蒙古正蓝旗东闪电河北岸）。同年，益怀州为分地，因地广权重，遭亲贵忌谗，致使蒙哥汗生疑，于次年遣使钩考京兆、河南财赋。他纳姚枢议，遣家小入质和林（今蒙古国哈尔和林），并亲自入觐，始解疑。八年，从汗征南宋，总东路军。次年，统军围鄂州（今武昌），闻蒙哥汗死讯，又得知弟阿里不哥欲谋汗位，遂与宋约和，罢兵北还。宋景定元年（一二〇六）三月，由合丹、塔察儿等诸王翊戴，即汗位于开平，建元中统。鉴于蒙古"武功迭兴，文治多缺"（《元史》卷四），提倡文治、推行汉法；于中央设中书省，在各地置十路宣抚司，委汉、回、女真等族儒士为使，以适应对中原的统治，加强中央集权制。同年四月，阿里不哥纠合西北诸王在和林自立为汗，引起内讧。三年平定益都李璮之乱，并乘机削弱汉人诸侯的军权，加强中央集权，重用色目人，以牵制和防范汉人。凭借中原强大物质力量为后盾，于至元元年（一二六四），平息阿里不哥之乱，迫其归降。继将统治中心南迁燕京（今北京），复称中都，升开平为上都，作驻夏之地。八年，依中原传统，改大蒙古国国号为大元。翌年，改中都为大都，确定为首都。即位后，采纳汉族士大夫建议，"近取金、宋，远法汉、唐"（《元史》卷七十八），日臻完善国家机构。在保留蒙古原有的"达鲁花赤"（镇守官）、扎鲁花赤（断事官）等官制外，在中央，由中书省总政务，枢密院执兵权，御史台掌纠察百官，在中书省下设吏、户、礼、兵、刑、工六部；在全国建立十个行中书省，下设路、府、州、县，掌各地事务，加强了中央集权制封建政权。政权稳定后，重新发动对南宋的战争，在取得对汉水中游军事重镇襄阳、樊城的胜利后，于次年以伯颜为统帅，大举伐宋。十三年（一二七六），占临安（今杭州），收降南宋皇室。十五、十六年，相继破文天祥、陆秀夫、张世杰等抗元力量，灭宋，统一全中国，建立中国历史上第一个少数民族统治全国的王朝。是时，内战未断，北有乃颜之叛乱，西有海都称兵。二十四年，平息乃颜，终世祖一朝屡破海都对和林等地的进犯，维护了广大边地的安全。同时，不断对邻国进犯，除多次出兵安南、占城、缅国。于十一、十八年两征日本，二十九年，进兵爪哇，均遭失败。其统治时期，中国出现空前规模的统一局面，结束长达数百年来南北对峙、诸国并立状态，促进国内各民族经济文化交流，及对边疆的开发治理，推进统一的多民族国家的发展。锐意改革，在经济上，实行“以农桑为本”的政策，举农桑、扩屯田、修水利；在政治上，广行汉法、定朝议、立官制、制法律；在文化上，奖励文士、兴学校、设国子学、颁行八思巴蒙古新字，促进社会的繁荣。但相继宠任阿合马、卢世荣、桑哥执理财政，均告失败。由于保留蒙古分封采邑旧制，把大量土地和户民赐给贵族作采邑，内外战争不断，人民负担加重，阶级压迫和民族压迫加剧，引起各族人民持续不断的反抗和起义。成宗铁穆耳即位后，追谥圣德神功文武皇帝，庙号世祖。

〔4〕洛追坚赞——藏语བློ་གྲོས་རྒྱལ་མཚན།（一二三五至一二八〇），元代乌思藏高僧，藏传佛教萨迦派“萨迦五祖”之第五祖，元代首任帝师。又作八合思巴，拔思发，帕克思八等。本名八思巴·洛追坚赞，出身于萨迦款氏家族。幼随伯父萨班·贡噶坚赞学经，以聪颖过人，精通佛学，故称八思巴（意“圣者”）。宋淳祐四年（一二四四），萨班应蒙古阔端太子之召，赴凉州（今甘肃武威）偕八思巴及其弟恰那多吉从行，先期到达，谒见阔端。十一年（一二五一），萨班病逝，八思巴继为萨迦派领袖，仍留住凉州学经弘法。宝祐元年（一二五三），应蒙古忽必烈之召赴六盘山晋见，乃留侍其侧。六年（一二五八），赴开平（今内蒙古正蓝旗东）参加僧、道辩论，辩胜，益获宠信。元中统元年（一二六〇），忽必烈继帝位，遂封为国师，赐玉印，授中原法王，统天下释教。至元元年（一二六四），置总制院（后改名宣政院）掌管全国寺院僧尼及吐蕃全境事务，受命领院事。二年返乌思藏，为元朝在其地建立地方行政机构，设官授职，以其地设乌思藏纳里速古鲁孙等三路宣慰使司，置十三万户。六年（一二六九），奉召还中都（今北京），呈献所制蒙古新字（即八思巴蒙古文），定为国书下诏颁行全国。翌年，封大宝法王，升号帝师，以乌思藏十三万户为供养地。八年（一二七一），主持建成大都妙应寺白塔。十三年（一二七六），辞帝师职，请求归里，

忽必烈命真金太子护送至乌思藏。十四年，于曲弥（今日喀则曲美区）仁摩主持有七万僧众参加的盛大法会，亲为说法，史称“曲弥法会”。十五年（一二七八），应真金之请，于萨迦法席讲说佛教传入中原、蒙古、吐蕃等地之概略及萨迦派之要义，由其门下弟子笔授而成《彰所知论》，凡五品。十六年（一二七九），帝师亦怜真圆寂，复帝师职位，在萨迦新寺之拉康方丈示寂。忽必烈闻讯，于大都法源寺建造储安真身舍利之塔，并追封为“皇天之下，一人之上［开教］宣文辅治大圣至德普觉真智佐国如意大宝法王西天佛子大元帝师”。元仁宗时于大都兴教寺内敕建帝师殿，塑造八思巴金身设祭。元英宗、泰定帝时，相继诏命全国各省、州、郡兴建帝师殿，图影塑像俸祀。

〔5〕朗拉斯节瓦托毒巴——藏语རླངས་ལྷ་གཟིགས་རྒྱལ་བ་ཐོག་རྡུགས་པ།（一二〇三——二六七）本名扎巴准珠，又作杰哇仁波切。为帕竹噶举派高僧，曾得到其叔父敬安大师（即丹萨替寺座主京俄·扎巴迥乃一一七五至一二五五）的摄受加持，证悟一切法空性，具足善巧成就，卓越功德。据五世达赖所著的《西藏王臣记》中讲：“一次他去前藏地区，途中遇到暴雷，击在他身上时，他自身顿时合入法身性中，而得以无损，从此众人对他献上一个有大威神力的美名，称他为‘节瓦托毒巴’即‘雷击佛子’。”彼三十三岁（蒙古汗太宗七年，一二三五年）任丹萨替寺座主，长达三十二年（该寺为帕竹噶举派之主寺，自京俄·扎巴迥乃任座主之后，其座主职位一直由朗氏［即朗拉斯］家族兄弟叔侄相承袭，这一家族作为一个地方势力［因其家族所在地名帕竹］遂被称为帕莫竹巴）。在彼任座主之前，该寺无寺庙庄园，彼任座主之后，蒙古汗王下诏，把皇子旭烈兀在西藏之领地交帕竹派管理。遂后彼任命多吉贝为总管，多吉贝曾先后三次拜谒蒙古汗王，被封为万户长。在颇章岗、春堆扎喀等地建立一二个寺庙庄园，致使帕竹派的权势开始走上兴旺发展时期。

〔6〕帕竹万户长——藏语ཕག་གྲུ་ཁྲི་དཔོན།，元代乌思藏十三万户之一，《元史》作伯木古鲁万户。世祖至元二年（一二六五），国师八思巴与其弟白兰王恰那多吉返萨迦，总制院派遣官员阿衮、弥林前往协助在乌思藏设置“郡县”。约于五年（一二六八），完成乌思（前藏）藏（后藏）

各地之调查，总制院任命萨迦本钦统领乌思藏三路军民各万户，乌思藏各处共置十三万户，乌思地方有六万户，帕木竹巴万户为其一，治所在今西藏乃东县之泽当，管民四千二百三十八户。帕木竹巴为藏传佛教噶举派中一个重要支派，由朗氏家族世代主持丹萨替寺，最初由寺主任命其下属僧 、俗人员为吉本（藏语译音，意为“总管”）管理地方事务。元建国前，曾投靠蒙古皇子旭烈兀，自受封为万户后乃由寺主兼任，自称喇本（译音，意为“僧俗共主”），遂集地方政教之权于一身。至绛曲坚赞（一三〇二至一三六四），兼并邻近雅桑、止贡、蔡巴诸万户，击败萨迦本钦，于至正十四年（一三五四），受元封为大司徒，势力奄有乌思藏地方。明代，其后世曾受封为阐化王。为明代乌思藏所封诸王中之最强者。

〔7〕强曲坚赞——藏语བྱང་ཆུབ་རྒྱལ་མཚན།（一三〇二——一三六四），即绛曲坚赞。三岁起开始学习读写，七岁拜京俄·策细扎巴坚赞为师，受居士戒，起法名绛曲坚赞，九岁在堪钦楚达瓦的身前出家，十四岁前往萨迦寺学法。经过五年学习，获得萨迦派格西的名义，并担任萨迦达尼钦波桑波贝的管印侍从。在此期间精通了许多宗教和行政的知识，为他后来担任万户长等高级官吏打下了良好的基础。二十岁（一三三二）担任帕竹万户长，此后积极收回被其他万户抢占的地盘，因此和雅桑万户等发生矛盾，被萨迦本钦逮捕（当时正值萨迦派掌政时期），先后监禁达半年之久。蔡巴等万户力主处死而后快，后因萨迦派内部发生矛盾，彼幸免一死获释。嗣后彼先后兼并雅桑、止贡、蔡巴等万户，击败萨迦本钦，统一卫藏。至正十三年（一三五三），他派扎嘎哇·喜绕扎西到大都，向元惠宗妥欢帖睦尔请安，晋献四爪俱全的狮子皮等贡物，皇帝封为大司徒，赐给世代承袭、掌管西藏地方政权的封诰和印鉴。遂在西藏建立起帕竹政权，成为帕竹政权第一任第悉。在他执政期间，先后建立日喀则、内邬宗、贡嘎宗等十三个大宗，并制定各宗宗本三年更换一次的制度；制定古代法律十五条；减轻百姓差赋，实行休养生息的政策；严格规定用人制度等。他不仅精通军事，也是一位杰出的政治家，还著有《朗氏家族史》等著作，在西藏历史上是一位值得称颂的伟大历史人物。

〔8〕噶尔禄东赞宇松——藏语མགར་སྟོང་བཙན་ཡུལ་བཟུང་།（？至六六七），吐蕃王朝大伦（大臣），即噶尔·禄东赞宇松，又作薛禄东赞。不识文记，性明毅，善用兵，参与吐蕃军政大计，“吐蕃之并诸羌，雄霸本土，多其谋也”。吐蕃首次清查田亩，划分奴隶，制定木简等亦出其手。唐贞观十四年（六四〇），奉赞普命赴唐献珍宝，为赞普请婚，受唐太宗召见和礼待，今存阎立本之“步辇图”即当时之写真。次年，唐太宗以宗室女文成公主许松赞干布，由其迎护文成公主至吐蕃，甚得赞普尊宠。永徽元年（六五〇），松赞干布去世，王孙芒松芒赞年幼即赞普位，受委代理国事，施展治国雄才。为发展经济，进行一些重大改革，四年（六五三）于“祜”地定牛腿税，征收农田贡赋。次年，于蒙布塞拉宗集会，决定清查户口。六年，制定吐蕃法律条文，后于吐蕃占领的吐谷浑地区，仿效汉制划定田界，按每户人口多寡分配土地，征收农田贡赋。不拘于吐蕃本土实行的奴隶占有制办法来治理经济较发达的占领区，因地而异地推行有别于本土的统治方式。晚年一直活动于吐蕃和吐谷浑，巩固了吐蕃在青海、甘肃西南部的统治。乾封元年（六六六），返回吐蕃，次年，患痈疽，卒于日布。其家族执掌吐蕃军政大权达五十年。

〔9〕仁杰瓦——藏语རིན་རྒྱལ་བ།。据史料载他乃禄东赞宇松之七代孙，父为大长官桑杰欧珠。他继父亲的长官职务后，曾去到元都，元世祖命他培修所有上下吉学、堆隆、扎垛、穹坡、嘉扪以及唉、达、梁三区等处的寺庙，并赐诏书。于是他来到贡圹地方，修建东舍及大院廊房。彼有三子，长子利玛协绕，曾做过八思巴的侍从去到元都，获得元帝的赐封。（仁杰瓦）领有蔡巴万户之封诰。蔡巴受封为万户后，曾先后有数人入京朝贡，受封为司徒。蔡巴与夏鲁万户世通姻好，亦深得萨迦本钦之信任。元末，受萨迦本钦支持，蔡巴与雅桑、止贡联合击败帕竹万户，约在至正九年（一三四九）前后，为帕竹所兼并。

〔10〕直贡炯多札巴——藏语འབྲི་གུང་གཙང་རྡོར་གྲགས་པ།之译音，人名。

（四十八）七世达赖喇嘛颁给色伦旺扎多吉之法旨

（藏历火龙年，乾隆元年，公元一七三六年）

奉大皇帝圣旨

执西天大善自在佛所领天下释教普通不变大持金刚大海上师之印的西方圣地善住佛告诫天下佛法一统不变金刚持海上师法旨

上自尼泊尔之地，乌斯藏十三万户全体僧俗部众、大臣、俗官、文武在职官员，特别是洛协噶[1]、阿里、曲宗嘎波[2]、朗普喀[3]之宗堆、管家、执事，所属辖区大小寺庙、一切尊卑头人百姓等一体晓示：

当今黄教之白伞盖遍及整个边地，各种教派林立，均派人化缘以利各自寺庙。对此不能让其放任自流。然羌达仁增父子之后裔，仁增多登巴之子色伦旺扎多吉本人，系师君三尊[4]昔日在世之时所修建的夏茸喀雪佛塔常年管理香火供奉，及政府之宗本在各重镇所应进行诅、烧、抛[5]等法事的操办者，为保护上下各地由大成就者举行的公众灌顶、个别灌顶以及诅、烧、抛等佛事的进行，尔上述人等不得阻拦，为了利济他人，准予扩大范围。

特此通告。

丙辰火龙年七月吉日，写于四
部大门敞开的圣地布达拉宫

译注：

〔1〕洛协噶——藏语ལྷོ་ཤེལ་དཀར།西藏日喀则地区定日县治所在地名。

〔2〕曲宗嘎波——藏语ཁྱུང་རྫོང་དཀར་པོ།译音，地名。今昌都的穷卡。

〔3〕朗普喀——藏语གླང་ཕུ་མཁར།之译音，地名。在今萨迦县境。

〔4〕师君三尊——藏语མཁན་སློབ་ཆོས་གསུམ།，即亲教师静命、轨范师白玛桑菩瓦、法王赤松德赞。

〔5〕诅、烧、抛——藏语མནན་སྲེག་འཕང་གསུམ།采用厌胜、焚魔、抛掷朵玛等方式以禳灾祈福的一类宗教活动。

（四十九）七世达赖喇嘛颁给旦玛八达桑珠寺之文告

（藏历土龙年，乾隆十三年，公元一七四八年）

奉大皇帝圣旨

在大霍尔之地面达赖喇嘛金刚持法旨

普天众生，尤其是西藏三区之上师、轨范师、僧俗长官、宗谿在职官员、管家、执事、农牧区官员、根保、头人、汉蒙藏三方之信使、商旅、军人、匪首[1]、桥梁码头关卡之守卫者、催差收税之官员、上中下一切人等一体晓示：

旦玛八达桑珠寺[2]自达尼钦波[3]（宗喀巴大师）之及门弟子朗却桑[4]创建以来，就属于守持黄帽教义之正宗古刹。该寺活佛加央丹增之前世阿旺旦巴坚赞[5]持有一切智五世班禅大师盖印之手谕，有关寺庙发展的财物庙产、土地善源等，有额尔德尼达赖浑台吉[6]所颁官契之外，六世达赖喇嘛[7]和丹增达赖汗[8]又颁发了重申令，而且活佛加央丹增本人依靠历代上师的护持，使佛法事业不断弘扬光大。

再者，福田施主大皇帝圣旨断言，有关庙产之收入、荐亡祈福[9]、善源茶叶差等，先前颁发之铁券文书之内容正确无误。僧伽应有的一切言行举止在规章中均有明确规定。按照该活佛之面谕，每月初八对佛教宝的各项侍奉供养，及其该寺僧众弟子外出各方的住行，均不准妨碍和拦阻或者抢掠、禁止使用水草、把守道路关卡桥梁、制造诸多不便等。现依照先后颁发的铁券文书之内容，在此予以重申，定要取舍无误。对依照规矩修行者，真正给予等持之保佑。

特此通告

土龙年十月初二吉日写于

自成观世音之无量宫（即布达拉宫）

译注：

〔1〕匪首——藏语ཡར་ངག་གི་འགོ་པ།，即流寇之头目。

〔2〕旦玛八达桑珠寺——藏语ལྡན་མ་འབར་རྫ་བསམ་གྲུབ་དགོན།之译音，请参阅“七世达赖颁给阿旺旦巴坚赞和仁钦穷乃二人之法旨”，见本书第三十六篇。

〔3〕达尼钦波——藏语བདག་ཉིད་ཆེན་པོ།之译音，即宗喀巴。

〔4〕朗却桑——藏语གླང་ཇོ་བཟང་།之译音，人名。

〔5〕阿旺旦巴坚赞——藏语ངག་དབང་བསྟན་པའི་རྒྱལ་མཚན།。请参阅“七世达赖颁给阿旺旦巴坚赞和仁钦穷乃二人之法旨”一篇之译注〔4〕。

〔6〕额尔德尼达赖浑台吉——藏语ཡར་ཏེ་ནི་ད་ལས་ཏོང་ཐའི་ཇི།，即达赖浑台吉。请参阅“七世达赖颁给阿旺典巴坚赞和仁钦穷乃二人之法旨”一篇之译注〔5〕。

〔7〕六世达赖喇嘛——藏语རྒྱལ་དབང་དྲུག་པ་ཆེན་པོ།（一六八三至一七〇六），藏传佛教格鲁派领袖，著名诗人，原名计美多吉协加衮钦，法名罗桑仁钦仓央嘉措。生于藏南门隅纳拉宇松。自幼随母劳动。清康熙三十六年（一六九七），被第巴桑结嘉措认定为五世达赖之转世灵童。九月，被迎至拉萨，途经朗噶孜（即浪卡孜），拜五世班禅为师，剃度受戒，取法名罗桑仁钦仓央嘉措。于布达拉宫坐床。政治上不得志，实权操于桑结嘉措之手，在桑结嘉措监护下被迫学习《根本咒》、《秘诀》、

《菩萨随许法》、《生满诫》等经典。四十一年（一七〇二），周游日喀则时，将僧衣送还其师罗桑益西，以示退戒。学习哲学、诗歌、历算等，著作颇多，以《仓央嘉措情歌》最为著名，感情真挚，语言清丽，广泛流传于西藏民间。四十四年（一七〇五），桑结嘉措与拉藏汗争权失败被杀后，拉藏汗以其为“假达赖”密奏清帝，次年，被废黜解往北京，途经青海，于衮噶诺尔湖（即青海湖）附近圆寂。一说未死，而周游各地。

〔8〕丹增达赖汗——藏语བསྟན་འཛིན་ད་ལས་ཧན།之译音。即达赖岱青。请参阅“七世达赖颁给阿旺旦巴坚赞和仁钦穷乃二人之法旨”一篇之译注〔6〕。

〔9〕荐亡祈福——藏语ཤི་དགེ་གསོན་རིམ།。荐亡即死后善事，为死人举办的佛事。祈福，为活人禳解祈祷幸福。

（五十）噶厦颁给囊谦土司之指令

（藏历木马年，光绪二十年，公元一八九四年）

囊谦[1]之官员百姓等一体周知：

囊谦巴之属民昔日在甲布勒康[2]时代，有五名流离失所之单身汉，投靠了隆务寺[3]法王，依靠上师僧众之护持，彼等人口渐次繁衍，现今已达十八户之众。甲布在世时，其中九户人家反叛霍尔巩结[4]，其余之人仍留在隆务寺。囊谦土司阿霞[5]到隆务。欲将属民领回，与隆务寺长老须木内部达成协议，属民等仍留居隆务，为此应交酬金礼品：铠甲九、火枪五、犏牛三，然因九户人家不服霍尔巩结调遣，仍待裁决。嗣后，又因反叛大皇帝事件，吾等到霍喀曲强[6]将西藏属民全部召回，隆务寺之九户属民移交给隆务。现已事过多年，且仍在为大皇帝效力，支负着十三个马岗兵差。上述人等仍维持原状，尊卑何人均不得以属民为由借词寻隙，挑起纠纷，制造不安。

切记。

木马年十二月十八日

我所颁发之文告以土猴年[7]为限，土猴年之后流落此处者，均要遣返原籍。土猴年之前在此落户者，现可仍在此不动。卫藏、阿里、塔工等地均以此布告之年限为准。望正确执行其文告精神。

译注：

〔1〕囊谦——藏语ནང་ཆེན།，县名，在青海省玉树藏族自治州南部，澜沧江上游南岸，县治香达。

〔2〕甲布勒康——藏语རྒྱལ་པོ་ལས་ཁང་།。

〔3〕隆务寺——藏语རོང་པོ་དགོན།，藏传佛教寺院。在青海省同仁县隆务镇西山脚下。藏语又称“隆务大乐法轮洲”。元大德五年（一三〇一）该处建有小寺。明初由隆务地方土官之子散木旦仁青建成该寺，为萨迦派寺院。其弟罗哲僧格被明朝封为“弘修妙吾国师”，扩建该寺。万历年间，改宗格鲁派。天启五年（一六二五），明帝赐“西域胜境”匾额。崇祯三年（一六三〇），第一世夏日仓噶丹嘉措任寺主，建显宗学院。乾隆三十二年（一七六七），清廷封噶丹嘉措为“隆务呼图克图宏修妙悟国师”，为隆务寺主和该寺所属十二族政教首领。该寺由夏日仓二世、三世分别建立密宗学院和时轮学院，成为显密双修之格鲁派大寺，僧人达两千三百余名，属寺数十座。原大小殿堂三十一座、活佛昂欠四十三座、僧舍三百余院。寺主夏日仓，共传七世。该寺采用色拉寺杰巴扎仓教程，并于色拉寺、甘丹寺两寺设有冷本康村，供该寺僧人入藏学经住宿。此寺历代出高僧，著作颇丰。一九八〇年重建天女殿、灵塔殿、观音殿、文殊殿、曲哇殿及密宗学院。寺内供释迦牟尼等数十尊塑像，宗喀巴像尤其高大，造形精美。夏日仓为原隆务十二族政教首领，统管寺内外政教大事。下设襄佐，会同隆务昂索，代表寺主夏日仓处理本地政教事务。寺内设总法台、千巴、僧官。昂索为隆务十二族世俗首领，世袭受制于寺院。昂索府设法庭、监狱。总法台下辖显宗学院、密宗学院、时轮学院和吉哇四个部门。全寺主要法事活动有祈愿法会、“尼丹”法会、“降凡节”、“五供节”等。

〔4〕霍尔巩结——藏语ཧོར་གོང་རྒྱལ།之译音，人名。一说是霍尔公爵。

〔5〕土司阿霞——藏语རྒྱལ་པོ་ཨ་ནག之译音，人名。又千户阿霞。

〔6〕霍喀曲强——藏语ཧོར་ཁ་མཆུ་ཆམ།之译音，地名。

〔7〕土猴年应为一八四八年，道光二十八年。

（五十一）六世班禅颁给膳食堪布格勒坚赞的析产文书

（藏历土虎年，乾隆二十三年，公元一七五八年）

天下众生，其中日喀则宗堆、税吏粮官、柴草管家、各谿卡管家、郭昌拉基、多吉林谿堆及政府贵族寺庙下属之根保、居本、百姓人等一体晓示：

堪钦金刚持佛王之膳食堪布格勒坚赞[1]之冲堆夏巴庄园所属朗林森岗和白顶等的顿岗地和玛刚色兴巴所属之充龙布杜之顿岗地二者紧密相连，为便于管理，经详细计算在互不吃亏的前提下，双方特进行土地交换。交换后的土地所有权将永远保持不变，在此立下签章之析产文约。一式两份，共同执行。其内容如下：

充龙布杜顿岗所属之土地、房屋、永久属民、人头税收入，逃荒户的房屋、土地之产权、租赁地，分成出租地、林园、山川之森林、草地、水渠之所有权等归自己所得，其地界：西山之内坡，东至柏色托布的正前方之甲萨拉、雅隆、郭隆、邦钦色居以内之草场、畜圈等，按照铁券文书原有之内容，特定由冲堆夏巴世代相传，永远保持不变。其主仆所应完成之差税即班都海之搬运差，新年之柴草、肉税等，以往所承担之差税，总共两顿岗地之收入奉献于佛事，传统的服装羊毛差折合藏银十六两，僧粮的驮运差等照旧予以支派外，其余人役、畜力、土地等大小差税全部予以豁免。山川的草场、饮水、取草坪、木材、皮张、驮运等所有传统官差开销，依照先前旧制，不得阻挠。用水仍按原有的用水文约所规定轮流开渠放水，不得另立新的章程，在此予以重申。有关土地和奴仆，新旧收容之投靠者等，上述尔等尊卑何人，只能尽力予以相助，不得有丝毫扰害。只要有佛法在世，让其世袭安住。

特此通告

土虎年×月吉日于扎什伦布寺
吉祥全胜寝宫坚赞吞布书写

支应、减免和保持原状的差税按照铁鸡年关防文书执行。

上述系扎什伦布寺拉让之属下，故按照班禅仁波切之旨意，所有一切维持原状，不得新添任何扰害。切记。

火猴年十二月初八日

译注：

〔1〕膳食堪布格勒坚赞——藏语གསོལ་དཔོན་ཆེན་པོ་དགེ་ལེགས་རྒྱལ་མཚན་།。膳食堪布即掌管贵族喇嘛饮食的僧官。格勒坚赞系人名。

〔2〕火猴年为十三饶迥，乾隆四十一年，公元一七七六年。

〔3〕原藏文发文年代中，乾隆十六年有误，应为二十三年。

（五十二）钦差驻藏大臣福康安和达赖喇嘛、济咙呼图克图、噶伦、班禅大师以及札萨喇嘛等人 共同议定之二十九条[1]《钦定章程》

（藏历水牛年，乾隆五十八年，公元一七九三年）

第一条 关于寻找活佛灵童事宜。经各方认真考查，并问卜于四大护法神之后，将在御赐金瓶内放入写有拟定为灵童者名字及出生年月的签牌，选派学识渊博的喇嘛，祈祷七日后，由众呼图克图会同驻藏大臣于释迦牟尼佛像前认定。又，若四位护法神认识一致，则将一有灵童名字之签牌同一无名签牌一并放入瓶内。若抽出无名签牌，便不能认定，需另外寻找。再者，认定达赖、班禅灵童时，须将其名以满、汉、藏三体文字书于签牌，如此则可取信于天下民众。

第二条 钦派官兵进抵边境，廓尔喀人已俯首投降，藏地获得安宁。今后由邻近国来拉萨之客商，须登记造册，呈报驻藏大臣衙门备案。尼泊尔客商每年可来三次，克什米尔客商每年可来一次。此等客商无论前往何地，须事先由该管头领报请驻藏大臣衙门，按照该客商所经路线签发路证，并于江孜和定日两地新派官兵驻扎，此等客商经过时，须出具路证检验。对来藏之外人须加调查，呈报人数，抵拉萨后，要接受检查。由不丹、哲孟雄、宗巴等地来拉萨者，亦照上述办法，由各边地头领进行调查。西藏政府派往尼泊尔修建三宝所依之人员或前往朝圣者，由驻藏大臣签发路证，如有逾期不归者，由驻藏大臣行文廓尔喀王，召回伊等。

第三条　西藏章喀，历来掺假甚多，今后均须以纯银铸造，并依旧制，每一章喀重一钱五分，六枚纯银章喀值一两汉银，汉银一两中含一钱银子的铸造费用。凡新制纯银章喀和尼泊尔纯银章喀，一律以上述比价为标准。新旧掺假章喀，一律以八枚值汉银一两。今后所制新章喀，不得有丝毫掺假。

第四条　新建军队，在前后藏各驻一千名，江孜、定日各驻五百名，共三千名。每五百名兵员委任一代本管理，驻拉萨之藏军总管由驻藏游击担任；驻日喀则、江孜、定日之军队总管由日喀则之驻藏都司担任。上述新编军队之兵员，一份名册存驻藏大臣衙门，一份名册存噶厦，其中如因死亡等事产生缺额，即依名册补充。

第五条　关于军官之职位，以前只有代本一职，此次在代本下设十二名如本，每一如本管辖二百五十名兵员。如本以下共设二十四名甲本，每一甲本管辖一百二十五名兵员。甲本以下设定本，每一定本管辖二十五名兵员。以上人员均挑选年青技优者充任，并颁发令状。代本由如本中升补，如本由甲本中升补，甲本由定本中升补，如此类推。即使贵族、俗官出身之军职人员，亦须按照以上规定，逐级提升，不得越级提拔。按照旧例，一般不准平民担任定本职务，今后一律依照其智勇技能逐级提升，不得阻碍。

第六条　以前兵丁不发粮饷和武器，今后每人每年应发粮食二石五斗，总共为七千五百石，如此仅靠前后藏的收入不够支付，不足部分以夏玛尔巴[2]、仲巴呼图克图[3]、丹增班觉尔[4]的田产支付，如仍不足，即将夏玛尔巴·洛桑江白的财产变卖支付，则足矣。另外，凡入伍兵员，由达赖喇嘛发给减免差役之执照。众代本因已有代本谿卡，故无须另发薪饷。如本每人每年应发三十六两银子，甲本二十两银子，定本十四两八钱，共计每年需二千六百两银子，由西藏政府交给驻藏大臣，分春秋两季发给。

第七条　给军人配备之武器，十分之五为火枪，十分之三用弓箭，十分之二用刀矛，从前后藏各寺院物色收购，费用由夏玛尔巴之牧场收入五百五十余两银子中支付。由政府每年派人前往工布及边坝制造武器火药。兵丁亦须认真操练。

第八条　达赖喇嘛和班禅额尔德尼二人的收入，由其亲属和随员等负责管理，恐有差错及舞弊等情事，今后由驻藏大臣进行审核，按照圣旨，每年春秋二季各呈报一次。

第九条　像一切佛陀利济众生那般，达赖喇嘛来至僧众中讲经，尊重僧伽等，均系为众生之幸福，是对属民的仁慈安抚。但受到盗贼之侵害，故此次决定蠲免吉仲、绒夏、聂拉木两年的大小差税，蠲免宗嘎、定日、喀达、由堆等地一年的差役，并蠲免前后藏各地铁猪年所欠差役，减去孜雪的宗科、各宗谿头领年欠差役的一半。此一切均系为了西藏之安宁。

第十条　驻藏大臣常设衙门中若有要事须到布达拉宫协商。其他诸项事务，由达赖喇嘛、班禅额尔德尼、驻藏大臣进行平等商议。以噶伦为首在西藏任职之大小活佛等均须听从驻藏大臣之指派。扎什伦布之事务，有索本堪布公正办理，凡事须先呈报驻藏大臣，以便出巡时查实。

第十一条　升补噶伦时，依据代本、孜本、强佐之才能业绩，由驻藏大臣和达赖喇嘛推选二人呈报任命；升补噶伦喇嘛时，从大堪布中推选呈报任命；升补代本时，从边地宗本等推选二人呈报任命，军官不可或缺，军训不可耽误；升补孜本和强佐时，由业仓巴、审判官、噶厦大秘书、孜仲喇嘛中选任；升补业仓巴和审判官时，从雪巴、米本、达本中选任；升补达本时，从各级宗本及噶厦仲尼中选任；升补业仓巴和雪巴等僧官时，从僧人中选任；升补大秘书时，从小秘书和仲尼中选任；升补大宗宗本及边地宗本时，从小宗宗本中选任；升补小秘书时，从军队的甲本等小头目及其他合适人员中选任；边地宗宗本及小宗宗本之缺额，由一般仲科中选任。将边地等大小宗的宗本情况均予登记造册，以利于公务。以往僧官宗本因均属达赖喇嘛之随侍，故派其代理人前往，今后代理人均须报经驻藏大臣选任，不得擅自做主。噶厦的仲尼及秘书，虽官职较低，但其作为噶伦之助手，不谓不重要，故须从仲科中挑选才能较强者充任之。管理造币之人员，须委托孜本、孜仲各二名。以上所述委任事项均须由驻藏大臣和达赖喇嘛协商而定。除噶伦和代本须呈报任命外，其他人员之任命不必呈报，可由达赖喇嘛和驻藏大臣委任，并发给满、汉、藏三体文字的委任状。至于柴草、糌粑、帐篷、牧场的管理人员及侍卫等，可由达赖喇嘛自行委任。升补扎什伦布的强佐时，从索本喇嘛和森本喇嘛中选任；升补索本时，从孜仲中选任；升补森本时，从仲尼中选任。如此逐级升任。扎什伦布辖区较小，乌拉差役可按惯例办理。强佐、索本、森本及大宗宗本等依照前藏之例，由驻藏大臣同班禅额尔德尼协商委任，并发令状。其余各小官吏，可照旧例委任。

第十二条　达赖喇嘛等人的亲属如果参政，多有不便，故达赖喇嘛和班禅额尔德尼在世时，其亲属不得参政。一旦圆寂，其亲属根据才能大小安排适当职务。

第十三条　二位驻藏大臣每年分春秋两季轮流出巡后藏的军训校场。汉官和宗本等有无扰害军民等事，须向驻藏大臣呈报。驻藏大臣所需乌拉等，均得付酬，不得亏欠。

第十四条　以往廓尔喀、不丹、哲孟雄、宗巴人等来西藏朝佛、进贡、办事时，达赖喇嘛或有回复不当之处，前如廓尔喀就章喀事进行交涉时，因回复不当，致起战端。今后廓尔喀方面特派使者面见达赖喇嘛和驻藏大臣时，其回文须按照驻藏大臣授意办理。同样，凡来自外方的书信，亦须呈报驻藏大臣过目。又，不丹、锡金、宗巴、洛保孟唐等藩属，派人向达赖喇嘛和班禅额尔德尼朝贡时，虽不加阻挠，但须详查。外方来藏人员，由各边地宗宗本登记人数，呈报驻藏大臣，并由江孜和定日的汉官进行检查。各藩属国给驻藏大臣的信件，可由驻藏大臣自行回复。给达赖喇嘛等之来信，如何回复应报驻藏大臣酌定。噶伦乃办理藏汉事务之官员，不得擅自与外方诸国通信。外方来信均应送交驻藏大臣会同达赖喇嘛协议之后，方可回复，而不得擅自回复。

第十五条　边界的结仲、聂拉木、绒夏、喀尔达、萨嘎、昆布等地同廓尔喀接壤，须在结仲边界之日索桥、聂拉木边界之樟木桥、绒夏边界等处速立界碑，不得迟误。尼泊尔和西藏人不可擅自越界出入。驻藏大臣出巡时加以检查。

第十六条　边地各宗之宗本既是边民的头目，又是来往行人的检查者，所关甚要。如派才疏者任职，难免误事，故须从精干小宗本及军队头目中选派。任满三年后，如果胜任，可提升为代本；不胜任者，予以降职。

第十七条　以往委任官吏时，均从仲科中选任，未有从民众中委任之习惯，即便委任，也只能担任定本以下小官吏，不能升任更高职务，此不妥也。今后非仲科出身之军人，凡智勇双全者，可从定本逐级提到代本等官职。一般情况下，仍依旧例从仲科中委任。但若幼子承袭父职，难免误事，故此未满十八岁者，不得委任为小秘书、仲尼及小宗宗本等。

第十八条 堪布为寺院之首领，应委任学识渊博、品德高尚者充任之。大寺院之喇嘛等占有很多寺属谿卡，经商牟利。今后委任大寺院之喇嘛，由达赖喇嘛、驻藏大臣、杰仲呼图克图等协商选定，并颁发加盖三人印章之委任书。至于各小寺院堪布喇嘛之委任，仍依旧例由达赖喇嘛派任。

第十九条 政府所收税银、实物交易等所用银两差价，均按新定规章，区别新旧章喀进行兑换，不得额外收取。

第二十条 结仲、聂拉木两地抽收大米、食盐、货物等过境税仍依旧例收取，除非呈报驻藏大臣同意，不得增收丝毫税额。

第二十一条 西藏百姓支付乌拉等差役，一般贫苦百姓负担苛重，而富家大户领取了免税执照，大呼图克图多有颁给达赖喇嘛亲属执照情事，噶伦、代本、大喇嘛等谿卡之百姓也因持有执照而负担较轻。对此，今后收回所有执照，平均负担差役。对需特殊优待者，经达赖喇嘛和驻藏大臣协商，发给免除差役之执照。对新招之兵员，根据名册一律发给免役执照，若有死亡者，须将所发免役执照收回。

第二十二条 各寺院的大小喇嘛和扎巴人数、名字要详造清册，呼图克图的属民由噶伦造报花名册，驻藏大臣和达赖喇嘛各存一份，以便查核。以后若有不领护照而擅自越境者，一经查出，必加严惩。

第二十三条 以前青海等地官员派人来藏，迎请学识渊博的喇嘛时，有呈报或未呈报驻藏大臣等情况。今后必须通过西宁大臣行文西藏之后，由驻藏大臣发给路证，并行文驻西宁大臣，以便查考。到外方朝佛之喇嘛，亦须通过驻藏大臣领取护照，不得私自通行。

第二十四条 依照旧例，需支派乌拉时，其执照向由达赖喇嘛发给，噶伦、代本、达赖喇嘛之亲属，均有擅自支派差马、收取食物等情事。今后因私往来时，一律不得支派乌拉，亦不得擅发执照；凡公务往来时，报经驻藏大臣和达赖喇嘛发给印照，沿途遵照执行。

第二十五条 对于斗殴、杀人及盗掠等之处罚，西藏的规则与内地不同，故今后不能按旧规处罚。按罪行轻重，区别惩处，方能取信于民。近来噶伦及米本不能秉公办案，额外罚款，还将从富户所罚之大量金银、牛羊纳入私囊，不交政府。噶伦中利用权势，对于地位低下之人任意加以罪名，呈报达赖喇嘛没收其财产者屡见不鲜。今后处罚多少，按例进行登记后呈送驻藏大臣，对罪大恶极之重犯，要报驻藏大臣处理。同时，需没收财物充公时，要请示大臣酌情处理。今后无论公私，如有诉讼事务，须公正办理。噶伦中如有依仗权势无端抢占民财者，则将其革职，没收其财产充公。

第二十六条 官兵操演所需弹药等，由噶伦派精干官员携带驻藏大臣印照，前往工布地方制造，运至拉萨发给各部。以往后藏没有火炮，现从新造十三门火炮中调两门给后藏，以便军队操练打靶时用，其余均交与布达拉宫。

第二十七条 过去对噶伦及代本，达赖喇嘛照例拨给宅第庄园，卸任时移交新任者。但个别家属等仍占据不交，对此，又另拨与新任官宅第庄园。今后卸任时应一律移交给新任官。

第二十八条 依照旧例，应发给活佛及喇嘛之俸禄，均有定时，但近来发现多有提前发放情事。今后应按时发放，不得提前。杰仲呼图克图须加调查，如发现提前发放俸禄或未照数发放情事，要惩处其负责者。

第二十九条 西藏百姓应交纳赋税，近处派孜仲前往催缴，远处派雪仲前往催缴。个别仲科和宗本，将每年税收不交政府，致使欠款者甚多，还有提前催缴来年税收及将逃亡户之差役转嫁常住户之情事，摧残百姓，加重负担。今后仲科及宗本等只准每年定时如数催收差税，不得提前催缴；对逃亡户之差役应予免除，俟该逃亡户返乡后照旧承担。

乾隆五十八年（公元一七九三年）二月

译注：

〔1〕《钦定二十九条章程》藏文史籍称为《水牛年文书》，简称《二十九条》。是在乾隆五十七年（一七九二）清政府击败廓尔喀入侵西藏之后，由福康安等人奉旨制定的。乾隆五十七年八月二十七日圣谕："上命军机大臣传谕福康安、孙士毅、惠龄、和琳曰：昨已明降谕旨，令福康安等受降葳事，并将善后各条令福康安等公同详酌妥为筹办矣。但撤兵之后，该处应行定立章程，更改积弊，事务繁多，前降谕旨内尚有未经详尽之处，今因思虑所及，特为逐条开例，再行详示。"福康安等接旨后遂将原来先后制定的《酌定额设藏兵及训练事宜六条》、《酌拟卫藏善后章程六款》、《藏内善后条款外应行办理章程十八条》等各项善后章程分别将主要条款汇集成《新订西藏章程二十九条》，译成藏文，逐条向达赖喇嘛等"详细讲论"，并得到他们赞成，颁发西藏地方政府遵行。在福康安等给皇帝的奏折中称："近日，我大将军等会奏新订西藏章程二十九条，奏报圣聪之底稿，已渐次抄送，有如册中译载。恐日久遗失，致碍于事，故今再次咨会。俾达赖喇嘛并济咙呼图克图即据章程之意，宣谕所有噶布伦、代本、宗（本）、豁（堆）等永远遵行。如仍有轻慢悖逆者，定严惩不贷。专此奉达。并送上新订章程二十九条。"西藏地方政府遂将这些有关文件汇编在一起，作为当时最重要的法律文书，时值藏历水牛年，故称为《水牛年文书》。有关二十九条汉文件至

今未见。牙含章著《达赖喇嘛传》中的《二十九条》和《西藏历史档案荟粹》中的《二十九条》均系藏文译文。但二者在内容上又略有出入，则大同小异。此篇《二十九条》抄自《西藏历史档案荟萃》。

〔2〕夏玛尔巴——藏语ཞྭ་དམར་པ།，本名洛桑坚班བློ་བཟང་འཇམ་དཔལ།(一般译作沙玛尔巴)，系六世班禅巴丹益西之弟兄，廓尔喀宁玛派（红教）活佛。当年六世班禅于乾隆四十五年（一七八〇）进京祝贺乾隆七十大寿，乾隆皇帝和王公大臣、沿途信众馈送诸多金银财物。仲巴呼图克图（六世班禅的另一弟兄）为管理班禅商上事务的商卓特巴，班禅在北京圆寂后，彼所得金银财物归仲巴呼图克图掌管，攫为私有。沙玛尔巴因隔于教派，未能分到财物，故怀恨在心，遂勾结廓尔喀，怂恿廓尔喀王，以藏内兵力空虚，扎什伦布寺内金银很多，毫无防范，可乘机掠取为诱饵，促成廓尔喀入侵藏地。乾隆帝遂命福康安为大将军，率兵迅速击败廓尔喀。乾隆五十七年（一七九二），廓尔喀投降，当年沙玛尔巴畏罪病亡，廓尔喀交回彼之骨殖。乾隆皇帝当时传谕："至此次廓尔喀滋扰后藏，沙玛尔巴挑唆起衅，实为罪魁。现据贼酋将该犯骨殖送出，著福康安等不必送京，分悬前藏之布达拉、后藏之扎什伦布，并前后藏及察木多、打箭炉一带大寺庙，一一悬挂。并将起衅犯事缘由逐一开写，号令示众，用示儆戒。""沙玛尔巴为此案罪魁。现在抄出资财什物，自当全数归公。"

〔3〕仲巴呼图克图——藏语དྲུང་པ་ཧོ་ཐོག་ཐུ།，清代西藏扎什伦布寺总管。其母为拉达克王之女，六世班禅罗桑巴丹益西之兄，为管理班禅商上事务的商卓特巴。乾隆四十五年（一七八〇），陪班禅入京祝贺乾隆帝七十寿辰，赐"额尔德木图诺门罕"名号。班禅于北京圆寂后，护送舍利金龛西归，将清朝大臣、蒙古王公所赠班禅之金银财物据为私有。四十八年（一七八三），主持七世班禅丹白尼玛坐床。英驻印度总督哈斯汀士派忒涅入扎什伦布寺，与之会晤，应允印度商民来藏贸易。五十六年（一七九一），廓尔喀侵藏军至扎什伦布寺，不抵御，携资先逃，致使该寺被掠。次年，被解赴京师，"本应即予正法，始念伊系前辈班禅之兄，特加宽宥，但令解送来京，著在从前班禅额尔德尼所住德寿寺居住，实为法外之恩。"

〔4〕丹增班珠尔——藏语བསྟན་འཛིན་དཔལ་འབྱོར།（清史籍中为丹津班珠尔），清代西藏地方政府官员，噶伦，系班第达贡布欧珠绕登之子，袭辅国公，其妻为沙玛尔巴之侄女即八世达赖喇嘛之妹。乾隆五十六年（一七九一），率代表团赴尼泊尔边境与廓尔喀人谈判，被袭执，俘送阳布（加德满都）。清廷疑其与廓尔喀人有勾结，解除噶伦职务。五十七年，清将福康安攻入尼泊尔，索还丹增班珠尔，夺爵，令候审讯，旋宥之。

（五十三）西宁办事大臣颁布在各路口张贴的汉藏合璧之法令

（藏历火羊年，光绪三十三年，公元一九〇七年）

钦差副都统西宁办事大臣之文告：

怙主达赖喇嘛乃整个佛教之主。一切大小地方之寺庙负责严守纪纲。目前奉大皇帝圣旨达赖喇嘛抵达西宁，现驻锡在塔尔寺[1]。

地方长官和全体寺庙僧伽也要顺从大皇帝的旨意，做好达赖喇嘛的保卫服务，至关重要。经巡察，目前有个别坏人从中无端挑拨肇事，与教法、国法、纪纲背道而驰，尤为严重的是无视各项法令。对此已进行了仔细追查。寺庙的上师、活佛、法台、协敖[2]、执事僧们平时出现了议论纪纲法令小毛病之类的恶言。即日起，塔尔寺之僧众要遵从指挥，尤其主要的是要全心全意为达赖喇嘛服务，根本不准有任何不当之处。汉蒙藏的朝见者，朝见时也要符合朝见制度。尔等所有尊卑负责佛法纪纲，切忌出现错误言论。全体官员百姓敬重佛法，一如既往。尔等一切举止都要符合规章。今后倘出现违纪之人，本大臣定要彻底追查，决不姑息，并要追询法台和执事们。为此，特此布告。

光绪三十三年六月十四日

（《十三世达赖喇嘛传》下册六十七—六十八页）

译注：

〔1〕塔尔寺——藏语སྐུ་འབུམ།，意为“十万佛身”，亦作塔儿寺。藏传佛教寺院。在青海湟中县鲁沙尔镇，为中国藏传佛教六大名寺之一。格鲁派创始人宗喀巴出生于寺址所在之处，时人据其诞生时的神异传说，初在该地建莲聚塔。明嘉靖三十九年（一五六〇），禅师仁钦宗哲坚赞于塔侧建静修房一座。万历五年（一五七七），复于塔之南侧建弥勒殿。十年（一五八二），三世达赖喇嘛至青海，驻锡于此，命仁钦宗哲坚赞及当地申中、西纳、祁家等藏族部落头人合力建成此寺。后又经多次扩建，渐成为拥有殿宇、经堂、扎仓、佛塔、僧舍等古建筑群三十六座，占地达六百余亩，规模宏大，是藏传佛教僧人和信众向往的圣地之一。历辈达赖喇嘛和班禅均曾在此驻锡。清帝历封该寺阿嘉、赛赤、拉科、色多、香萨等活佛为呼图克图或诺门罕。寺中最大活佛为阿嘉呼图克图，至解放前已传二十一世。历世活佛多至北京，常住雍和宫。最盛时该寺僧人达五千余人。寺院建筑多为汉藏结合，形式造型新颖。寺内保存有宗喀巴遗物在内的大量珍贵文物，琳琅满目之法器，千姿百态之佛像和浩瀚之佛经和佛学文献。尤以绘画、堆绣、酥油花称为“艺术三绝”，驰名中外。寺内设有显宗、密宗、时轮、医明四大学院。并有印经院一所。寺中政务组织最高权力机构为全体僧人经堂会议，由总法台主持，下设噶尔克会议和大吉哇。宗教组织由总法台负责，下设总引经师和大僧官，管辖四大学院。各院设有本院堪布，堪布下设格贵（僧官）和经头。较大宗教活动有四大观经法会、燃灯五供节和年终送瘟神活动等。为全国重点文物保护单位。

〔2〕协敖——藏语ཞལ་ངོ།，知事僧，梵语作维那。管理僧团的执事僧，又称作铁棒喇嘛。

〔3〕此布告为十三世达赖喇嘛居住在塔尔寺期间清政府下达之法令。一九〇四年（光绪三十年）六月十二日，当时英军已到达曲水（距拉萨一百二十华里），达赖喇嘛仓皇由罗布林卡移到布达拉宫，留下一道命令，着甘丹池巴罗桑坚赞出任摄政，代理达赖掌办西藏政教事务。六月十五日夜半，（达赖）带领少数随从人员，秘密离开布达拉宫，后

抵达外蒙古（现蒙古国）首府大库伦，在此旅居近一年。一九〇六年四月离开外蒙，九月十二日，抵达西宁，受到隆重欢迎。十四日移居塔尔寺。经清政府批准，一九〇七年十一月，达赖从塔尔寺启程入京陛见。后返藏，一九〇九年十月三十日抵达拉萨。达赖在外流亡长达五年之久。

（五十四）光绪皇帝就常住拉萨的尼泊尔商人货物丢失事颁发之圣旨[1]

（藏历水羊年，光绪九年，公元一八八三年）

皇帝圣旨

水羊年常住拉萨的巴勒布商民[2]遗失的有关财物，已由川省先行筹垫，赔偿汉银六万七千五百七十九两九钱三分。正如驻藏大臣色（楞额）感恩折奏称，赐予西藏番民以生计和安乐。今后定要一如既往，晓事法令之威严，谨遵纪纲，避免滋生事端。

光绪九年十一月初六日

（《十三世达赖喇嘛传》上册一百五十页）

译注：

〔1〕光绪九年五月甲辰驻藏大臣色楞额奏折内称：前藏地方，每年于正月初间起至三月初间止，商上僧俗番官头目人等均于大小昭内熬茶布施，讽经祈福。是时各寺院喇嘛以及外来瞻礼僧俗，云集前藏，不下数万，良莠不齐，向由商上拣派正副铁棒喇嘛二人管辖，以资约束。当传召期内，地方一切事宜，统归铁棒喇嘛管理，番官等不得与闻。上系藏中向来定章，相沿已久。本年三月初一日，传召将毕，适有喇嘛数人，与巴勒布商民因购买货物，致滋口角，经铁棒喇嘛前往弹压，尚未

了息。时值昏夜，正在开导间，忽有喇嘛多人闻风而至，附和滋事，有将该商人住房门窗击毁者，有乘间掠夺该商民财物者。奴才等闻讯之下，立即传谕掌办商上事务之通善济咙呼图克图等迅往弹压解散，令勿酿成巨端，其滋事僧众始行陆续星散。查验巴勒布商民幸无伤损，惟货财多有遗失。

〔2〕巴勒布商民——藏语བལ་པོ་ཚོང་པ།，尼泊尔商人。

（五十五）二位驻藏大臣致诺门罕阁下之文书

（藏历水马年，道光二年，公元一八二二年）

钤记文书致诺门罕[1]阁下：

请诺门罕审阅之文书乃大皇帝钦差正黄旗汉军副都统驻藏大臣文和钦差驻藏帮办大臣二等侍卫灵[2]二人商议后所致之文书。

现业已寻得达赖喇嘛之呼毕勒罕[3]，但因年岁尚幼，照卫藏惯例，一切事宜彼暂不过问，故请诺门罕向班禅大师讲述。大皇帝皇恩浩荡，关怀众生，恩德无量，永世难以图报。若如进行周密教诲，必将产生一心敬仰。幼年时勤习法行，长大后担当重任，通晓一切成规，爱护黎民百姓。当边疆太平无事后，必将报答大皇帝之万恩之一。据查，自我大清崇德七年，达赖喇嘛、班禅额尔德尼和卫拉特固始汗等委派专人，进献方物，从此，深蒙眷顾。后因固始汗之孙拉藏汗[4]为准噶尔策旺阿拉布坦[5]所杀害，西藏地方被准噶尔所占领，康熙皇帝于康熙九年[6]命大将军王和平逆将军延信，经青海进军西藏征剿，西藏地方遂得以太平。与此同时，达赖喇嘛之呼毕勒罕也在布达拉坐床，西藏再享幸福。嗣后，拉藏汗之女婿康济鼐，因效忠朝廷，封为贝勒[7]。后因噶伦阿尔布巴挑起祸端，西藏燃起战火，达赖喇嘛无安身之所，于漂泊之际，雍正五年，圣上派大军进藏，一举戡平阿尔布巴等，西藏再获太平。而后，郡王颇罗鼐之次子珠尔墨特那木扎勒承袭王爵，心怀仇隙，无视达赖喇嘛，荼毒所属番众，犯上作乱。乾隆十五年，颁旨铲除珠尔墨特那木扎勒。从此之后，在西藏取消了王爵，一切大小事宜，皆由驻藏大臣会同达赖喇嘛并班禅额尔德尼共同办理，西藏百姓再享宁谧。虽是这等，恐准噶尔有欺凌番民之觊觎，时有风言风语。于是，再度派遣天兵，取准噶尔为部属，消除了西藏地方之外患。然而，后因廓尔喀骚扰，又先后两度派兵，降伏廓尔喀后，西藏地方始创维护治安之藏军，并划定了永远信守之边界，置西藏于幸福安乐之中。凡此种种，皆大皇帝之浩荡皇恩。务必将此恩典，永远铭记在心。再，大皇帝为革除弄虚作假之流弊，颁发金瓶，将呼毕勒罕之姓名、日月各书签牌之上，置瓶中掣签认定。大皇帝之微妙用意，崇高无上。现今，驻藏大臣秉公办理，经金瓶掣签，选定了达赖喇嘛之呼毕勒罕，准确无误，必将执掌和弘扬黄教，故全体西藏僧俗，务必一心崇敬。今后，达赖喇嘛为报答大皇帝之恩典，勤勉恭敬，定将再享圣上之宏恩旷典。为此，本大臣为了未来之幸福圆满，特呈此四体合璧之文书。诸门罕仔细向班禅额尔德尼讲述，务必相信达赖喇嘛之呼毕勒罕。诸门罕也要留心，今后随着呼毕勒罕之成长，反复进行教诲，使其深明皇上之恩典，产生强烈之敬信。如是，达赖喇嘛必将获得所有妙善。因此，对此文书要倍加珍视和保护。

特此

道光二年三月初九，呈汉满蒙藏四体合璧之文书，望认真执行文义。

（《八世达赖喇嘛传》六十九—七十一页）

译注:

〔1〕诺门罕——蒙古语，清代对藏传佛教高级僧人的一种封号，“法王”之意，地位低于呼图克图，凡受此号者，皆由清政府给予敕印，并得实行转世。

〔2〕道光元年至道光三年文干为驻藏大臣，内阁侍读学士、二等侍卫灵海自嘉庆二十五年至道光二年为帮办大臣。

〔3〕呼毕勒罕——蒙语，即活佛的转世灵童。又作应身、殊胜化身。佛在所教化的一般众生心目之中示现十二种形状以施行教化的变化身。

〔4〕拉藏汗——藏语ལྷ་བཟང་ཧན།（约一六五六至一七一七），卫拉特蒙古和硕特部重要首领。原名拉藏鲁贝。系博尔济吉特氏，祖达延汗，父丹增达赖，世掌藏政。康熙四十年（一七〇一）父死，兄丹增旺杰继位。他贪嗜权力，杀兄自袭汗位。以西藏第巴桑结嘉措擅权，素与之不和。四十二年（一七〇三）正月。乘拉萨举行祈愿大法会之机，指使部下杀死桑结嘉措官员。后遭桑结嘉措逼迫，离开拉萨，集蒙古八旗兵反击。经色拉、哲蚌、甘丹三大寺上层喇嘛居中调解，桑结嘉措被迫辞去第巴位。四十四年（一七〇五），桑结嘉措买通汗府内侍，企图于食物中投毒将其杀死，事觉，彼遂借口返回青海，于黑河（今那曲）地区集蒙古军队，分兵三路，进军拉萨。桑结嘉措兵败，逃至贡噶宗，为其妻次仁札西擒获，处死。彼继而废黜桑结嘉措所立之六世达赖仓央嘉措，立益西嘉措为六世达赖喇嘛，报请清政府册封。同年，被清封为“翊法恭顺汗”。后因益西嘉措不得众望，引起西藏僧俗及青海蒙古诸台吉不满，彼此结怨。四十九年（一七一〇），获悉西藏黄教集团达什巴图尔于理塘寻认格桑嘉措为六世达赖喇嘛的转世灵童，谋令人予以加害，未果。五十六年（一七一七），准噶尔部首领策妄阿拉布坦遣大策凌敦多布率兵六千人侵袭西藏，遂于达木草原布防，因缺乏准备，指挥失当，又未取得西藏上层喇嘛支持，兵败被杀。

〔5〕策旺阿拉布坦——藏语ཚེ་དབང་རབ་བརྟན།，又作策妄阿拉布坦（一六六五——一七二七），卫拉特蒙古准噶尔部首领。号卓里克图珲台吉，绰罗斯氏，僧格长子。康熙九年（一六七〇），以父被杀，与弟索

诺木阿拉布坦、丹津鄂木布附牧于叔父噶尔丹。二十七年（一六八八），索诺木阿拉布坦被噶尔丹杀害后，率僧格旧臣七人，徙居博罗塔拉，为御噶尔丹兵，拒击之于乌兰乌苏。寻巩固已有势力，遣使向清政府纳贡。复乘噶尔丹内犯之机，进袭科布多。三十年（一六九一），攻取撤克里和乌兰古木（今蒙古国境内乌兰古木）等地。三十六年（一六九七），噶尔丹死后，尽有准噶尔牧地。三十七年，出兵哈萨克，溃其众，越二年，进军叶尔羌和喀什噶尔，俘玛罕木特，势力进一步扩大。四十八年（一七〇九），得悉沙俄侵入毕雅河和哈屯河间准部辖地，筑造比斯克等要塞，遂派兵袭击巴拉巴和库兹涅茨克，捣毁其要塞。五十四年（一七五一），沙俄派遣布赫戈利茨中校率兵三千，侵入布达逊淖尔（亚梅什湖）地区，遣大策凌敦多布率兵往逐，予侵略军以沉重打击。同年，派兵扰哈密，为哈密游击潘志善所败。五十六年（一七一七），借口送婿噶尔丹丹衷、女博托洛克返归西藏，使大策凌敦多布率兵六千，突袭西藏，杀拉藏汗。五十九年（一七二〇），因于齐诺郭勒、绰玛喇等地为清平逆将军延信、定西将军噶尔弼击败，被迫退出西藏地区。同年五月，以沙俄遣利哈列夫领兵侵入斋桑湖一带，令子噶尔丹策零统兵二万驱逐侵略军。雍正元年（一七二三），遣吹纳木克（垂木喀）进京献贡，示与清廷修好。三年（一七二五），向清朝请求划给吐鲁番，与喀尔喀勘分游牧界，允其贸易商队由喀尔喀路行走，获允。五年（一七二七）病卒（一说被其妃色特尔扎布毒死）。在其统治时期，准噶尔社会经济，尤其是农业和手工业有较快的发展。

〔6〕康熙九年——应为康熙五十九年（一七二〇年）。

〔7〕贝勒——满语译音。清朝八期宗室贵族的封爵之一。满语，源于女真语“勃极烈”，汉译“大官”、“高官”。初女真部落中强有力的酋长称之。清太祖努尔哈赤时，分封子弟叔侄为贝勒，各辖一旗或若干牛录的人丁，统兵治民，佐理国政。崇德元年（一六三六），清太宗皇太极始定宗室世爵为九等，第三等为多罗贝勒，位在亲王、郡王之下。顺治六年（一六四九），定降封例，贝勒之子为贝子，贝子以下依次降袭。乾隆十三年（一七四八），定宗室封爵为十四等，第五等为多罗贝勒。三十九年（一七七四）定贝勒袭次递减至不入八分镇国公为止。从

此，终清一代不改。贝勒俸禄，顺治七年规定，岁给俸银二千两、禄米二千五百石，以后未再更动。康熙十八年定皇子分封贝勒，给旗下满洲佐领三、蒙古佐领一、汉军佐领二、内务府满洲佐领一、旗鼓佐领一、内管佐领一、山海关内大粮庄七、银庄二、半庄一、瓜园、菜园二、关外盛京大粮庄各一、打牲乌拉壮丁十名、盛京佐领人十五户、果园一、带地投充人四十名、给官地投充人四十名、采捕户二十名、炭军、灰军、煤军各四十名。清朝前期，贝勒大都参议国政，带兵出征，享有优厚的政治和经济特权。清统治者亦以此爵封赏蒙藏等王公贵族。

（五十六）西藏摄政热振呼图克图和司伦亚西朗顿公给国民政府主席林森之呈文

（藏历木猪年，民国二十四年，公元一九三五年）

全国主席林森阁下钧鉴：

西藏摄政热振呼图克图[1]和司伦亚西朗顿公[2]敬呈：

大主席殊胜贵体如同太阳，善行之光辉普照万方。我等身体安康，为发展政教事务和佛教众生之幸福而忠心至诚。祈请者：西藏政府的办事代表雍和宫堪布札萨克贡觉仲尼、卓尼尔阿旺坚参、仔仲曲排图丹等奉委年久，呈请辞职照准。兹拣派新代表堪穷阿旺桑丹及卓尼尔格敦却典、罗扎娃图丹桑结等三人前往更换。并特选派接替该区各寺的新堪布四名，赴各处供职。众所周知，此乃专为发展汉藏福田施主友好关系之举。彼等名副其实，均能为国家效力，各尽其职。务恳隆情厚施，赐予扶助。俟到后，予以体恤关怀，时加指导，俾得推行政教，俟当感谢图报。随文附呈阿喜大哈达一方、镀金古佛连衣三尊、藏绒地毯一床、大猞狸皮九张、顶尖灰色氆氇三匹、避瘟香三筒、上品藏香一把，敬呈菲仪。[3]

西藏摄政热振呼图克图、司伦佛公朗顿公叩

藏历十月二十四日

木猪年吉日

译注：

〔1〕热振呼图克图——藏语རྭ་སྒྲེང་ཧུ་ཐོག་ཐུ།。五世热振活佛土登坚白益西丹巴坚赞，于一九三四年任摄政后，对亲英势力和英国进行斗争，并加强与中央政府联系，国民政府授以“辅国宏化禅师”封号。为此遭亲英势力中伤诽谤，被迫于一九四〇年“辞职”。热振在静修期间坚持反对英国侵略西藏，请求国民政府帮助对抗亲英势力，以免西藏为英帝吞并。英帝指使亲英势力阻挠热振复出执政，极力打击西藏上层爱国力量，图谋分裂西藏。一九四七年，在英人黎吉生策划下，亲英势力抓捕热振及其支持者，血洗热振寺，并于同年五月七日将热振害死狱中。

〔2〕亚西朗顿公——藏语ཡབ་གཞིས་སྣང་མདུན་གུང་།，原名朗顿贡嘎旺久，在热振出任摄政时，彼任副摄政，和热振共事五年，期间两人发生意见分歧。

〔3〕下录国民党国民政府档案一篇，供读者对照参考。

《热振等为更换驻京代表上国民党国民政府书》

南京国民政府林主席睿鉴：福同日月，普照万方，额首庆贺，此间仰赖福庇，照常所有应办政教一切事务，自当尽心办理，请释远念。启者，前派驻京敝藏代表雍和宫札萨克贡觉仲尼、卓尼阿旺坚参、仔仲曲批吐丹等奉委年久，勤慎将事，邀请更换前来，自应准其回藏销差，以资奖励。兹将选得副堪布阿旺桑丹、卓尼根登曲他、罗藏娃执事吐丹桑结及三大寺堪布等委派赴京供职，面谕应办接洽各情，转呈在案。惟该员等长途跋涉，人地两疏，一俟趋叩崇阶，体谅中藏一家，格外优待，俾有如归之乐。则隆情厚施，不独该员等感激图报，即藏方亦有荣焉。附事阿喜大哈达壹方、镀金古佛连衣三尊、藏绒大地毯一床、大猞狸皮九张、顶尖灰色氆氇三匹、避瘟香三筒、上品藏贡香一支，敬呈菲仪，用佐荒函，尚希哂纳。千万珍摄，常赐好音，至关于中藏福利早日恢复之愿望，是所感祷。

（五十七）诺门罕萨玛第巴克什大擦比利图丹贝贡布颁给噶丹达吉林之封文

（藏历木牛年，嘉庆十年，公元一八〇五年）

奉文殊室利大皇帝圣旨

掌办西藏事务黄教主持具德诺门汗萨玛第巴克什[1]法旨

阳光普照之全体众生，特别是以青海汗王为首的贵族、执事、霍尔[2]、上下安多[3]以及霍尔跋查[4]、买玛[5]各部的僧俗尊卑、那曲头人，来往的汉、藏、霍尔之商旅及一切在职的文武官员一体晓示：

为在羌夏曲地方弘扬无与伦比之文殊怙主宗喀巴大师所讲修的纯洁无瑕之佛法教义，绒布法王洛桑成烈[6]奉遍观佛五世达赖喇嘛之命修建了一座新的黄教寺庙，并赐名曰噶丹达吉林[7]。以丹增达赖汗作为资助施主，并将买玛卡松[8]的信财善源、供养、布施、荐亡祈福法事等，原封不动全部赐予该寺。但是，后来因受个别坏人指使，又将信财善源等送到他人门上，停止活动，个别部落亦出现僧源中断的现象。今后僧源等仍按照前规进行派遣，寺庙的上述辖区：那夏以上，阿崩金怙、日钦、雪格、钦曲、四如格迫沟口以下，那曲宁色普达各护区的草场放牧权归寺庙庄园所有。

最初，该寺院的寺庙庄园免支各种差税，但是，后来也要支付两个马岗的兵差，虽然如此，上述差税至今从未发生过短缺，均能按时支付。嗣后又以各种借口对上师僧众的财产进行化缘，强行霸占僧人死后的软细财物，进行扰害之事时有发生，此类事件决不允许。与此同时，从达仁到霍儿伯地区负责催派乌拉差税的人员，在乘马、人役、打尖和途中口粮等方面均有违反文告规定之现象，新添不少麻烦事项，凡此种种导致寺庙日趋衰败。为杜绝此类违反前后文告事项再次发生，现特颁布重申令。而且，自绒布法王洛桑成烈以来，历代转世活佛主持边区寺庙，利济佛法众生，功德无量。现在的活佛在闻、修、思等方面造诣很深，寺中佛法兴隆，香火旺盛，应以褒奖，现赐予诺木齐额尔德尼呼图克图名号及马旗[9]和博加[10]等，以资奖励。

上述所言大小事宜，只准有助于佛法善业，决不允有违常理之争吵、抢夺和骚扰等事发生。对此定要取舍无误。

木牛年吉日写于布达拉宫

掌办西藏事务黄教大主持具德诺门汗之印

译注：

〔1〕具德诺门罕萨玛第巴克什——藏语དཔལ་ལྡན་ནོ་མིན་ཧན་ས་མ་ཏི་པཀྵི།，原名达察丹贝贡布。八世达赖喇嘛强白嘉措于嘉庆九年（一八〇四）在布达拉宫圆寂，嘉庆帝命令掌办商上事务的功德林达察呼图克图（即济咙呼图克图）摄政。在彼担任摄政期间，维修布达拉宫（这是继五世达赖之后对布达拉宫的第一次重大修缮），积极寻找八世达赖的转世灵童，并主持坐床。达察诺门汗担任摄政二十年，直到铁马年（一八一〇年）十二月三十日去世时为止。

〔2〕霍尔——藏语ཧོར།为汉文译音，早期泛指北方民族，元代时此词专指蒙古人，明清时代用来指蒙古人或青海、甘肃的土族人。此处是指

蒙古或蒙古人，以及霍尔三十九族。三十九族实为三十九个部落。因该部族的先民是蒙古族或因该部族早先的头人出身于蒙古族而得名。它们是：贡木休、比如、彭盼、阿麦、索德、达珠、热西、查仁、纳若、三擦、布作、杂玛尔、巴吴、格木、阿堆、朱雪、本塔、竹居、益塔、冲仓、玛荣、嘎堆、嘎麦、宁塔、宁木·斯布塔、玛如、嫩查、质达、央巴、顿巴、热松木、恰色、嘎尔康、冈如、那如、多尔堆、多尔麦、赤如等。它们大致分布在今西藏自治区那曲地区的申扎、班戈、安多、聂荣、那曲、索县、巴青、比如、嘉黎和拉萨市的当雄、林周以及昌都地区的丁青、类乌齐、边坝等县境内。

〔3〕上下安多——藏语ཨ་མདོ་སྟོད་སྨད།。安多部落为藏北“羌日六部”之一，也是黑河地区最大的一个部落。民主改革前，安多部落归黑河宗管辖。一九五九年，西藏自治区筹备委员会将黑河分为黑河（后来改称那曲）、安多二县，把原安多部落的绝大部分划归安多县，其一小部分划归黑河县。历史上安多部落的领主是噶厦。安多部落下辖嘉措如哇、多玛、买玛、嘎加、雪钦、雪琼、扎如秀卡、色多秀卡等八个措哇，因此，安多部落又被称为“安多八部”。

〔4〕霍尔跋查——藏语ཧོར་བར་ཚ།，为“羌日六部”之一，原称霍贝，也称霍尔巴达，或巴尔达部落。由于该部落下辖益钦、益琼、普达、如钦玛、德萨玛、宇妥、达德、拉机、公果玛等九个措哇，民间又称之为“巴尔达九部”。巴尔达部落位于今西藏那曲县巴尔达区一带。

〔5〕买玛——藏语སྨད་མ།。买玛部落系原“羌日六部”之一，位于今西藏那曲县东部和东南边缘一带，大致在今那曲县哈尔麦区境内。该部落全称为“下方四部”。据说买玛部落以前共有八个措哇，后来，不少牧户因故迁往他地，有的措哇进行合并，到民主改革前剩下库尔茫、如萨尔、如宁、钦本等四个措哇。

〔6〕绒布法王·洛桑成烈——藏语རོང་པོ་ཆོས་རྗེ་བློ་བཟང་འཕྲིན་ལས།之译音，人名。

〔7〕噶丹达吉林——藏语དགའ་ལྡན་དར་རྒྱས་གླིང་。在西藏称作“噶丹达吉林”的寺庙有两座，一座在日喀则市，一座在日喀则地区白朗县。从本文分析，绒布法王洛桑成烈所建的噶丹达吉林寺系白朗县的那座，其

建寺时间晚于日喀则市的噶丹达吉林寺。其建寺时间可能是在一六七一至一七〇一年之间的某一年。

〔8〕麦玛卡松——藏语སྨད་མ་ཁག་གསུམ།，即麦玛三部。请参阅本篇译注〔5〕。

〔9〕马旗——藏语རྟ་དར།。旧时西藏的达赖、班禅等上层喇嘛外出时，护卫骑兵所持的旗帜。

〔10〕博加——藏语སྟོས་བཅག，用豹皮或虎皮包裹的棍子，悬挂在寺庙大门两旁以示威严。

（五十八）八世达赖喇嘛赏赐佳布巴封号之法旨

（藏历铁猪年，乾隆五十六年，公元一七九一年）

奉大皇帝圣旨

西天净土世间佛教之主宰遍智全刚持达赖喇嘛颁布法旨

沐浴太阳之光辉，生活在大地之上的一切众生，特别是居住在卫藏四部[1]、来往行走于宗豀之首领、上官大人、丁本、居本、根保、百姓等所有尊卑僧俗一体晓示：

甘丹颇章政府在雪域西藏成立以来，对忠心效力于政府政教大小事务，及在激烈的战场上英勇善战者，有给予临时或永久奖赏和封爵的优良传统。协噶尔地区佳布巴之户主边巴次仁，对外国肆意蹂躏雪域教区的恶劣行径实难容忍，于土猴年(一七八八)，在定日朗廓[2]等地以霹雳火之妙计，配以猛烈的箭矢，杀伤外敌人马无数，表现得英勇无敌[3]。彼乃政府的古老仲科尔世家丁青巴之后裔，其先辈曾忠心耿耿为历辈达赖效命。考虑应以各种办法犹如对眼睛一般给予爱护，现赏赐"无畏勇士众中尊"之封号。大家应尽量相助，不得对其反对和伤害。凡照理而行者，今后必将受到保佑，若有违反命令、倒行逆施者，不但护法神会辨明善恶，国法也必然予以严惩。望正确取舍。

特此通告。

铁猪年四月初八写于布达拉宫

（五十九）内宫就自第十五绕迥土马年起五年之内杜绝毒品事颁发之文告

（藏历土马年，民国七年，公元一九一八年）

生活在器世间的一切众生，特别是以三大寺和上下密院为首的各寺院，以及地方政府所属上中下一切臣民等一体晓示：

先前拉萨大昭寺主体建筑金瓦殿屋顶飞檐鳌头一些水槽漏水，对此进行了占卜，结果预示罪恶滔天、应受诅咒的毒叶子烟草将在佛土雪域漫延。尤其木龙年之后，曾多次提出对毒品烟草进行销毁，但尊卑人等却普遍享用，因而臭气熏染大地，玷污了三佛田[1]灵物等。由此引发的晦气已使加持力[2]征兆减退，护法艰难，地龙神怨恨，出现了灾年。到处是疫疠发生，人畜疾病流行，损失惨重。为使此危害尽快平息，大家要正确领会此文告之精神。

在班禅罗桑却吉坚参和达普雍增益西坚参之文集中讲：轨范师白玛嘎惹[3]和麻吉拉准[4]均曾预言，于今后浊世之时，自己和他人都将会吸食祸殃毒品（即烟草）。传说烟草是魔罗的胎血流出长成的青草。男人们没有任何理由放肆地享用这些到手的毒药。怨鬼九弟兄立下誓言，最小的兄弟开口道："诸位弟兄别苦恼，我来变作汉地之烟草，名字就叫乌头（即毒药），将要降生在边疆。边地之人带我到西藏，番民定会乐意来享用，届时五毒泛滥，摈弃十善[5]行十不善，守持佛教者也将短命。毒气龙邑、神邑四处扩散，弥漫所有山谷和村寨。

久旱无雨连年遭灾，内乱瘟疫各种不祥苦难将出现。吸食者之菩提心将枯竭，四百二十四种罪恶无一难免，死后转生三恶趣[6]，修行百劫[7]亦难得解脱。善神对此无良策，三宝慈悲再大亦无济于事。”以上所言，无不在理。

总之，佛法众生之幸福已受到很大危害。由于臭气的熏染，吸食者本身善心泯灭，恶心发展，政教功德之慧眼不明，神志不清。为防止新的危害发生，从神变月（正月）初一起，要订立一份无论何时何地、当面背后均不再吸食的文约。同时，对鼻烟内掺杂烟叶也要进行管制。吸食烟草不会有助于解决饥渴等问题，无谓地糟践难以获得的宝贵人身，乃屠杀一切幸福的索命鬼、刽子手。因此，对所有公职人员要严加管束，对其余的一切尊卑人等，从今年起也不能放任自流，要晓以利害，防止走上此道。对个别不幸已染上恶习者，五年之内要戒掉毒品。

各寺院的执事、地方宗豁首领、佐札[8]等大家要明了幸福之源之重要，对此文告要散发各地，妥善保存，在大小会场进行散发传抄张贴等，坚决贯彻执行，并要秘密或公开检查。据此，望大家结合法律正确取舍。

土马年三月初六吉日写于

罗布林卡安乐遍喜贤劫宫

译注：

〔1〕三佛田——藏语རྟེན་གསུམ།，又称三宝、三所依：佛像为身所依、佛经为语所依、佛塔为意所依。

〔2〕加持力——藏语བྱིན་རླབས་ནུས་མཐུ།。神力，威力，福力，即安住圣道法位的自在威势。如四加持力：谛加持力、舍加持力、寂静加持力和智慧加持力。

〔3〕轨范师白玛嘎惹——藏语སློབ་དཔོན་པདྨ་ཀ་ར།，莲花生，吐蕃王朝“师君三尊”中之轨范师。生于印度西方古国乌仗那境内，得其国王因陀罗菩提抚养为太子，命名莲花生或池生金刚。长后赴孟加拉地方从巴尔巴哈蒂论师出家，号释迦狮子。从八大持明受八部修行密乘，从佛密论师受幻化讲述密乘，从室利僧哈听受以大圆满为主的众多显密经教。云游孟加拉及乌仗那等地教化有缘皈依佛门，人称莲花王者。八世纪中，应吐蕃王赤松德赞之请入藏，倡建桑耶寺，教藏族弟子学习翻译之学。从印度邀无垢友等通人证士至藏，翻译重要显密经论为藏文。为赤松德赞及王妃也协措杰等有缘者传授无上密八法、金刚橛及诀窍正见等教法，创建显乘经院及密乘道场，发展出家在家两种僧团等奠定西藏旧派密乘之基。其后离开西藏，往之遮末罗等印度西方古国教化有缘，号称罗刹王者、罗刹颅鬘大师云。

〔4〕麻吉拉准——藏语མ་གཅིག་ལབ་སྒྲོན།，西藏一佛学家。依帕·当巴桑杰为师，是希杰决鲁派教法的主要传出者。其生卒年虽有不同说法，但多数认为，生于公元一〇三一年，卒于一一二九年。

〔5〕十善——藏语དགེ་བ་བཅུ།，即不杀生、不偷盗、不邪淫、不妄语、不两舌、不恶口、不绮语、不贪、不嗔和不邪见。

〔6〕三恶趣——藏语ངན་སོང་གསུམ།，即地狱、饿鬼和旁生（即畜生、如牛马等）。

〔7〕劫——藏语བསྐལ།。劫有小劫和大劫之分。小劫，佛经《对法藏》所说，人寿自十岁起，百年增一，至八万四千岁，中间经过时期，为一小劫。从此百年减一，至十岁止，中间经过时期，亦为一小劫，约为人间八百三十九万九千年。大劫，每八十小劫为一大劫，约为人间六亿七千一百九十二万年。

〔8〕佐札——藏语གཙོ་དྲག，庄头乡吏。原西藏地方政府时，由政府、贵族或寺庙各自委派的庄头和乡吏。

（六十）十三世达赖喇嘛颁给哲蚌寺法会两位掌堂师[1]之指令

三界[2]一切利乐之根本所依乃是独一无二的释迦佛所教证的佛法大宝，尤其是经过三界法王宗喀巴大师所改良的显密结合的佛教大宝本身，经过各个阶段的长期发展而存在于世，一切有情随意享用佛法和资财、快乐及福德。身为利乐之本的全体僧团，特别是三大寺的僧众凭借着三学戒律，对于教规的各项措施及历代佛爷（即达赖喇嘛）所制定的规章制度不相违背，坚持执行。然而，一段时间尔等办事人员，对此管束不严，关心不够。总之，一些不驯的嬉戏者，其中有些人丝毫不顾佛教众生之利乐、大寺院的声誉以及各自今后的善果，而犯四根本戒，喝酒、吸烟、下棋，夏天逛林卡（公园），冬天到深谷避寒，穿奇装异服，到乡村漫游、以强凌弱等，这些都是根本不允许的。参照以上所述，对其首恶者，自不必说，对尔等轨范师[3]、掌堂师等首领们必须要惩前毖后，对于那些对往日的行为有追悔之心、准备去恶从善者，要从长计议、从宽惩处。

从今之后，如上所述，如果佛教众生幸福之本完全有赖于僧团发菩提心之行为，具备浩瀚佛经善知识性相，大众安稳舒适，立志发展说、辩、著之事业及其发菩提心之侍奉。按照上述之理由，对于违背先后所颁发的各项规章的坏人恶行，倘若不消灭的话，就不可能出现善美和安适。如所例举，尔等各个扎仓的亲教师[4]、掌堂师以及康村、密村的师傅等，要层层衔接，仔细判断，对坏人不能放任不管，以如同柔软的丝绸结子一般的教规进行训诲。从现在起，自成章法，上下有序，严格进行管束。如若出现忽视先前的一切规章制度，其首犯和当事者自不待言，对各个执事也要召回原处进行处罚，对此决不会置之不理，听之任之。这种不必要的得失，掌握在自己手上，要正确选择，取舍无误。如同人有名、刀有柄，需名副其实。对过去和现在的规章稍有疏忽，便会身败名裂。务必合理执行。特此颁发严加管束、威慑制服之霹雳指令。

虽具福泽之话语，弱者也承受不起。

廓察国王[5]一发话，可将海王来擒拿。

如是，诸凡命令的强大力量，对于不畏惧两法威严的一切粗暴者则顺利屈服，将非理的行为远远抛弃，将和气善良严整的禁戒，自然而然引为己任，使边疆和腹地没有不安和烦恼，愿大地呈现一片安宁景象。

译注：

〔1〕掌堂师——藏语དགེ་བསྐོས།，又作纠察僧，有时也直接音译“格贵”。负责维持僧团清规戒律的寺庙执事。旧时大寺庙的纠察僧随身携带铁杖到处巡视。故又呼之为铁棒喇嘛。在拉萨传大召期间，由哲蚌寺的铁棒喇嘛维持拉萨市区秩序。

〔2〕三界——藏语ཁམས་གསུམ།，即欲界、色界和无色界。系佛教用语。①欲界：此中众生贪爱段食、贪行淫行、享妙五欲，其器世间亦为有贪欲的众生之所居处，故有此名。②色界：须弥山顶上空中，自初禅至四禅天所居天人，光明身莹澈妙好，离欲界贪，未离色界贪。③无色界：包括空无边处乃至非想非非想处四定诸天，除净色意识而外，全无

粗色，超离欲、色两界贪欲，但尚有无色界贪。

〔3〕规范师——藏语སློབ་དཔོན།，对自己的徒众，从法财上给予利益的善知识。梵音译作阿阇梨、阿遮利耶。

〔4〕亲教师——藏语མཁན་པོ།，梵音译作邬波驮那。传授出家戒或近圆戒的和尚。

〔5〕廓察国王——藏语ཀོ་ཊའི་རྒྱལ་པོ།。

（六十一）十三世达赖喇嘛就发展藏区儿童医疗卫生事业事颁发给广大宗谿之文告

（藏历火龙年，民国五年，公元一九一六年）[1]

洁白雪山环绕之区的一切众生，尤其是天授甘丹颇章政府里办理吉祥四业的噶伦、代本、孜本为首的仲科尔之列，以及各宗谿管辖的所有上中下人等一体晓示：

与我们正遍知[2]祖师有缘的徒众，正确纳入成熟解脱道之方法高明，无量[3]仁德如同法蕴[4]中所载，将医治八万四千种烦恼之病付诸实现，不论暂时或久远都将其乐无穷。汉藏无数先驱圣贤译师和学者所教证[5]的论典，如同太阳放射着光芒，各项内容具足吉祥。其医治思想主张儿童享用的方式为禳解缘起，以算学经典考察寿命轮回的好坏取舍，清楚宣讲此项工作正广为流行。虽然如此，但是一段时间五浊[6]及自身的精气显得并不重要，唯独以追求俗务为主，对医药和算学等学问努力重视不够。贵胄们无人发展传统医药学知识，因此，本民族人士大部分寿命很短，不得善终，表现痴呆等，出现了与愿望相反的情景。为了使众生的佛法、资财和幸福得以发展，在此拉曼[7]高级侍从、基巧堪布、正医师强巴图旺[8]对有关婴幼儿药物用品的取舍措施办法，从医疗技术秘法中单另列出进行刊印，内容简明扼要，符合经典，而且综合药物要点，对八种丸药先后贴上标号和说明，并将“色玛”[9]等另行发放。对于怀孕即将分娩的妇女，先后药物不得给错，给予后立即在舌面上加盖“色玛”舌面印等。婴儿药物用品另外发放。当缘起妙汇不相悖谬时，便会无病而长寿，而且慧根明显富贵圆满，并将出现若干盛德。此并非诱骗，已为实践所证明，千真万确。真如，一块宝石经能工巧匠，进行一次精心琢磨和擦洗，将成为珍贵之宝，获得特殊价值。

在各位父母认真取舍的基础上，在此范围内所有医生对一切乞求获得药物的村民，务必进行适当管理，要立即订出计划。同时，贵族轮流担任的宗本本人或联合委派的宗谿协理人员，不论甘苦、善恶，希望大力推广。财力强者，可自愿捐助药费，要登记清楚，如某人捐助多少给某孩子多少都造册登记，各当事人也要签名盖章，并定期公布。同时，为了发展医院的优良作风，要物尽其用，不可出差错。另外，药品的价格可根据财力的强弱而定，但决不允许直接、间接或者趁机利用制定价格而搜刮民财，扰害民众。如果在藏区购买不到，需要买药的人，上述八种丸药每服一次，总计收费藏银二两四钱，要准确地进行登记，并进行计算。当药吃完之后，在拉萨藏医院手头不甚拮据的情况下，可随时领取。同时，大部分人说不清出生的准确时辰，如同小孩子一样，凡所作所为和命运均如在暗窟中放箭，事业和工作自不用说，因不符合缘起，各自的吃穿也不会圆满，出现各种罪过。因此，从今以后所有出生的孩子，各自的出生年、月、日、时辰都要准确无误地如实进行登记，实行算命。根据自己的财力，认真细致地进行流年算〔10〕、九曜占音算〔11〕和超度像轮算〔12〕等，并将算命的结果写成文字，一式两份，一份务必寄往拉萨，一份交当事人妥善保管，而且要取舍无误。另外，找不到星相家，或者父母财力不济，在当时如若没有条件进行算命者，可将登记的生辰八字随时寄往拉萨医院〔13〕，经详细推算，综合分析之后，其卜算的结果不论好坏，都要寄回原地。要让各地明了此项措施。

尔等各宗谿首领，责任感一定要强，自不必说，目前已委派和将要委派办事人员。办事人员对各地的情况都要熟悉，详察登记。从事该项工作的僧俗人员，上述医药和历算之工作，不管宗以下是否统一，应该协助附近地区尽可能大力推广和完善。六个月之后，将进度详细汇总上报。依靠这种方式推行一种新的规矩。如此难得的暇满人身[14]胜过如意宝，不要使之空耗掉。为了彻底改变广大百姓的利乐和美满幸福之根基，该文告在各宗谿文件登记清册的目录上务必认真登记，并要彻底贯彻执行。从此以后，对其社会的责任感如何，将要进行核查。望正确取舍。

火龙年吉日写于罗布林卡贤劫宫

译注：

〔1〕原藏文发文火龙年（咸丰六年 一八五六年）不妥，当年为十二世达赖喇嘛出生（转世）的时间。十三世达赖喇嘛在世时间为一八七六至一九三三年。故本“文告”应为第十五绕迥火龙年即民国五年，一九一六年。

〔2〕正遍知——藏语ཡང་དག་པར་རྫོགས་པའི་སངས་རྒྱས།，又作正等觉。梵音译作三藐三菩提。如来殊胜功德之一类：真实如理，无有颠倒为正；证大涅槃，不住二边为等；二障永净，慧莲广开为觉。梵音三藐为正，三为等，菩提为觉。

〔3〕无量仁德——藏ཚད་མེད་ཐུགས་རྗེའི་བདག་ཉིད།，大乘修行，心向无量众生，引生无量功德。不可胜计，故云无量。

〔4〕法蕴——藏语ཆོས་ཕུང་།，释迦牟尼所说对治贪等八万四千烦恼的

教法汇集成的巨编。《阿毗达摩集论》说每一千卷称为一法蕴；《阿毗达摩俱舍论》说帝释天所乘巨象所能运载的一驮墨写成的经典，称为一法蕴。

〔5〕教证——藏语ལུང་རྟོགས།。教法，指十二部契经；证法，指戒、定、慧三学。

〔6〕五浊——藏语སྙིགས་མ་ལྔ།，又作五渣，五滓。即寿浊、烦恼浊、众生浊、劫浊和见浊。

〔7〕拉曼——藏语བླ་སྨན།，达赖喇嘛的私人医生。

〔8〕正医师强巴图旺——藏语དྲོངས་གཉེར་བྱམས་པ་ཐུབ་དབང་།，于一八九七年被指任为十三世达赖喇嘛的私人保健医生，赏堪穷之职。在其任达赖喇嘛的私人保健医生期间，从甲日热急卓偏林寺特别选拔那些聪慧又用心之人进行教育培养，以推动西藏医学事业的发展。著名的藏医，被誉为学者之冠的钦绕罗布大师就是他当年特意选收的作为特别培养对象的学生之一。

〔9〕色玛——藏语ཧྲིཿ།，系一经咒文字。藏俗婴儿初生时，常以藏红花末充填一种刻有阴文的图章上，加盖于婴儿舌面。称做舌面印。

〔10〕流年算——藏语ཚེ་རབས་ལས་རྩིས།，又作算命，推算某人一生运气和宿命的迷信活动。

〔11〕九曜占音算——藏语གཟའ་དགུའི་དབྱངས་འཆར་སྐྱེས་རྩིས།。九曜，又称九执：日、月、火、水、木、金、土、罗睺和计都等九曜。结合音韵以占吉凶之术。又称九曜韵律算。

〔12〕超度像轮算——藏语སྐྱེ་རྟགས་འཁོར་ལོ།。“超度像”为旧俗，根据卜卦结果，为超度死者脱离恶趣往生净土而绘塑的上师三宝之像。“轮”为二十七宿各有一个运行轨道，即星躔圆轨。

〔13〕拉萨医院——藏语ལྷ་ལྡན་སྨན་རྩིས་ཁང་།，又称拉萨藏医院。该医院于藏历第十五绕迥火龙年（一九一六），由十三世达赖喇嘛签署创办，为集藏医教学、诊治疾病、配制药物、推算藏历、兼学文化于一体的利众藏医历算学校。其主要任务是为各寺院培养藏医历算人才，同时推算年历，为百姓门诊，向九十六个宗谿提供儿科常识、婴儿接生常识、推

算婴儿生辰星宿等〔该医院的前身为“医算局”，清康熙十五年（一六七六）初，在拉萨药王山之药王庙内传习医药知识，至五十六年（一七一七）后，开始（成为）讲习藏医、历算并编制藏文历书，为领主阶级诊治疾病的机构〕。首任院长为著名藏医大师钦绕罗布，该医院也就是在他的亲自主持下创办的。一九五九年民主改革后，在原地扩建楼房，成立具有现代规模的拉萨医院，开展藏医的整理研究工作，并附设专门历算研究、编纂机构。

〔14〕暇满人身——藏语དལ་རྟེན།，又作有暇人身，即具八有暇之人身。八有暇：远离地狱、饿鬼、旁生、边鄙人、长寿天、执邪见、佛不出世、喑哑等八种无暇。

（六十二）十三世达赖喇嘛颁给崔科瓦赐封庄园之文告

（藏历火鸡年，光绪二十三年，公元一八九七年）

西藏地区全体在职文武官员及上下僧俗人等一体晓示：

代本崔科瓦·顿珠多吉[1]对西藏忠心耿耿，在佛教之敌——英军入侵西藏之际，为使家园不至沦陷，驱逐消灭了不少实力雄厚的英印联军[2]。众所周知，彼在众武官中，实属功勋卓著者。为此，特将扎西绕丹庄园赐封于崔科瓦。该庄园的土地和人的所有权，全部归其世代承袭，并将该庄园负担之一切力役物税全部豁免。所有西藏僧俗民众，只能为其提供方便，不准对其有丝毫的危害。特颁此文告。

火鸡年吉日写于布达拉噶丹央孜寝宫

译注：

〔1〕代本崔科瓦·顿珠多吉——藏语མདའ་དཔོན་མཚོ་སྨོ་བ་དོན་གྲུབ་རྡོ་རྗེ།。崔科瓦为西藏一贵族世家。其父辈崔科瓦·米玛次仁为十二世达赖喇嘛时期的噶伦，后被贝丹顿珠所谋害。

〔2〕十九世纪末和二十世纪初英帝国主义曾两次武装进犯西藏地方，都遭到了西藏人民的坚决抵抗。第一次抗英战争发生于清光绪十四年（公元一八八八），当时英国人首先占领了哲孟雄（锡金），把哲孟

雄，作为侵略西藏的跳板，加紧修路、架桥等。西藏方面为了阻止英人入侵，在西藏与哲孟雄接壤的隆吐山构筑了一道防线，不准英人逾越，于是英人照会清政府要求撤除隆吐山哨所。清政府不分青红皂白，就通知驻藏大臣文硕命令西藏撤除隆吐山哨所。火猪年（一八八七）二月，三大寺、扎什伦布寺以及西藏地方政府和全体僧俗官员向驻藏大臣衙门上了一道公禀："隆吐山是西藏的神圣领土，因此决不从那里撤除哨所……纵有男尽女绝之忧，惟当复仇抵御，永远力阻，别无所思。"当时驻藏大臣文硕忠于职守，站在西藏人民一边，全力支持藏人的抗英斗争。后遭到了革职处分。文硕被革职，但西藏人民的抗英斗争并未停止。摄政和噶厦召开了全藏僧俗代表会议，起草了《共同誓言书》，与会代表均在《誓言书》上签了名。噶厦提出，为了坚持抗击英国侵略军，选派文武能员到边境指挥驻守，征调全藏民兵和大、中寺庙的僧兵，实行十八岁至六十岁的征兵制，立即筹集土枪、土炮、刀、矛、弓、箭等。为了克敌制胜，请甘丹赤巴为首的各大活佛诵经念咒，给四大林（即策墨林、功德林、丁吉林、锡德林）、上下密院发放布施，向三宝祈祷。同时，特指定代本拉顶色、孜仲索朗坚赞率领五百多僧俗民兵开往西藏和锡金的边境准备迎敌。一八八八年二月七日，英军从隆吐山脚下突然向藏军进行袭击，藏军奋勇抵抗，击毙了着黄衣服的英军头目一名，英军随即惊慌撤退。二月八日清晨，英军从原路发起第二次进攻，藏军严阵以待，誓死抵抗，经数次鏖战，毙伤英军约百余名，藏军战死甲本（连长）一人、兵员二十余人。藏英双方多次交战，英军不甘心自己的失败，后调来大炮等疯狂轰炸，靠着先进的武器攻占了隆吐山。是年六月，藏军三千人向隆吐发动了反攻，仍被打败，伤亡更大，最后被迫放弃了隆吐，第一次抗英战争结束。此后清政府派升泰为驻藏大臣，命令他前往藏印边境与英国议和，于光绪十六年（一八九〇）签订了"藏印条约"，正式承认锡金属于英国等，"通商一事，容后再议"。这就为英帝进一步侵略西藏留下了后路。

二、档案篇

（一）唐蕃甥舅会盟碑

（藏历水兔年，长庆三年，公元八二三年）

（公元八二三年，其会盟碑立于拉萨大昭寺前的公主柳[1]旁，是为吐蕃和唐朝之间和善关系空前友好之见证）

（西侧左边）

大唐文武孝德皇帝与大蕃圣神赞普，舅甥二主，商议社稷如一，结立大和盟约，永无沦替，神人俱以证知，世世代代，使其称赞。是以盟文节目，题之于碑也。

文武孝德皇帝与圣神赞普可黎可足[2]，赞普陛下，二圣舅甥，睿哲鸿被，晓今永之屯亨，愍矜之情，思覆其无内外，商议叶同，务令万姓安泰，所思如一，成久远大善，再续旧亲之情，重申邻好之义，为此大和矣。今蕃汉二国，所守现管本界，其洮岷已东为大唐封疆，其塞已西尽是大蕃境土，彼此不为寇敌，不举兵革，不相侵谋封境。或有猜阻，捉生问事讫，给以衣粮放归。今社稷叶同如一，为此大和。然舅甥相好之义，善谊每须通传，彼此驿骑，一任常相往来，两路蕃汉，并于将军谷交马，其绥戎栅已东，大唐祇应；清水县已西，大蕃供应，须合舅甥亲近之礼，使其两界烟尘不扬，罔闻寇盗之名，复无惊恐之患。封人撤备，乡土俱安，如斯乐业之恩，垂于万代，赞美之声，遍于日月所照矣。蕃于蕃国受安，汉亦汉国受乐，兹乃合其大业耳，依此盟誓，永久不得移易，于三宝及诸贤圣，日月星辰，请为知证。如此盟约，各自契陈。刑牲为盟，设此大约，倘不依此誓，蕃汉背约破盟者，受其殃祸也。仍须仇报，及为阴谋者，不在破盟之限。蕃汉君臣，并稽首立誓，周细为文，二君之验，证以官印，登坛之臣，亲署姓名。手执如斯誓文，藏于玉府焉。

（西侧右边有汉文六行）

（东侧）

大蕃圣神赞普可黎可足德赞与大唐文武孝德皇帝，商议社稷如一，舅甥二主，结立大和盟约，兹将盟会始末，勒石为证。

圣神赞普鹘提悉补野化身下界，来主人间，为大蕃国王，于雪山高耸之中央，大河奔流之源头，高原净土，自天神而为人主，德泽流被建万世不拔之基业。创立优良之戒律，仁慈博爱，内政咸理。深谙兵事，外敌调伏，开疆拓土，强盛莫比。自此“苯教”护持之王以后，南方之门域[3]、天竺[4]，西方之大食[5]，北方之突厥[6]、涅牟[7]诸君长，莫不臣服圣神赞普，争相朝贡，俯首听命。东方有国曰唐，东极大海，日之所出，与珞（瑜）[8]、泥婆罗[9]诸国迥异，教善德深，足与大蕃相匹敌。唐以李姓得国，当其立国之二十三年，王统方一传，圣神赞普弃宗弄赞[10]与唐主太宗文武圣皇帝通聘和亲，于贞观之岁迎娶文成公主[11]，商议社稷如一。嗣后，圣神赞普弃隶缩赞[12]又与唐主三郎开元圣文神武皇帝重结姻好，景龙之岁，复迎娶金城公主[13]，永崇甥舅亲谊。中间边将开衅，弃好寻仇，兵争不已。当此忧危之际，欢好之念，终未断绝。以彼此近邻而又素相亲厚，重寻甥舅之盟。父王圣神赞普弃德松赞[14]陛下，睿智天成，教兴政举，普施鸿恩，泽被内外，遍及八方，四方万国皆来盟来享，况唐国谊属近亲，地接比邻，甥舅商议和协，叶同社稷如一，唐主圣神文武皇帝，结立大和盟约，旧恨消泯，再续新谊。此后，赞普甥传一代，唐主舅又传三叶，嫌怨未生，欢好不绝，信使往还，频见书翰之通传，珍宝之馈遗，然未遑结立大和盟约也。夫甥舅和协，扫彼旧怨，泯其嫌隙，喜兵革之不作，惟亲好之是崇。我圣神赞普可黎可足德赞陛下，圣明睿哲，天神化现，恩施内外，威震四方，与唐主文武孝德皇帝甥舅商议社稷如一，结立大和盟约于唐之京师西王会寺[15]前，时大蕃彝泰七年，大唐长庆元年，即阴铁牛年（辛丑）孟冬之月（十月）十日，登坛陟降，大唐主盟。续盟于吐蕃逻些东哲堆园，时大蕃彝泰八年，大唐长庆二年，即阳水虎年（壬寅）仲夏之月（五月）六日，登坛陟降，大蕃主盟。其立石于此为大蕃彝泰九年，大唐长庆三年，即阴水兔年（癸卯）仲春之月（二月）十四日事也。树碑之日，唐使太仆寺少卿杜载……等参与告成之礼，同一盟文之碑树于唐之京师。[16]

（北面）

大吐蕃参加会盟的大臣名单（省略）

（南面）

唐朝参加会盟的大臣名单（省略）

（《中国西藏地方历史档案汇编》三—二十三页）

译注：

〔1〕公主柳——藏语ཇོ་བོའི་དབུ་སྐྲ，又称释迦发。拉萨大昭寺前唐柳，相传为文成公主亲手所植。西藏人民怀念文成公主，不但爱护备至，而且

加以神化，谓此树乃公主携藏之释迦佛像头发落地所生，故有此名。

〔2〕赤祖德赞——藏语ཁྲི་གཙུག་ལྡེ་བཙན།（八〇六—八三八），吐蕃赞普，汉籍作可黎可足。八一五至八三八年在位，又名赤热巴坚。赞普赤德松赞之子。因其兄藏玛出家为僧，达摩行为不端，故令其执政。继位后建年号彝泰，故又称彝泰赞普。崇僧妄佛，以高僧钵阐布参与政事，执掌王朝政务。规定“七户养僧制”，即命吐蕃属民七户供养一名僧人之生活所需。并订法律，规定以恶指指僧者断指，以恶意视僧者剜目。广建寺院，先后建讲院、禅院及律藏院三十座，以高达九层的伍祥多贝美扎西根佩寺最佳，寺以汉式大屋顶为饰。为使译经规范化，厘定吐蕃文字，制订藏文改革三原则，将往日所译经典编为佛经目录《兑塘丹喀尔目录》，是为今存藏文之最早佛经目录。并编纂梵藏对照《翻译名义大汇》。依印度规制改订吐蕃度量衡。在位期间，致力于唐蕃和好，于长庆元年（八二一）、二年，分别在长安及逻些（逻娑，即拉萨）举行唐蕃会盟，时称长庆会盟或甥舅和盟，并立“唐蕃会盟碑”于今拉萨大昭寺前（今存），为唐蕃和好作出重大贡献。开成三年（八三八），被反佛大臣杰多日等谋害，推其兄达磨为赞普，吐蕃王朝自是衰落。

〔3〕门域——藏文མོན་ཡུལ།，现写作门隅。在西藏自治区山南地区所属错那县境内。十七世纪，我国西藏地方政府已开始对此地行使管辖权，六世达赖喇嘛仓央嘉措即生于门隅地区的邬坚岭。

〔4〕天竺——藏语རྒྱ་དཀར།，印度之古称。

〔5〕大食——藏语ཏ་ཟིག，古大食国，后称波斯，即今之伊朗。

〔6〕突厥——藏语དྲུག་གུ།，古时阿尔泰山一带的游牧民族。六世纪中叶，开始强盛起来，并吞了邻近的部落。隋开皇二年（五八二）分为东突厥和西突厥。七世纪中叶、先后被唐击败。

〔7〕涅牟——藏语ནེ་སྨིལ།之译音。古代西北地区一少数民族。

〔8〕珞（瑜）——藏语ཀློ།，西藏自治区东南部一带，珞巴族人居住的地区。现代“珞瑜”在文字上写作ལྷོ་ཡུལ།而不用ཀློ།字。

〔9〕泥婆罗——藏语བལ།，即现今的尼泊尔。

〔10〕赞普弃宗弄赞——藏语ཁྲི་སྲོང་བཙན།，即赞普松赞干布。

〔11〕文成公主——藏语ཀུན་ཤེང་ཀོང་ཇོ།（？至六八〇），和亲吐蕃之唐公主。唐太宗养宗室女。藏籍又作“佳萨公主”，意为“汉妃公主”。贞观十四年（六四〇年），吐蕃赞普松赞干布派使者带着琉璃、宝甲、金银等聘礼，至长安求婚，唐太宗答应文成公主嫁给松赞干布。十五年（六四一年）赴藏，由江夏郡王李道宗护送至黄河源附近之柏海，松赞干布前往柏海亲迎，执子婿之礼谒见李道宗，然后同返逻娑（今拉萨）。松赞干布于玛波日山（今布达拉山）为其营建宫室，至今布达拉宫尚保存有他们成婚时的洞房遗址。文成公主知书达理，博学多才，亦笃信佛教，到逻娑后主持建造小昭寺，安放自长安带去的释迦牟尼塑像（后移至大昭寺安放）。今大昭寺前的公主柳，传说为文成公主亲手所栽。当时还带去许多工匠、乐队、宫娥、家具、绫罗、绸缎、珍宝、经史以及谷物种子等，使中原地区的农具制造、纺织、缫丝、建筑、造纸、酿酒、制陶、碾磨、冶金等生产技术和历算、医药等科学知识，陆续传到吐蕃。吐蕃又派许多贵族子弟到长安入国学读书，吐蕃妇女流行的椎髻、赭面以及吐蕃社会传统的马球游艺等，也传到中原地区。当时唐经吐蕃往来于天竺（今印度）的使者和宗教信徒，多得（公主）帮助而顺利完成使命，如玄照、道希、道生等僧人便是取道吐蕃入天竺的，玄照曾两次受到公主的接见和资助。文成公主对密切唐蕃关系，加强汉藏两族人民的团结及经济、文化交流，做出了宝贵贡献，深受藏族人民的热爱，在大昭寺、布达拉宫、山南昌珠寺等处供有其塑像。布达拉宫、扎什伦布寺、日喀则德钦颇章宫、萨迦寺大殿等处还绘有关于她进藏故事的壁画。作为八大藏戏之首的《文成公主》、古代民歌《唉马林儿》等都寄托着藏族人民对其的深情怀念。其事迹在藏族民间家喻户晓，广为流传。

〔12〕弃隶缩赞——藏语ཁྲི་ལྡེ་གཙུག་བཙན།，即赤德祖赞（？至七五五），又作赤德祖甸，又名梅奥宗。赤都松之子。生于丹卡尔宫。唐长安四年（七〇四），嗣赞普位。以沽芒波杰拉松为大相、后贝赤斯为相四年。致力于唐蕃和好。景龙四年（七一〇），与唐联姻，娶唐中宗养女雍王李守礼之女金城公主为妻。与金城公主屡促唐蕃和盟。开元二十一年（七三三），唐蕃于赤岭划界立碑，互市，唐蕃和睦相处。加强与

唐朝的文化交流，请汉人任其王子赤松德赞之侍读，学习汉文化，并请汉地和尚摩诃衍纳进藏翻译汉地历算、诗书，从此汉地《金光明经》、《律差别论》及医药、历算等相继传入吐蕃。同时，遣人赴印度等地学习佛学，带回五部佛经，在桑耶等地分别建秦浦、珍桑、查玛、嘎秋、赤孜等五神殿，以存佛典。

〔13〕金城公主——藏语ཀིམ་ཤེང་ཀོང་ཅོ།（？至七三九），和亲吐蕃之唐公主。唐中宗李显之侄孙女，雍王李守礼之女。其自幼长在宫廷，聪颖美丽，深受唐中宗喜爱，故收其为养女。景龙三年（七〇九），吐蕃祖母可敦遣大臣宗俄为吐蕃赞普赤德祖赞请婚，唐以公主与吐蕃联姻。同年，吐蕃大首领瑟瑟告身赞咄（即尚赞咄），金告身钦藏及名悉猎，先后赴唐迎请公主。翌年，中宗率百官亲送公主至始平（今陕西兴平），当年抵逻娑，赞普专为其入藏凿石铺路，营建宫室，深受赞普尊崇。在吐蕃“边将谗乱”，唐蕃边将时有摩擦情况下，公主始终致力于唐蕃和好，曾多次将吐蕃赞普君臣“求听修好”之意，上书唐玄宗，请唐蕃“共署誓刻”。开元十八年（七三〇），唐皇甫惟明等入吐蕃，赞普亦遣名悉猎入朝上表，互致和好之意。十九年，唐蕃于赤岭（今青海日月山）立碑刻约定唐蕃之界，并于该地交马互市。据汉藏文献记载，她曾将唐之杂技诸工、龟兹乐、《毛诗》、《礼记》、《左传》、《文选》等汉地文化传入吐蕃，于吐蕃建九顶正慧木屋寺，在大昭寺开创祭祀释迦佛像仪轨等佛事，对汉藏经济、文化交流做出积极贡献。有关其入藏、认子等等，在藏文史书及壁画中均有载述，以表示藏族人民的怀念。二十七年（七三九），卒于吐蕃，共在吐蕃生活三十年。

〔14〕弃德松赞——藏语ཁྲི་ལྡེ་སྲོང་བཙན།，七九八至八一五年在位，赤松德赞之第四子。因年幼执政，大臣疑其是否有能力执政，遂议定先令其试行，故又称“赛纳莱青云”（意为“试行善颈王”）。其兄牟尼赞普执政后期，吐蕃佛寺供养大减，寺院受毁。其执政时，首先恢复寺院供养，兴建著名寺院噶琼多吉英寺，供养译师、班智达，翻译佛经，并迎请印度译师毗玛拉米扎、咱纳斯纳、泥婆罗人鸿嘎尔等参与指导译经事。由其领衔，王妃、吐谷浑王、工布王和以勃阐伽贝云、娘丁增桑布为首的七十余位吐蕃大臣共同签署发表兴佛诏书，勒石永存，成为吐蕃

佛教之珍贵文献。诏书主要内容是：宣布全吐蕃奉行佛法，不得摒弃；对僧人供养不得减少、停止；任命格西（善知识）为赞普幼年僧师及佛教宗师；对僧人不得令其为奴，不得征税，不得诉讼等。年五十四岁逝世于查吉甫。

〔15〕王会寺——此处藏文为ཤིག་སང་སི།，藏文译音应为谢桑寺。

〔16〕唐朝与吐蕃的友好关系，是从唐太宗贞观八年（六三四）松赞干布遣使请婚开始的。唐朝于贞观十五年（六四一）和唐中宗李显景龙四年（七一〇），先后有文成、金城两公主入蕃与吐蕃赞普松赞干布和赤德祖赞联姻。唐蕃和亲，两公主入蕃不仅促进了唐蕃和好，而且随她们进藏的大批官员、工匠，也将中原先进的政治制度、经济生产和文化艺术等传入吐蕃，推动了西藏社会的发展。到了七世纪下半叶，吐蕃逐渐强盛起来，占据了吐谷浑部、羊同、象雄以及川、滇诸部、族，唐蕃之间由于直接接壤，时常发生争地之战，但是这并没有淹没双方的友好情谊，即使在战争进行期间，也仍然在谋求划界和盟，希望维持友好关系。唐蕃和盟最早一次是唐中宗李显神龙二年（七〇六）会盟，最后一次是唐穆宗李恒长庆元年（八二一）会盟。此篇《唐蕃甥舅会盟碑》即是最后一次会盟的碑文。

〔17〕本篇系抄件，详见《西藏地方是中国不可分割的一部分》，其中第二部分（即东侧）个别地方文字依《吐蕃金石录》有所改动。北面和南面，即唐蕃参加会盟的大臣名单省略未译。

（二）额沁阔端邀请萨迦班钦贡噶坚赞之诏书

（藏历木龙年，淳祐四年，公元一二四四年）

长生天气力里，大福荫护助里，汗王敕谕萨迦班智达贡噶坚赞贝桑波：[1]

余为报答父母及天地之恩，需一位能指示道路正确取舍之喇嘛。查悉，汝具此善缘。汝要不辞道路之艰辛前来此地。倘若汝以年迈推辞，则与汝通晓佛法之誓言，相违乎？而当初释迦牟尼佛为了众生无数次地施舍个人之肉体又当何论？余已将四方大权在握，如指挥大军前来，致使众多生灵惨遭涂炭汝岂不惧乎？故请汝为佛教和众生着想速来，并晓谕边陲众僧。

馈赠礼品：白银五大升，镶有六千二百个珍珠的袈裟一件，硫磺色缎子长坎肩一件，靴子、袜子等，花绸和彩缎各二匹，五色锦缎二十匹等。着多尔斯衮[2]和温觉塔尔玛[3]二人赍送。

写于龙年八月三十日[4]

（《萨迦世系史》一一八页）

译注：

〔1〕贡噶坚赞贝桑波——藏语ཀུན་དགའ་རྒྱལ་མཚན་དཔལ་བཟང་པོ།（一一八二至一二五一）乌思藏著名高僧。藏传佛教萨迦派萨迦五祖之第四

祖。出身于后藏萨迦地区款氏家族，原名班丹顿珠，幼从师受戒，出家学法，取法名贡噶坚赞，又作公哥监藏。宋嘉泰四年（一二○四）印度那烂陀寺末任座主释迦师利跋陀罗（一一二七至一二二五）入藏传法，遂奉为师，修习经论典籍及佛学大、小五明，得大成就。印度人称精通佛学五明之高僧为“班弥怛”（亦作班智达），故时人尊称贡噶坚赞为“萨迦班智达”，简称为萨班，后遂以萨班相称而得名。开禧二年（火兔年一二○六）从师利跋陀罗受比丘戒，乃以师利跋陀罗之藏语意译贝桑波（吉祥贤）于其本名之后连称，以示其所师承。藏历木龙年（一二四四）应蒙古皇子阔端之召请，携两侄八思巴和恰那多吉，随蒙古来使先行，自赴乌思藏各地走访地方僧俗领袖商议归顺蒙古事。火马年（一二四六）抵凉州（今甘肃武威），翌年，谒阔端晤谈，接受蒙古大汗以吐蕃全境委命阔端管理，发《萨班致乌思藏蕃人书》（又称《具吉祥萨迦班智达致乌思藏纳里速古鲁孙诸善知识大德及施主书》），晓谕僧俗官民归顺蒙古。此后，遂与八思巴、恰那多吉留住未返。其间，曾为蒙古人、汉人、畏兀儿人、当地吐蕃人等授徒传法，又为阔端治愈疾病，深得阔端信任，被尊为“祭天长老”。宪宗元年（铁猪年，一二五一）在凉州圆寂。一生著述近二十余种，在佛学方面，《三律议论》、《正理藏论》等列为萨迦教派必修典籍，亦受到藏传佛教其他教派的重视；又以民歌、格言体裁写成《善说宝藏》，即后著称的《萨迦格言》，深入浅出以阐述道德伦理，文笔精美，开启一派文风，元代即有蒙古文译刊本。《萨班致乌思藏蕃人书》中所陈述吐蕃地方归顺蒙古应行诸事体，后遂成为元代管理吐蕃全境规定之条例。此书对于元朝对乌思藏之统治及此后全国之统一，均具有极为深远的历史意义。

〔2〕多尔斯衮——藏语རྡོར་སྲི་མགོན།之译音，人名。

〔3〕温觉塔尔玛——藏语དབོན་རྡོ་དར་མ།之译音，人名。

〔4〕本件颁发诏书的额沁阔端——藏语ཨེ་ཆེ་གོ་དན།（一二○六至一二五一），蒙古国宗王、大将，又译扩端、库腾。孛儿只斤氏，太宗窝阔台次子。太宗在位时，受封西夏故地，驻河西，其后又得东平路（今山东东平）四万七千七百四十一户为食邑。太宗七年（一二三五）率右路军征南宋，大败宋将曹友闻于阳平关，取利州、潼川等路，八年冬入成

都，同时，着手经营吐蕃，任命一些吐蕃首领为边州长官。十一年还师陕西，同年（一说翌年）派部将多达那波率兵入吐蕃，直至拉萨东北。一二四四年，遣使至吐蕃，召请吐蕃最有影响的萨迦派寺主萨迦班智达。定宗二年（一二四七）于凉州会见萨迦班智达，议定吐蕃归附条件，由萨迦班智达致书吐蕃僧俗首领，劝说归附，确立了蒙古对吐蕃的统治，对蒙藏关系的发展及喇嘛教在蒙古族中的传播有一定影响。蒙哥即汗位后，因其一向与蒙哥和善相处，未受株连，仍保有原封地和军队，宪宗元年（一二五一）卒。

（三）额沁阔端召萨迦班钦之诏书

（藏历木龙年，淳祐四年，公元一二四四年）

奉天承运具自在八功德[1]与大梵天之威力福与天齐统治四方的本汗王诏曰：

如同有三十二相[2]、八十种随好[3]的圆满第二佛，具备普慧之身的文殊善辩大神通萨班·贡噶坚赞贝桑波知悉：

为使加入六道[4]不变轮回之众生，报天地之恩，明善恶之道，须一位在今生来世能引导众生至成就精舍之上师。查悉汝具有传福寿花神所需之善缘，故余真诚邀汝前来，毫无虚假之意，汝意下如何？倘若汝以世间之法则体弱年迈为辞，那么，昔日神与人之导师释迦牟尼为了众生，毫无沮丧，无数次地施舍个人之身躯又当何论？（倘若推辞）则与汝修证诸法之誓言不相违背乎？余若举胜利之师进行讨伐，众多生灵岂不惨遭涂炭乎？汝具有无上智慧力，定使功业贯通无阻，对诸众生一视同仁，均以仁慈之心、恻隐之光相照，应不顾迢迢万里征程之艰辛。莫使成吉思汗[5]王族懊恼。

余王宫内财富多如天上雨，侍从众如空中尘，天府宝藏无穷尽。望火速前来，并晓谕边陲众僧。馈赠礼品：白银五大锭，镶有珍珠的大黄库缎一捆，硫磺色缎靴及袜子等，铜钱花及深蓝色缎各两整匹，五色锦缎二十匹。特此，委派管家多尔斯衮和孜瓦喀二人赍送。

龙年八月×日

（《萨班自传》十九—二十页）

译注：

〔1〕自在八功德——藏语དབང་ཕྱུག་གི་ཡོན་ཏན་བརྒྱད།，与世间共同自在八功德，即八共同悉地：细分色功德、粗分色功德、轻功德、周遍功德、证得真实功德、极光明功德、坚住功德和如意功德。

〔2〕三十二相——藏语མཚན་བཟང་པོ་སུམ་ཅུ་རྩ་གཉིས།，大丈夫三十二相：千辐轮、足善住、手足缦网、手足细软、七处充满、指纤长、跟圆长、身广洪直、足踝端厚、身毛上靡、繄泥耶腨、立手摩膝、势峰藏密、身金色，皮肤细滑、身毛右旋、眉间白毫、狮子上身、肩头圆满、肩膊圆满、得最上味、身分圆满、乌瑟腻沙、广长舌、得梵音声、狮子颔轮、齿鲜白、齿平整、齿齐密、四十齿、目绀青和牛王睫。

〔3〕八十种随好——藏语དཔེ་བྱད་བརྒྱད་ཅུ།，如来所有八十种微妙细相：属于爪甲者三、指者三、脉络者二、足者三、步态者七、头部者三、发者六、目者五、眉者四、耳者二、鼻者二、口者二、舌者三、齿者五、语者二、手者二、手纹者三、全身功德者十、身无瑕疵者四、下体者四、脐者二、总行止者三，共有八十。

〔4〕六道——藏语རིགས་དྲུག。三界内的凡夫，因善恶业果境地的不同，分为六种：一、天道，即天界众生；二、人道，指人类众生，诸佛贤圣多出在人间，人道苦乐参半，善于分辨事物的前因后果，易于知苦断集，慕灭修道，能明理祛惑，转凡成圣；三、阿修罗道，属于非天道，是一种大力鬼神；四、畜生道，包括一切虫鱼禽兽；五、饿鬼道，是一种孤贫潦倒受苦之鬼；六、地狱道，即下地狱受苦之处。

〔5〕成吉思汗——藏语ཇིང་གིར་ཧན་གྱི་རྒྱལ་པོ།（一一六二至一二二七），蒙古国创建者，军事家和政治家，名铁木真、特穆津、忒没真，乞颜·孛儿只斤氏。贵族首领也速该长子。幼年屡遭磨难。父死部众离散，在生死搏斗中磨炼了意志。十二世纪末期蒙古社会战乱连绵，“天下扰攘，互相攻劫，人不安生”，民众渴望统一和安宁。“深沉有大略”的铁木真顺应社会发展趋势，致力于统一事业。宋淳熙十六年（一一八九），被推举为汗，建乞颜氏联盟，着手建立管理制度。在“十三翼之战”中，虽为札只剌等十三部所败，因善于笼络部众，被称为“有人君之度者”。各部纷纷归服，势盛。经连年征战，最终统一了蒙古各部，终止了连年不断的战争，为蒙古民族的形成创造了条件。开禧二年（一二〇六）在斡难河即蒙古国大汗位，号“成吉思汗”。建立军政合一的千户制，把蒙古部众划分为九十五千户，分封给勋臣八十八人，整顿怯薛（护卫军），使之制度化，并扩充至万人，成为专设的常备军。健全法制，设达鲁花赤（断事官）掌政刑，立法令。建赋税制度，由千户、百户层层管理。即后开展大规模的军事活动。太祖二年（一二〇七）、四年，连攻西夏，进围夏都中兴府（今银川），迫夏主纳女求和。六年至十年，两次攻金、占领中都（今北京），破城邑八百六十二处，使黄河以北皆遭破坏。十三年，派大将哲别灭西辽。次年，以花剌子模杀害蒙古商队和使臣为由，率军二十万西征，灭花剌子模，攻占中亚许多地区，越太和岭（今高加索山）进入南俄草原，击败阿兰、钦察部。十八年，在伏尔加河败斡罗思和钦察联军。西征后，将所征服地区分封给诸子，后发展为钦察、察合台、窝阔台三汗国。二十一年，再攻西夏，破甘、肃等州，占灵州，进围夏都。次年，留兵攻夏，自率军攻金。七月，卒于军。元世祖至元三年（一二六六），追谥圣武皇帝。武宗至大二年（一三〇九），加谥法天启运武皇帝。庙号太祖。

本篇，仍然是阔瑞邀请萨班·贡噶坚赞之诏书。文中“莫使成吉思汗王族懊恼”一句中的“王族”是阔端自称。阔端为成吉思汗之孙、太宗窝阔台之次子（窝阔台乃成吉思汗第三子）。本篇“诏书”和上篇“诏书”均写于龙年（一二四四）八月，本篇具体日期不详。疑两篇诏书或许本是一篇，只是分别收录于《萨迦世系史》和《萨班自传》而已。然而，仔细阅读，两篇内容又有所不同，一是措辞不同，二是所赠礼品不同，三是，所派的使者也不同。阔端是否在一个月之内就向萨班下了两次诏书，还有待于考证。

（四）萨迦班智达贡噶坚赞致乌思藏全体黎民百姓及弟子之书信

（藏历火马年，淳祐六年，公元一二四六年）

愿得吉祥！向上师及怙主文殊菩萨顶礼！

具德萨迦班智达致书于乌思藏纳里速等地之善知识大德及施主福田：

吾为利济于佛法和众生，尤为操蕃语之众，来蒙古之地。召吾前来之大施主（阔端）甚喜，曰："汝携带如此年幼的八思巴兄弟，即侍从一道前来，此乃对吾之眷顾，汝以首领归顺，他人乃下层降服，汝奉召前来，他人乃畏葸前来，此事吾岂能不知乎？八思巴兄弟来此之前已习修吐蕃佛法，八思巴仍可续修佛法，着其弟恰那多吉[1]习蒙古语文。倘吾以世间法为治，汝以佛法护持，则释迦佛法岂不广布海内乎？"

此菩萨汗王[2]虔信佛法，敬重三宝，以良法统御臣下，于吾特加厚恩，优渥过于他人。曾云："汝可安心布法，汝之所需，吾俱供之。汝行善，吾知之也，吾行善否，天亦知之也。"汗王对八思巴兄弟尤为宠幸，彼有"善知自觉执法，定有益于所有国土"之善愿。特云："汝化导吐蕃之部众习知法度，吾当使其安居乐业。"故众人俱应勤为汗王及王室诸人之长寿祈祷。

目前，蒙古之军队[3]，多至不可胜数，想必瞻部洲已全部置于彼之治下。从彼者祸福与共，不允口称归顺而不遵彼令，对此必将摧灭。畏兀儿之境未遭涂炭且较前昌盛，人畜皆由彼等自理，文书、库吏[4]、伯克[5]等皆自任之。金[6]、西夏[7]、索卜[8]等地未亡之前，虽视彼等与蒙古相同，然彼等不从命，终遭灭亡，走投无路，皆俯首归降。但归顺之后，尽皆听命，至今其各自之伯克、库吏、军官、文书等，亦多由本土之贤者升任。我等部落愚顽，千方百计想逃遁者有之；认为路途遥远，蒙古不至者有之；或以为战而定能获胜者亦有之，然而行狡诈蒙骗终遭灭亡。到处归顺者颇多。因吐蕃愚顽，故除驱为奴隶者外，委官者百不抽一。吐蕃归顺者虽众，然所纳贡物甚微，此处诸大人内心颇不满，此情至关重要。前此数年，吐蕃上部兵马未至，实因吾偕白利（土司）归顺之故。见此次归顺甚善，上部阿里、卫藏等部已归顺，白利各部即将归顺，故至今兵马未至皆源于此。上部人们有所不知，当时虽已归顺，然未很好纳贡，所有未真诚归顺者，王兴师讨伐，则人财两空，此事汝等亦当有所闻。凡抗王师者，皆以为地险、人勇、兵众、甲坚、善射等而能获胜，终被王师所灭。

众人皆以为蒙古本部乌拉、兵差轻，而他处乌拉、兵差重。其实则不然，蒙古本部之乌拉、兵差远较别处为重。相比之下，他处反而轻也。

尚有言曰："如若听命，汝等地方及各部原有官员仍可委任官职。召来萨迦的金字使和银字使，委派为吾之达鲁花赤。"为举荐官员，可设置往返干练使者，造册开列官吏姓名、部众人数、纳贡数量等，缮清册三份，一份呈吾、一份缴萨迦、一份存各自官吏处。要绘制一图标明某处已归顺，某处未降服。否则，未降者之祸恐将殃及已降者。

萨迦金字使与各地土官要妥为磋商，以利济众生，不可擅作威福。地方官员亦不得未与土官未与金字使商议，而妄自行事。擅权自主为法令所不容。若犯此条，在此亦难求情。对此，惟汝等齐心协力，遵奉蒙古法令，定有裨益。对金字使要妥为迎送和服侍，对所有来此处之金字使，汗王必先查问："有逃遁者乎？遇拒战者乎？对金字使服侍妥协乎？有乌拉支差否？归顺忠诚乎？"倘若金字使不悦，定进谗言，罪将及之；倘若金字使悦意，定会受益。不听金字使之言，补救甚难。

此处，对所有前来纳贡者都以礼相待。吾等若想好生为之，则各自之官员可由萨迦人士陪同，携带贡物一道前来。进献何物，要妥善商议，此处吾亦可计议。以后回到家乡，与已与人皆有裨益。总之，去岁吾曾遣人转告，此举实为良策。然而汝等并未照此行事。尔等岂乐于覆灭之余各自俯首听命耶？汝等今日不听吾言，日后莫道："萨迦人去蒙古地方后对吾等并无裨益。"

吾怀着舍己利他之心，有益所有操念蕃语之众，而来到蒙古地方，听吾之言，必将受益。汝等未见此处情景，任凭耳闻难以置信。欲凭实力行事者，正如谚语"安闲之余，突遭魔压顶"。在此受压抑之后，则恐卫藏子孙及生民将被驱来蒙古之土。吾个人之得失无所懊悔，由上师三宝之加持和护佑，或许福泽不浅。汝等亦应勤向三宝祈祷。汗王对吾之关心与众不同，故汉、蕃、畏兀儿、西夏等地之善知识、大德等各方人士均为之诧异，前来听吾讲法甚是恭敬。蒙古将如何对待来此处的吾等，此事不必忧虑，大家对吾这里尽可放心。贡物以金、银、象牙、大珍珠、银朱、藏红花、广木香、牛黄、虎、豹、草豹、水獭、卫藏氆氇、卫地所产细布等物品此处甚是喜爱。总之，此处对一般财物不甚重视，将各地上等物品带来即可。

切记！有黄金能如所愿。

祈愿佛法昌盛，吉祥如意！致卫藏的弟子及施主书[9]。

（《萨迦世系》七十八—八十一页）

译注：

〔1〕恰那多吉——藏语ཕྱག་ན་རྡོ་རྗེ།（一二三九至一二六七），元代白兰王，乌思藏人，出身于萨迦款氏家族，八思巴帝师之弟。宋淳祐四年（一二四四），应蒙古皇太子阔端之召，与八思巴随叔父萨班·贡噶坚赞至凉州谒见。住留十八年。自幼学蒙古语，着蒙古装。后娶阔端之女墨卡顿公主。元世祖即位后，封白兰王，赐金印。至元二年（一二六五），受命为乌思藏三区最高执法官，返乌思藏，参加筹建吐蕃地方政权，住留三年。至元四年（一二六五）卒于萨迦。

〔2〕菩萨汗王——指阔端。

〔3〕蒙古之军队——指阔端的军队。

〔4〕库吏——藏语ནོར་གཉེར་བ།，主管财物的人。

〔5〕伯克——藏语བེ་དཀལ།，蒙古语借音。官职名。

〔6〕汉——指汉地。

〔7〕西夏——藏语མི་ཉག，古国名，党项羌族所建，因地处宋朝之西，故称。自称大夏，又有白高大夏国、邦泥定国、梅那国等称。自唐末远祖拓跋思恭起，世为夏州定难军节度使。宋初，李继迁抗宋自立。子德明与孙元昊继向河西走廊发展，击败回鹘。宋景祐五年（一〇三八），元昊正式建国，都兴庆府（今宁夏银川），疆域东据黄河，西至玉门（今甘肃玉门关），南临萧关（今宁夏同心县南），北抵大漠，境土两万余里，最盛时达二十二州，包括今宁夏回族自治区大部，陕西北部、甘肃西北部和内蒙古自治区一部分。先后与辽、宋、金等王朝对峙。居民有党项、汉、吐蕃、回鹘等族。政治制度多仿宋。创制使用西夏文

字，亦使用汉、藏等文字，接受提倡儒家文化。从事农牧业生产，盛产青白盐，有冶铸、陶瓷、印刷、织毡毯等手工业，通过朝贡、礼聘、榷场贸易与宋、金进行广泛的经济与文化交流。多次对宋朝作战，与辽、金亦时有战争。中期崇、仁两朝为封建国家发展的鼎盛时期，桓宗以后，国势衰微。夏末帝睍宝义二年（一二二七），为蒙古所灭。自景宗元昊始传十主，凡一百九十年。

〔8〕索卜——藏语སོག་པ།，又作粟特。古藏史中泛指吐蕃以西诸国。如大食粟特，指今伊朗；粟特杜茹迦，指今土耳其。现在སོག་པ།又指蒙古，蒙古族人。

〔9〕公元一二三九年（南宋理宗嘉熙三年），阔端从凉州（今甘肃武威）派大将多达那波率领军队攻入西藏，直抵拉萨，驻防拉萨以北热振寺一带。多达那波了解到西藏各地方势力和各喇嘛教派的关系后，写信给阔端，建议迎请萨迦派首领萨班·贡噶坚赞去凉州，以便通过萨迦派的势力进一步控制西藏。阔端采纳了多达那波的建议，写信给萨班邀请他到凉州晤面。萨班接受了阔端的邀请，携同两个侄子八思巴和恰那多吉抵达凉州，会见后，议定了吐蕃归顺之条件，发出了上述具有历史意义的“致乌思藏全体黎民百姓及弟子书”。

（五）八思巴·罗追坚赞致请法王扎巴森格之亲笔信

（藏历水鼠年，淳祐十三年，公元一二五二年）

愿得吉祥！向上师和文殊菩萨顶礼！向三世一切善逝之先师，一心不二[1]智慧本性[2]的法王阁下虔诚礼拜！谨以一片至诚之心修书一封。

广积非凡福智二资粮，依靠神圣七功德而清净降生。以先世发愿所成就之业力，身具戒定慧三学之正真上师，驾驭无比智慧舟之勤奋舵手在海岛取回众多妙善伺察宝。以功德大宝装饰的学者，有情之善业压倒一切，令人极为钦佩的大丈夫，天界人世之导师扎巴森格尊前：

释迦沙弥持金刚洛追坚赞贝桑波以赤诚敬禀：现今，无缘慈悲、具足智慧的上师法王，为着其他世间众有情之大事业而已圆满成佛，称之谓无垢吉祥如来。曾允诺变化相以不可思议的神通变化显示出现证圆寂之状。然而法王曾亲自预示："嗣后尔等各个方面都将得到善果。"汗王安乐国泰民安。现今汗王赐恩，减免了僧侣、苯波等所有应供喇嘛的兵差，使其安居乐业。并颁旨命萨迦巴掌管一切头人和僧侣。赍送诏书人口清查和迎请亲教师等事，已派"竹"前去办理。

在此地法王在世时，我也要随侍皇太子。由于暂时福星散逸，未能获得满意的佛法经教，而您已接受许多经教传承。为迎请您作为传授比丘戒的亲教师之事曾有过商议，法王也表示赞同并寄去了谕文，我也曾寄信热情恳求，然您未来。倘若法王在世时，您能来，法王会很高兴。我想即便法王去世，如您在此法王亦会心安。不知何故，未迎请到您，对此我有些失望。法王已去世，别无其他经师，因此希望从您处受到戒律、《现观庄严论》、因明等众多教言。法王临终时曾云："尔未受比丘戒，使我心不安，其他无所挂念。"当时，我等在跟前之人齐声说："请不要如此讲，我等祈祷法王长住世间。"法王只云"此事甚难"再未言。我等又问："倘若法王辞世，当请谁为上师?"法王答曰："当今卫、藏、康三地，没有人比轨范师扎巴森格更加贤能而高尚者，彼堪与辛底巴相媲美。"法王有如此心愿，请您为满足法王的遗愿而前来。倘若您不来，我便无其他合适的亲教师，我这一生即不能受到比丘戒[3]，也得不到诸多经教传承，故全取决于您。如今法王辞世，您是唯一指望，请谅之。您若前来，我发誓保证以与法王同样的情分相待。以上所言全系真言，如有半点和不实之词，持金刚便会燃起智慧金刚火，使我心脏裂为百瓣。请诸位具有智慧佛眼之上师为证。余言谨作偈语禀明：

我的经师已涅槃，入于幻化坛城间。
智慧太阳已西沉，慈悲云朵已消散，
情分雨丝亦中断，呜呼！只缘我的福分浅！
只因命薄才如此，故此向您做祈请。
倘若您不施恻隐，我的导师又请谁?
如是写信敬禀时，想起上师之功德，
您亦遥隔在他乡，苦苦思念泪成行。
上师恩德显威力，外加您的慈悲心，
由于我的赤诚愿，祈请之事但愿成。
如此请求不动心，何谓惭愧何谓羞?

何谓情分何谓悲？哭诉哀求做祈请，

陌生之人也动情，何故您无慈悲心？

一旦见到这封信，愿您跨马快登程，

悲悯鞭子策良马，风驰电掣速降临。

我原想亲来贵处，除朝拜萨迦寺外，并受比丘戒。后又觉着我们的夙愿，应在此处实现为宜，故未成行。如今您对我各方面……[4]而国家政局安定，旅行方便，多康六冈[5]俱是我们的弟子，对此，请您放心。为此，特委派岗曲娃，前来精心服侍于您。

押书礼品及盘费，计有从国库中支出的白银五十三两，略表微薄心意。待您莅临之后，我等众人可尽情享受教法和善财，祝愿大吉大利！

阳水鼠年仲春（二月）初三日写于凉州孜日喀佛殿。愿得吉祥！

（《萨迦世系》一六八——一七二页）

译注：

〔1〕一心不二——藏语ཐུགས་གཉིས་སུ་མེད་པ།，也称无二，离两边。不二，指对一切现象应不起分别，或超越各种分别。从本体论角度说，不二是指事物的本质是一元的，与真如、法性等是一个意思。从认识论和方法论的角度说，事物都存在矛盾，把相互对立的两个方面统一起来，并超越这种对立，达到佛教的真理，这种方法称为不二法门。对一切是非善恶等差别境界无思无知，无见无问，无言无说。

〔2〕智慧本性——藏语ཡེ་ཤེས་ཀྱི་ངང་ཚ།，即一切有情心中本来自然存在的明空了别的意识。指人们普遍具有的辨认事物、判断是非善恶的能力

或认识。佛教认为智和慧是有区别的。一种说法是照见名智，解了称慧。另一种说法是，正在观察判别事物时是慧，已经作出判断并通达明了时是智。众生因为愚昧无知（无明）而流转生死轮回，受各种苦痛，断除了无明烦恼而得解脱，便是智慧。

〔3〕关于八思巴受比丘戒一事，据《汉藏史集》记载：八思巴二十一岁的阴木兔年（乙卯，公元一二五五）五月十一日，他在汉地河州附近的地方由恰巴·却吉僧格、藏那巴·尊追僧格、楚·宣努僧格、堪布札巴僧格等人任堪布，由羌塘巴·觉敦索南坚赞、乃巴堪布洛追札等人任阿阇黎，由雅隆巴·喇嘛绛曲坚赞担任密教师，与具信比丘喇嘛叶巴、堪布喜饶意希、仁波且涅官等严守戒律之二十一名比丘一起在僧伽大众之中接受了比丘戒律。

〔4〕此处原藏文残缺。

〔5〕多康六冈——藏语མདོ་ཁམས་སྒང་དྲུག་པ།，古译朵甘思、六冈。即下区青康一带，依水流和山势起伏又分为六冈。地当今青海省、西藏昌都地区和四川。

（六）元朝皇帝忽必烈颁给法王八思巴之藏文诏书

（藏历木虎年，宝祐二年，公元一二五四年）

愿得吉祥！向所有吉祥妙善之源，连同天界世间一切皈依处佛法僧三宝顶礼！

成功于善业宝，闪烁着智慧轮，具殊胜功德相及随好之佛体，以慈悲之风摇撼着虚空法界，善说佛法发出万道光芒，制伏魔部妖星，消除各种邪说，驱逐一切黑暗，使遍入天所化刹土，盛开智慧白莲。

向众生之明灯——圆满佛顶礼！

其一切佛法清净无瑕，是彻底消除世间所有苦恼之明月，是想像的太阳和最好的甘露坛城，寂静万物妙法月亮彼受到普遍敬仰。

在心田的大地上，撒下虔诚的种子和信仰雨，经佛陀阳光之照射，生长出妙善的绿叶。智慧的精华出污泥而不染，愿广博的利他事业，如同蜂蜜一样香甜，在僧伽之牡丹园内蓬蓬勃勃得发展。

获得了殊胜之化身而变化凡体一十二岁那一年，于无数徒众之面前，亲见文殊本尊宣讲各种智慧之法而把尊容现。

里里外外百神向您稽首拜，好似清净法界聚悲云，智慧的电光闪，悦耳的雷声鸣，善说之雨徐徐降，使解脱之果熟已定。祈求龙王作为众生之顶饰来供奉。

在福泽雪域戒定慧三学[1]狮子功德丰，形态举止勇健无我[2]空[3]著称，用智慧的獠牙把进犯的猛兽来威慑，齐向人中狮子稽首把礼顶。

（以上为八思巴所写）

按照上师佛陀意，以长子降生到人间，世人称其为八思巴。

福泽英勇投胎初降生，形同圆满自在帝释天，先辈尽出班第达[4]。

努力攻读佛陀佛子之经典，一生具足威德和荣华，深深受到众人夸。

年龄刚及三四岁，便领悟“无我”，反复又把“我执”[5]诵，能讲“我的眷属[6]”和“占有”，又讲“脱离有寂”[7]、“文殊度母经”，通晓三藏法师[8]一百十八位，八岁又讲世系和“本生”[9]，如同四面梵天无畏和贯通。向不可思议的神变把礼顶。

年龄到了十二岁，在法主尊前如圣者。十七岁时学业已圆满，此时已将全部的功力重任来承担，对轮回于无边苦海之众生，耳闻目睹泪涟涟。祈求十方之佛子，大慈大悲救世人。感谢您是怙主观世音，领悟佛陀之经教，实际功业神变如眼前，祝愿您化为佛陀正觉利有情，谨向您智慧无比的文殊菩萨把礼顶！

（以上为八思巴的一位弟子所写）

彼的先辈积下无数之功德，因而才能生此富贵圆满身。上天命其降生世间做人王，成吉思汗犹如众生之太阳。该王功德自然成，皇子皇孙受尊敬，被其贵人视为顶饰来供奉。继续保护征服之后的臣民，这样的皇帝无往而不胜。

其弟亦是福泽无边的大善人，欢欢喜喜尊敬应供之国君，千方百计利他人，智者乃是众生最好之亲人。

其子拖雷[10]更具福泽和威严，对他人常如母亲爱护子一般，功业天成就，海内众生齐尊敬，蒙哥汗在整个世上祥云升。

（以上为八思巴所写）

如是，由于上师三宝之护持及天授皇帝成吉思汗、窝阔台汗[11]、蒙哥汗[12]之福荫，为利益佛法，忽必烈诏曰：

正等觉释迦牟尼佛，具有无可比翼的智慧和无缘悲心，犹如满月一般具有福泽和圆满的智慧资粮，好像太阳带来了光明，驱逐了黑暗，如同兽中之王狮子，战胜了恶魔和所有外道。朕和察必可敦（皇后）对其功德、事业及教法生起信仰，而且，在先前已是佛教和僧伽之主。况且，现在萨迦法王和经师八思巴又得到朕和皇后之虔信。在信教之后于阴水牛年（一二五三）接受其灌顶[13]，从而获得了不少教法。尤其是心想朕将担任佛教和僧伽之主。因此，当着经师八思巴之面，将后藏各地三宝之所依和保护寺庙不受侵害之诏书奉献，作为对佛法之供养。

此外，赐给经师的衣服有：黄金、珍珠镶嵌之袈裟，镶有珍宝的半月形大氅，法衣、僧帽、靴子、坐垫等；用具有黄金伞盖、金坐垫、金碗、银爵、刀柄镶有珍宝之腰刀等；财物有金子一大升、银子四大升，坐骑骆驼和骡子，并置有金制鞍辔。

虎年（一二五四）赐礼品：银子五十六大升，二十五块一包的茶叶二百包，大缎一百一十四。

总之，诏书和这些财物均作为对佛法的布施而奉献。尔藏地众僧亦当明了此意，不然何故颁此诏书。尔等众僧伽莫要争当首领，官多没好处。亦不可因持圣旨而欺凌他人。尔等僧伽不从军，不参战，依照释迦牟尼之教规，知经典者讲经，不知者听受，研读教法，刻苦修行，祷告上天，为朕祈福。有人云：不必学经，修持即可。不学经如何修持？懂得经义方可修行。诸位老年僧侣要规劝年轻者学经，年轻者要听从年老者教诲。对尔等众僧侣已免去兵差、赋税和劳役。此乃上师三宝之恩惠，尔等知道否？尔若不按释迦牟尼教规行事，蒙古人会说："此乃释迦牟尼教乎？"岂不指责于尔。尔等不可以为蒙古人对此一概不知，间或一两次不知，久后必知也。尔等众僧侣莫做恶行，莫让朕在众人面前出丑。尔要遵守佛经教义，祭祀上天，祈祷祝愿。朕做尔之施主。特此诏书。

由于善报之威力，天生具有富贵体。
虔诚智慧和仁慈，而且公道又正直，
乃国王佛教之本。皇帝贵子忽必烈，
天生具有此福泽。察必皇后贵妇人，
相貌俊美笑微微，以其福德极庄严，
大慈大悲聚心间。皇后以及太子们，
亲将财富和诚心，化为各种殊胜供，
诚心供奉三世佛。所献供品为何物？
即有福德宝资粮，还有坐骑和彩缎，
外加消渴美味茶，全部拿出献佛法。
为宏佛教持妙法，一切众僧无惧怕，
得此诏书福泽大，谁有这种好福气？
蒙古皇帝忽必烈，太子皇后体无恙，
寿比南山宏福广，国泰民安僧众和，
祝愿佛法十方扬。如此幸福人世间，
享受富贵又暇满，目睹佛陀闻妙法，
祝愿众生均受益。苦海轮回之肉体，

得到拯救见光明。一切佛法皆神通，
迅速证得正等觉。利益佛法好诏书，
首先本身应赞扬。全面回向随后做，
国王如此虔信和敬仰。是对三宝佛法之褒奖，
因从世间获得了贤圣。

（在不违背佛陀本尊和上师之功德和各种教义之前题下，由我编排[14]）

若问全部回向偈句是何意，按照清净大乘教义我写成。于阳木虎年仲夏初九日，写于汉藏交界之“陇巴霞”。

此著名的蒙古汗王之藏文诏书，至今仍保存在萨迦大寺内。此乃从原文抄录。

（《萨迦世系史》一六二——一六七页）

译注：

〔1〕戒定慧三学——藏语བསླབ་གསུམ།。三学乃学佛者必须修持的三种基本学业。戒指戒律，即防止行为、语言、思想三方面的过失。戒律的种类很多。定指禅定，即摈除杂念，专心致志，观悟四谛。禅定的种类很多，境界也有不同的层次，最高的境界是涅槃。慧，指智慧，即有厌、无欲、见真、摒除一切欲望和烦恼、专思四谛、十二因缘，以窥见法，获得智慧解脱。三学概括了全部佛教教义，修行法门，其中戒和定是得慧的手段。

〔2〕无我——藏语བདག་མེད།，也称非我。非身，是三法印之一。与我见相反，故名为无我。佛教根据缘起的理论，认为世界上一切事物都没有独立的实在自体，即没有一个常以主宰的“自我”（灵魂）存在。认为世界上一切事物都不会自生，而是种种要素的集合体；不是固定不

变的、单一的独立体，而是种种要素刹那依缘而生灭的。认为房子是砖瓦木石的结合体，人是由五蕴（色受想行识）组成的，在这样的集合体中，没有常住不变的“我”，所以说无我。无我分为两类：一、人无我（人空）、二、法无我（法空）。

〔3〕空——藏语སྟོང་པ།。佛教用来表述“非有”、“非存在”的一个基本概念。大乘思想以“空”作为理论基础。从所否定的对象来说，空可分为“我空”、“法空”两种。我空，即认为一切众生都是由各个组成元素聚合而成，不断流转生灭，因此不存在一主宰的主体——我。这是小乘的观点。法空，则认为一切事物都依赖于一定的因缘条件才能存在，本身没有任何质的规定性。但法空不是虚无，它是一种不可描述的实在，称为“妙有”。

〔4〕班第达——藏语པཎྜི་ཏ།，又译班智达。藏传佛教最高学位名。对精通大小五明及佛教经典者，始授以此学位。《元史》载八思巴学富五明，称班第达。萨迦派高僧贡噶坚赞，德高望重精通五明为世景仰，故尊称为萨迦班智达，简称萨班。

〔5〕我执——藏语བདག་འཛིན།，随执五蕴之一为我或想“此即我也”之心，也称我见、身见。谓对“我”的执著，是佛教要破除的一种主要观念，分为“人我执”（人执）和“法我执”（法执）两种。单称“我执”，指的是“人我执”。佛教认为，“人”本没有真性实体，但众生或是把“心”，或是把“色”当作人实在的我体，加以执著，由此而产生“我”的观念，有了“我”和“我所”的分别。小乘把这种“我执”，视为万恶之本，是一切谬误和烦恼的总根源。大乘在破除“人我执”的同时还特别重视破除“法我执”，即众生对一切事物虚妄分别，以为事物有独立自存的实体这样一种观念。

〔6〕眷属——藏语འཁོར།。佛经上所说的眷属，指佛弟子而言。

〔7〕有寂——藏语འཁོར་འདས།，生死涅槃。生死轮回和涅槃寂静。轮回乃佛书所说六道众生依存的世界及有漏五蕴。涅槃，意为灭、灭度、解脱、圆寂等。是佛教修习所要达到的最高理想境界。佛教认为众生由于愚昧而有烦恼，有烦恼则在生死轮回中受苦。而达到涅槃的境界

时，则息除了烦恼业因，灭掉了生死苦果，永不再受三界的生死轮回，惑无不尽，德无不圆，安乐无为，解脱自在。

〔8〕三藏法师——藏语སྡེ་སྣོད་འཛིན་པ།，奉行律藏、经藏和论藏的佛教通人。

〔9〕本生——藏语སྐྱེས་རབས།，佛书所说过去生生世世的一切经历记载。又作本起，本缘。

〔10〕拖雷——藏语ཐུ་ལོ།（？至一二三二或一二三三），蒙古国宗王。又译图类。孛儿只斤氏，成吉思汗第四子、忽必烈之父。尊称“也客那颜”或“兀鲁黑那颜”，意为“大官人”。南宗开禧二年（一二〇六）蒙古建国后分封时，得民户五千。英勇有谋略，随父征战，无役不从，故被称作“那可儿”（伴当）。太祖八年（一二一三），随父征金，与父率中路军，取雄、霸、滨、棣等河北、山东二十余郡。十四年，随父西征，相继攻陷不花剌、撒麻耳干等城。十六年，独掌一军，攻占呼罗珊、马鲁、你沙不儿诸城。西征后成吉思汗分封诸子时，依蒙古习俗，幼子继承父业，受封于蒙古本土，领有克鲁伦河至阿尔泰山的广大地区及其父所有的帐殿、帑藏、牧地和军队，“比其他宗王们更为独立和强大”（《史集》卷二）。二十二年，父死后，任监国。其监国二年（一二二九）召集忽里勒台（族众会议），遵父遗命与诸王拥立兄窝阔台即汗位。太宗二年（一二三〇）随汗征金。次年，统右军，破凤翔，渡渭水，出宝鸡，入汉中，破城寨一百四十余，并假道南宋，沿汉水而下。四年，大败金将完颜合达、移剌蒲阿于钧州三峰山（今河南禹县南），尽歼金兵精锐，继取河南郡县，后与窝阔台军会合，许金议和之请，率师北还。不久病卒，年四十余。宪宗时，追谥英武皇帝。世祖至元三年（一二六六）改谥景襄皇帝，庙号睿宗。

〔11〕窝阔台汗——藏语ཨོ་ག་རྒྱལ་པོ།（一八六——一二四一），蒙古国第二代大汗。又译斡歌歹，谔格德依等。孛儿只斤氏。成吉思汗第三子。初随父征服漠北诸部，太祖六年（一二一一），随军南下攻金，与兄术赤、察合台统右军，取云内、东胜、武州、朔州。八年，攻掠太行山东西二十余州，并与诸军配合，围攻金中都（今北京）。十四年，蒙古军西征前，被确定为大汗继承人。西征中，与术赤、察合台统军攻讹

答剌。十六年，克花剌子模旧都玉龙杰赤等城。西征后，受封于额尔齐斯河上游和巴尔喀什湖以东地区，首府叶密立（今新疆额敏县）。拖雷监国二年（一二二九）继汗位。次年，举兵攻金。太宗三年（一二三一），亲统中军攻河中府（今山西永济西），由弟拖雷总右军，斡陈主左军，形成对金新都汴京（今开封）三面围攻，相继占领陕西、河南、淮西大部，五年取汴京。次年，联合南宋破蔡州，灭金。七年，以宋败盟攻汴为由，派兵攻宋。次子阔端由陕入川，招降亡金将领所据秦、巩二十余城，次年占成都；三子阔出占襄阳，九年，下光州，至黄州受阻，罢兵。同时于七年遣拔都、贵由、蒙哥等西征，因诸王、那颜均派长子出征，史称"长子出征"，连破不里阿钦察及斡罗思中部和南部主要城市。十二年，破乞瓦（今基辅），分路侵入孛烈儿（波兰）、马扎儿（匈牙利），次年，破布达、佩斯，进军至维也纳附近。在位期间，取耶律楚材等建议，立朝仪，建中书省；定赋税制度，汉民以户计，西域人以丁计，并建十路课税使；再次颁行大扎撒（法令），约束诸王大臣，以强化汗权；重用文士，设编修所、经籍所，编集经史，保存典籍。同时，在蒙古地区确立百分取一的赋税制度；禁诸王附马聚会时向百姓征敛；置仓禀，以贮金帛器械；创建和林城，建造万安宫；派人察视荒原戈壁，掘井取水，以供牧民驻牧；设站赤，供使臣来往之需。八年（一二三六），括中州民户，得续户一百一十余万，分赐诸王勋戚，定新税法，行二五户丝制，每二户出丝一斤交朝廷，每五户出丝一斤给受封诸王。"时称治平"。元世祖至元三年（一二六六），追谥英文皇帝。庙号太宗。

〔12〕蒙哥汗——藏语མོང་གོར་རྒྱལ་པོ།（一二〇八——二五九），蒙古国第四代大汗，又译蒙格，忙该，蒙古语意为"长生"。孛儿只斤氏，成吉思汗第四子拖雷之子。自幼养育在伯父窝阔台处，随从出征，屡立战功。太宗二年（一二三〇），随汗征金，破天成堡，攻凤翔。四年，父死后，奉命归藩邸。七年，与拔都、贵由等率长子西征，史称"长子出征"。二十年，奉命与贵由先行东还蒙古。定宗后海迷失称制三年（一二五一），由宗王拔都等翊戴，即汗位于斡难河（今鄂嫩河）。后铲除异己，宪宗二年（一二五二）以窝阔台系诸后王屡作难，将其封地分

割，分赐予窝阔台子孙，以去其势，并以结诸王抗命为由，赐死定宗后海迷失等。次年，弟忽必烈平大理，同时，命弟旭烈兀西征，灭木剌夷（在今伊朗），报达（今巴格达）建伊儿汗国。八年，分三路进攻南宋，命忽必烈攻鄂州（今武昌），兀良合台取潭州（今长沙），亲率军进四川。次年，会师围攻合州，遭守将王坚及军民坚决抗击，受阻，七月，在攻城时受伤，死于军中，一说病死城下。在位期间，废除前朝滥发之牌符、诏旨、宣命，定驿乘制度，限制诸王乘驿所征用马匹数，禁商人乘驿；加强赋税管理，禁诸王擅招民户和科敛民财；罢筑和林城役，放免工匠；括汉地及斡罗思户籍。元世祖至元三年（一二六六）追谥桓肃皇帝，庙号宪宗。

〔13〕公元一二五一年，阔端和萨班相继逝世，同年，蒙哥即汗位于斡难河（一说于库腾敖拉）。宪宗二年（一二五二），以窝阔台系诸后王屡作难，将其封地分割，分赐予窝阔台子孙，以去其势。将汉族地区和藏族地区划为其弟忽必烈的分地。藏族地区，原为阔端领地，至是易主，萨迦派在西藏地区的领袖地位也陷于不稳。次年，忽必烈南征大理，曾遣将率军征服吐蕃，遂同时召见噶玛噶举派的噶玛拔希和萨迦派的萨班。萨班早已去世。阔端之子送八思巴应召。阴水牛年（一二五三年），八思巴年十九岁，谒见忽必烈。忽必烈夫妇及其子女都以俗人见师僧仪轨礼八思巴，先后从其受密宗灌顶，八思巴遂留在忽必烈处。

〔14〕本篇凡括号内的文字均为档案原文，非编者和译者所添加。

（七）大元皇帝忽必烈颁给法王八思巴之“珍珠”诏书

（藏历木鼠年，景定五年，公元一二六四年）

长生天气力里，大福荫护助里，皇帝敕谕诸位僧伽及属民百姓：

今生今世之福德，皆源于成吉思汗之法规，然来世之利乐，则当依止佛法。明察本意，方可对释迦牟尼之道生起正见。朕深明此意，已向善于教诲他人之轨范师八思巴请求密宗灌顶，授予彼国师之职，委以总管全体僧伽之任。[1]轨范师彼要全面承侍佛法，管教僧众，对讲经、听法、修习等善颁法旨，诸僧众亦不要违背轨范师之教言。佛教是根本，因此是精通教义者要讲法，年轻的虔诚者要学法，懂得教法而不善于说法听法者，要依照规矩进行习修。如此行事，方谓之佛陀教法。朕任僧众之施主，敬奉三宝之意亦在于此。倘若尔等僧众不依照规矩进行讲、听、修，则何谓佛陀教法？佛陀曾言：“吾之教法如同兽中之王狮子，若自身体内不遭损害，则外部无物能使之毁灭。”

朕居于大道，如尔等遵奉圣旨，进行习修，善解佛经，朕将不分派别一体敬仰，好生侍奉。如是，对遵行上述旨意的众僧、军官、军人、宗本、达鲁花赤、金字使等不得进行扰乱。不科派兵役、差税和力役，使众僧遵照释迦牟尼教规，祭天祈祷，为朕祈祷祝福。特颁圣旨，以此为凭。

僧众之寺院和僧舍，金字使不得住宿，不得向僧众征收吃食乌拉，不得抽调和侵占属于寺庙的土地、流水和水磨等一切财产，并不得无理仗势勒买勒卖。僧人们也不得因持有圣旨而违犯释迦牟尼教规。朕鼠年仲夏（五月）初一日写于上都。[2]。

正是：

乘坐善逝佛法之舟，速渡往苦海之彼岸。
依智者舵手八思巴，利他的圣旨已颁发。
此善良的一切众生，同进入朕之功德宝林，
功业光辉圆满甚喜欢，愿内心的乌云全驱散。

以上是薛禅汗（忽必烈）所颁“珍珠”诏书。

（《萨迦世系史》一六〇—一六二页）

译注：

〔1〕阴水牛年（一二五三）八思巴年十九岁，应忽必烈之召赴六盘山晋见，为忽必烈夫妇授密宗灌顶。元中统元年（一二六〇），忽必烈即帝位，封八思巴为国师，赐玉印，授中原法主，统天下释教。自此，元代历朝帝王也都必有帝师。他们须先从帝师受佛戒九次，然后即位（语见《南邨辍耕录》卷二），而帝师一职，也就成为元代中央重要官职之一。至元元年（一二六四），忽必烈迁都燕京（今北京），复称中都，置总制院（后改名宣政院），掌管全国佛教事务和吐蕃地区的地方行政事务，又命八思巴以国师领总制院事。自此，总制院（宣政院），也一直领于历朝帝师，但帝师往往是年岁很小的人，故实权是在院使手中。（见王森：《西藏佛教发展史略》）

〔2〕上都——即指大都。至元元年（一二六四），忽必烈将统治中心由开平迁至燕京（今北京），复称中都。一二六七年又建新城于中都东北，一二七二年名新城为大都，故通称北京为大都。

（八）帝师益西仁钦颁给贡波贝之法旨

（藏历铁虎年，至元二十七年，公元一二九〇年）

奉皇帝圣旨

帝师益西仁钦[1]法旨

贡波贝自来所管辖的米本[2]、根保、百姓等一体晓示：

皇帝赐予贡波贝金册和诏书，委派彼为尔等之首领。按照规矩，尔等众人要听命于贡波贝，不许逃散和捉拿仆从，要各居其土，定期完成法定的所有事项。贡波贝亦不得依仗皇帝之委派而非法行事。全体一视同仁，好生爱护百姓。特颁此法旨，以此为凭。

虎年七月初一日书于上都皇宫

译注：

〔1〕益西仁钦——藏语ཡེ་ཤེས་རིན་ཆེན།（一二四八——一二九四），《元史》作亦摄思连真。元代乌思藏高僧。世祖帝师。又作亦摄思怜。出身于萨迦寺之东院。据《红史》记载：八思巴驻于临洮时，萨迦派僧众推选彼去迎请八思巴到内地后，从萨迦第五祖八思巴学法，随侍左右，得谒元世祖，深受赏识。故其戚族中有多人入奉宫廷为皇室上师。至元二十三年（一二八六），帝师答耳麻八剌饶吉达辞归，翌年卒于途中，世祖乃命其嗣帝师职，领总制院（后改名宣政院）事，管理全国佛教及吐

蕃全境事务。至元三十一年（一二九四）在五台山圆寂。在彼任帝师的铁虎年（一二九〇）至元二十七年颁发给夏鲁寺的法旨，今尚保存。

〔2〕米本——藏语མི་དཔོན།，又称市民监，管理城市俗家居民的官吏。

（九）帝师扎巴斡色颁给贡波贝之法旨

（藏历木羊年，元贞元年，公元一二九五年）

奉皇帝圣旨

帝师扎巴斡色[1]法旨

西夏鲁寺[2]所管辖的村落、惹萨、玛阿、吉隆巴、敏卓、翟彩、惹索、切岭、江惹、岩、卓。各该地方所属百姓、千户、百户、十户等一体晓示：

皇帝赐予贡波贝金册和诏书，委派彼为尔等之首领。按照规矩，我已委任了官职。故尔等众人要听命于贡波贝，定时完成法定的一切事项。贡波贝亦不能因有我的委派，不与阿连和雅维奥阔为首的宣慰司进行商议而行非法之事。要一视同仁，好生爱护百姓。

羊年闰四月十八日书于上都皇宫

译注：

〔1〕札巴斡色——藏语གྲགས་པ་འོད་ཟེར།，《元史》作乞剌斯八斡节儿（一二四六——一三〇三）元代乌思藏高僧，成宗帝师。又作合剌思八斡节而。出身于萨迦寺之东院。初从萨迦第五祖八思巴学经，随侍左右，至元十七年（一二八〇），八思巴在乌思藏圆寂，受萨迦诸僧众推选赴大都告丧。至元三十一年（一二九四），成宗即位，授为帝师，领宣政

院事，管理全国佛教及吐蕃全境事务；元贞元年（一二九五）特造宝玉五方佛冠及双龙盘纽白玉印以赐，印文为“大元帝师统领诸国僧尼中兴释教之印”。嗣后历届帝师颁给全国各地佛寺之法旨均署此印，以确立其职责。以八思巴庶弟子达尼钦波获罪遭遣江南，他奏请成宗宥之，还归乌思藏任萨迦寺主，使萨迦款氏家族得以复兴。其帝师玉印及元贞二年（一二九六）赐给夏鲁寺之法旨今尚保存。在内地亦保存有其法旨刻石数通。

〔2〕夏鲁寺——藏语ཞ་ལུ་དགོན་པ།，藏传佛教寺院名。位于西藏日喀则东南。宋元祐二年（一〇八七），由僧人杰尊喜饶迥乃创建。因寺区多生名为“夏鲁”之野草，故名。元时设夏鲁万户，为乌思藏十三万户之一。府址即在该寺。由把持该寺的地方势力阿氏家族任万户长。寺内保存许多元廷对该寺的封文、诏书或令旨。该寺高僧布顿·仁钦朱（一二九〇至一三六四）扩建夏鲁寺，主殿夏鲁拉康（又称夏鲁金寺）为精美的汉藏合璧式建筑，系元代保存至今的唯一仅存者。

（十）帝师仁钦坚赞颁给经师昆顿和经师仁钦贝桑波之法旨

（藏历木龙年，大德八年，公元一三〇四年）

奉皇帝圣旨

帝师仁钦坚赞[1]法旨

乌思藏宣抚使司官员、军官、军人、地方守卫、断事官、来往收检者、传令官、牛马官、霍尔地方土官和俗人百姓等一体晓示：

昆顿经师和仁钦贝桑波经师所管辖的艾巴地方的寺庙庄园，寺庙僧伽、施主以及弟子们，讲经说法，为皇上祈祷祝福，安分守己。遵照皇上圣旨，属于彼等之庄园、土地、河流和草场等，任何人都不得强夺和抽调，不许在寺内寄宿，不许索取契约、诱惑借贷、挑拨离间、随意栽赃陷害、惹是生非，不许在寺内喂养牛马，不许以农具、驮畜作抵押，不许攫取畜群，不许强拉驮马，不许仗势欺凌。特颁此法旨，倘有视此法旨仍逆其道而行者，定予鞭刑。该处人等亦不得违法行事。

龙年二月二十四日书于

大都皇宫御花园

译注：

〔1〕仁钦坚赞——藏语རིན་ཆེན་རྒྱལ་མཚན།，又作辇真监藏（一二五七至一三〇五），元代乌思藏高僧，出身于萨迦东院。帝师摄思连真之弟。曾被元世祖封为萨迦细脱拉让之主持（任主持十六年）。大德八年（一三〇四）受完泽笃（即铁穆耳）皇帝（元成宗）迎请至朝廷任帝师（一三〇四——一三〇五），领宣政院事，管理全国佛教及吐蕃全境事务。大德九年卒。他颁给夏鲁寺之法旨今尚保存。（以上为《中国少数民族史大辞典》的解释）

而另据《元以来西藏地方与中央政府关系档案史料汇编》第一卷中记载："（一二八六年）亦摄思连真嗣（帝师），三十一年（一二九四年）卒。乞剌斯八斡节儿嗣，成宗特造宝玉五方佛冠赐之。元贞元年（一二九五年），又更赐双龙盘纽白玉印，文曰'大元帝师统领诸国僧尼中兴释教之印'。大德七年（一三〇三年）卒。明年（一三〇四年），以辇真监藏嗣，又明年（一三〇五年）卒。……（萨班弟子）夏巴钦波未出家前生的儿子秋波杰尊加的三个儿子为八思巴的弟子，长子喇嘛都科哇·意希仁钦（即亦摄思连真），八思巴住临洮时派人迎请他，故由萨迦大众派去。后他到汉地，受薛禅皇帝喜爱，封为帝师，享年四十七岁，逝于五台山；……第三子降漾仁钦坚赞，遵薛禅皇帝旨意，住持萨迦细脱拉章十六年，后受完泽笃皇帝的迎请至朝廷任帝师，享年四十九岁，逝于朝廷。他受朝廷宠待，教法智识功德甚隆，他在世时是萨迦派权势盛大的时期。"〔在此之后有大段注释这样写道：降漾仁钦坚赞（夏尔巴降漾仁钦坚赞即辇真监藏），藏历第四绕迥土马年（公元一二五八年）——第五绕迥火马年（公元一三〇六年），他是八思巴的亲炙弟子夏尔巴西饶迥乃未出家前所生的第三个儿子。他虽不是萨迦款氏族裔，但担任了萨迦住持，是卓有成就的著名高僧。怙主恰那的儿子达玛巴拉去世前称达钦桑波贝哇不是萨迦款氏后裔，皇帝将达钦桑波贝流放到汉地东海一小岛上。不久达玛巴拉去世，萨迦后裔断绝，很多年都由降漾仁钦坚赞讲经说法，修缮各个旧佛殿，并于藏历第五绕迥木蛇年（公元一三〇五年五月）开始修建了大佛堂楼上围廊的瑜伽部以下的一百四十八个大坛城，密集部的六百三十九个坛城，总计七百八十七个坛城。每个坛城的图案都是由绛漾仁钦坚赞画的，留存至今。总之，从达玛巴拉逝世到达钦桑波贝哇回西藏的十二年再加达钦桑波贝哇回到西藏后没有任住持的十八年，总共三十年中由他担任萨迦寺的住持，使萨迦教派较前有很大发展。藏历第五绕迥火马年（公元一三〇六年）初，他把住持移交给达钦桑波贝哇。元朝皇帝完泽笃派人迎请，他于此年年终去世，享年四十九岁。（以上所讲仁钦坚赞的生卒年月有些不同，确切年代尚需进一步考证）〕

（十一）帝师仁钦坚赞颁给多吉旺秋之法旨

（藏历木龙年，大德八年，公元一三〇四年）

奉皇帝圣旨

帝师仁钦坚赞法旨

乌思藏宣抚司官员、军官、军人、地方守卫，断事官、来往收检者、万户长、传令官、牛马官、僧俗百姓等一体晓示：

依照先前的诏书规定，对多吉旺秋原管辖的两个加措所属僧俗部众、仆从、第巴、牧户、如本等不得仗势欺凌蒙骗，不得征收前所未有的差税、食物、乌拉，不得随意喂养牛马，不得到僧俗百姓家中捉拿仆从，归属于己，原已捉拿的要交出，不得挑拨离间、栽赃陷害，遵照圣旨，不得追究旧差、旧案、旧的诉讼。特颁此法旨，如有违背者，定予鞭笞。该人等亦不得借口有此法旨，而违法行事。

龙年五月二十三日书于上都

（十二）帝师仁钦坚赞颁给昆顿巴为首的波东叶地方的善知识和僧伽之法旨

（藏历火马年，大德十年，公元一三〇六年）

以昆顿巴为首的居于波东叶地方的善知识和僧伽们，敬天守法，安分守己。奉皇上圣旨，不得征派前所未有的兵差、食物、乌拉，不得在经堂和寺庙庄园内随意寄宿，不得抽调驮马乌拉，不得（强迫）饲养牛马，不得攫取和驱散畜群，不得摊派带走农具和驮畜。昔日属于彼等之经堂、寺庙庄园、人口、财物、土地、河水和草场等，任何人都不得强夺和抽调，不得随意栽赃陷害，仗势欺凌，要使其安居，特颁此法旨。倘有见此法旨逆其道而行者，定秉明圣上，予以鞭笞。该人等亦不得所谓持有法旨而违法行事。

马年八月二十九日写于上都大殿

（十三）帝师桑结贝颁给夏鲁寺之法旨

（藏历火羊年，大德十一年，公元一三〇七年）

奉皇帝圣旨

帝师桑结贝[1]法旨

军官、军人、断事官、金字使、地方官、地方守卫、译师、传令官、税吏、商旅、世俗百姓等一体晓示：

西夏鲁所属寺庙百姓，敬天守法。奉皇上圣谕，不得对其征派兵差、食物、乌拉。其他寺庙部众不得征派差徭，寓所私章不予承认。不得号占其佛堂、僧舍临时居住，不得在寺内喂养牛马和向其征派乘马驮畜，不得攫取畜群、强迫借贷、出雇（脚力），不得以农具、驮驴当作抵押带走。彼原有的庄园、土地、河水、草场等一律不准侵占、抽调，不得对彼仗势欺凌和陷害诬告。为使其安住，特颁此法旨以为凭证。见此法旨，仍有违背者，定奏明圣上，处以鞭笞。该寺亦不得持有法旨而违法行事。

羊年十月十九日写于大都大殿

译注：

〔1〕桑结贝——藏语སངས་རྒྱས་དཔལ།（一二六七——一三一四），元代乌思藏高僧。《元史》作相家班。《释老传》作相儿加思。为成宗、武

宗、仁宗三朝帝师。出身于萨迦之东院。帝师扎巴温色（又作乞剌斯八斡节儿）之侄。曾任萨迦寺堪布。元大德九年（一三〇五），帝师仁钦坚赞（又作辇真监藏）卒，元成宗封都家班为帝师未能就任，遂封其为帝师，领宣政院事，管理全国佛教及吐蕃全境事务。其任帝师九年。任内维护寺院地位，大德十一年（一三〇七），颁法旨给夏鲁寺，告诫当地军政官员、部众首领及百姓，不得向其随意征派兵差、食物、乌拉，不得掠夺寺院财产等。此法旨今尚保存。

（十四）帝师贡嘎罗追坚赞颁给娘阔哇之法旨

（藏历火龙年，延祐三年，公元一三一六年）

奉皇帝圣旨

帝师贡嘎罗追坚赞贝桑波[1]法旨

乌思藏纳里速古鲁孙之宣慰司官员、军官、军人、金字使、税吏、往来之僧俗、传令官、掌印官、管家、牛马官、地方官、世俗百姓等一体晓示：

娘阔哇为圣上颂经祈祷，点酥油灯，所得收入之课税，按温色森格为首的宣慰司官员同意缴纳，安分守法。尔等不得对其仗势欺凌，不得随意增派差税，不得强令饲养牛马。不得狩猎和捕鱼。为使其安居，特颁法旨为凭。见此法旨，如仍有违背者，定奏明圣上，予以鞭笞。该人亦不得以持有此法旨而为非作歹。

龙年四月初八写于大都大殿

译注：

〔1〕贡嘎罗追坚赞——藏语ཀུན་དགའ་བློ་གྲོས་རྒྱལ་མཚན།，又作公哥罗古罗思监藏班藏卜（一二九九至一三二七）。元代乌思藏高僧，仁宗、英宗、泰定帝三朝帝师。出身于萨迦款氏家族。为萨迦派第五祖八思巴之

侄孙，萨迦寺座主达尼钦波桑波贝之子。元至大二年（一三〇九），被元武宗迎至大都（今北京），延祐二年（一三一五），元仁宗封之为帝师，赐玉印，领宣政院事，管理全国佛教及吐蕃全境事务。至治二年（一三二二），返乌思藏巡视各地，奏免全境数年赋税，又赴各大寺院讲经传法，给各教派数万僧众广发布施。返大都后备受礼遇。泰定四年（一三二七），于帝师府邸圆寂。自元世祖（忽必烈）封八思巴为帝师起，最初几任皆出自款氏家族，后以达尼钦波获罪遭谴江南，乃改从八思巴弟子中选任，不久，达尼钦波遇赦，款氏家族重又复兴。元仁宗封其为帝师时特为诏告全国。彼在萨迦寺组织译师广为翻译印度僧人著述，以金字写定藏文大藏经《甘珠尔》部。至治三年（一三二三）父卒，乃暂辞帝师职返萨迦处理家务，将原属其家族之细脱、仁钦岗、拉康、都却等四大拉让依其各房所生之兄弟分别掌管，从此款氏家族遂分为四房，使萨迦权势在乌思藏受到削弱。泰定二年（一三二五）复帝师职，后卒于大都。任内所颁法旨传世最多，延祐四年（一三一七）颁给广东南华禅寺及泰定二年（一三二五）颁给夏鲁寺之法旨等今尚保存。内地亦保存其法旨刻石数通。

（十五）帝师贡嘎罗追坚赞贝桑波颁给韶州府南华禅寺、广州府南华戒院之法旨

（藏历火蛇年，延祐四年，公元一三一七年）

奉皇帝圣旨

帝师贡嘎罗追坚赞贝桑波法旨

军官、军人、达鲁花赤、米本、金字使、僧众、百姓等一体晓示：

韶州府南华禅寺、广州府南华戒院住坐弘圆慈济大师第因长老，敬天守法。遵皇上圣谕，不得征派前所未有的兵差、食物、乌拉等，寓所私章不予承认，不得号占僧舍临时居住。该寺原有之佃户、财物、田地、河水、水磨、窑场等，任何人不得侵占、抽调，不得栽赃诬陷、挑拨离间。为使其安居乐业，特颁此法旨。见此法旨，如仍有违背者，定将奏知朝廷，治罪不饶。该寺僧众，亦不得持此法旨而违法行事。

蛇年正月三十日写于大都大殿

大明天顺八年（一四六四年）五月十五日，由大隆善寺净觉慈济大国师索朗仁钦贝桑波译为汉文。

译注：现将净觉慈济大师之译文（汉文）抄录如下：

皇帝圣旨

帝师公哥罗竹坚参巴藏卜法旨敕谕文武官员、僧俗

军民使臣人等：

韶州府南华禅寺、广州府南华戒院住坐弘圆慈济大师第因长老，敬顺天道，照依比先圣旨，本寺所有差役、人夫、吃食等项，尽皆蠲免，亦不许往来诸色人等住坐搅扰；此寺原有佃户、财物、田地、河水、水磨、资畜等项，不许故意生事侵占搅扰。着他自在修行。因此，赐予护敕（法旨），敢有违者，奏知朝廷，治罪不饶，本寺僧众，倚势不许违法。

大都大寺里蛇儿年正月三十日

（十六）帝师贡嘎罗追坚赞颁给经师仁钦昆之法旨

（藏历土羊年，延祐六年，公元一三一九年）

奉皇帝圣旨

帝师贡嘎罗追坚赞贝桑波法旨

军官、军人、断事官、金字使、万户长、千户长、地方官、地方守卫、来往收检者、传令官、官员百姓等一体晓示：

属经师仁钦昆所管辖的波东叶地面，包括有曲桑、卡窝隆、洋域、若错尔雄等区域内的寺庙、寺庙庄园的僧人、弟子、土地、河水、草场、牲畜等，遵皇上圣谕，任何人不得征收前所未有的差税、食物、乌拉，不得在寺内喂养牛马，不得强征乘马驮畜乌拉，不得在寺内搭设帐篷，临时居住或摆摊出售，不得侵占、抽调。为使其安居乐业，特颁此法旨。见此法旨，如若背其道而行，岂不怕也。该处人士也不得违法行事。

羊年十一月初八日写于大都大殿

（十七）帝师贡嘎罗追颁给夏鲁寺管辖的敏珠吉却等寺之法旨

（藏历铁鸡年，至治元年，公元一三二一年）

奉皇帝圣旨

帝师贡嘎罗追桑波之法旨

宣慰司官员、军官、军人、昂锁、管家、断事官、金字使、地方守卫、僧俗来往收检者、万户长、传令官、办事人员等一体晓示：

对往昔夏鲁寺管辖的敏珠、吉却、加巴、入擦、加措尼、拉、允、门卡、曲得、俄森、贡嘎惹瓦、才擦赞波、斜楚尔、顿普达、村普达诸寺地面的僧俗百姓、如本、各牧户，遵照皇上圣谕，不得征派前所未有的差税、食物、乌拉，不得侵占、抽调，不得诬陷责难，不得纠缠旧的纠纷案件，不得随意将此处的僧俗百姓和受保护的家奴捉去作为侍从占为己有。过去若已抢占的应立即归还。不准破坏百户和千户，不得仗势欺凌，伤害侵扰。为使其安居乐业，特颁此法旨。见此法旨，仍若背其道而行者，岂不怕也？该处人士也不得违法行事。

鸡年四月十二日写于大都御花园大殿

（十八）帝师贡嘎罗追颁给多吉旺秋之法旨

（藏历木牛年，泰定二年，公元一三二五年）

奉皇帝圣旨

帝师贡嘎罗追桑波贝桑波法旨

宣慰司官员、军官、军人，西夏鲁寺管辖的惹茶玛阿、门卡陆塘卓、却当玛、嘉班、卓、惹索、吉林、江惹、卡普、贡嘎惹瓦、如昌朗、格德加巴、村儿布、才擦赞波等地的千户长、百户长、十户长和百姓等一体晓示：

圣上赐予多吉旺秋金册和诏书，委任为尔等之首领，我也予以委任。事无巨细尔等都应听从多吉旺秋之命令按时完成。而多吉旺秋也不应持有我的委任而违法行事。要真心爱护僧俗百姓。特颁此法旨[1]，若逆法旨而行，岂不怕哉？

牛年三月初十日写于大都

译注：

〔1〕以上五篇“法旨”，即第五绕迥火龙年（一三一六年）颁给娘阔哇之法旨，第五绕迥火蛇年（一三一七年）颁给韶州府南华禅寺、广州府南华戒院之法旨，第五绕迥土羊年（一三一九年）颁给经师仁钦昆之法旨，第五绕迥铁鸡年（一三二一年）赐夏鲁寺管辖的敏珠、吉却等

寺之法旨，以及第五绕迥木牛年（一三二五年）赐多吉旺秋之法旨等。均为贡嘎罗追坚赞帝师在其任职期间所颁发。彼自一三一五年至一三二七年曾任普颜笃（仁宗）、格坚（英宗）、泰定帝三朝帝师，任内所颁法旨传世最多。

（十九）帝师贡嘎坚赞颁给夏鲁寺之法旨

（藏历火鼠年，至元二年，公元一三三六年）

奉皇帝圣旨

帝师贡嘎坚赞[1]贝桑波法旨

乌思藏宣慰司官员、昂锁、管家、各拉让之近侍，招讨司官员、达鲁花赤、断事官、金字使、收检者和来往之僧俗、万户长、坦巴林之堪布弟子、千户长、办事人员等一体晓示：

为有利于夏鲁寺祝延圣寿，祈福禳灾，供奉经堂，曾对所管辖的两加措地面颁有诏书和文告。今天仍遵照前规保持不变。尔等任何人也不得侵占抽调，或故意诬告陷害纠缠争夺。要使其安稳地进行祈祷。若逆法旨而行，岂不怕哉？

鼠年四月十六日写于大都御花园大殿。

译注：

〔1〕贡嘎坚赞——藏语ཀུན་དགའ་རྒྱལ་མཚན།，又作公哥儿监藏班藏卜（一三一〇至一三五八），元代乌思藏高僧，出身于萨迦款氏家族，为帝师公哥罗古罗思监藏班藏卜之异母弟。八思巴侄孙。顺帝帝师。其两弟兄曾先后任仁宗、英宗、泰定帝、天顺帝、明宗、文宗六朝帝师，权势极盛。（据《萨迦世系史》记载：帝师贡噶坚赞贝桑波，青年时开始研习萨迦教法，精通其义。同时在萨迦大寺不间断地进行“亚曲”和“衮

曲”大法会，被皇帝封为“靖国公”、“国师”之名号）。至顺三年（一三三二年）至大都（今北京）。元统元年（一三三三），顺帝（元惠宗妥欢帖睦尔）即位，受封为国师，领宣政院事以管理全国佛教及吐蕃全境事务。至正二年（一三四二），于大都西北营造居庸关之云台过街塔。五年（一三四五）秋竣工，亲临主持庆赞典礼。十八年（一三五八），卒于帝师府邸。

（二十）元朝皇帝图帖睦尔颁给第三世噶玛巴法王攘迥多吉之诏书

（藏历铁羊年，至顺二年，公元一三三一年）

〔图帖睦尔札牙笃[1]于土蛇年（一三二九）即帝位。铁羊年派金字使贡布丞相等前来乌思迎请法王，自工布地方，到乌思与从萨迦先至之靖国公贡嘎坚赞[2]相会。当时宣布了迎请法王之诏书如下。[3]〕

依止三宝护持大福德皇帝敕谕攘迥多吉[4]：

由于如来佛法将于北方诸王处弘传之授记，则对各种教法亦有所证悟。嗣后，薛禅皇帝对众多上师善知识又依止供养，使如来佛法在此北方得以弘扬，此情众所周知。朕亦欲对教法善加护持供奉。闻汝遍闻诸法，功德殊胜妙善，享有厚望。朕已委派贡布等金字使前去召汝，倘汝托辞不来，则将有嫌弃信徒诚心之过错和不能舍弃自己家乡与地位之恶习，犯下毁灭公平利他之忠诚愿望的罪过；犯下不为佛法着想，不关心众生疾苦安忍之罪过。违背朕之大法度之诏书让朕不悦，则岂不永远伤害佛法施主耶？故此，望为以朕为首的众生之事着想，尽速前来。汝来此之后，可按汝之心愿完成教法事业。

羊年季春（三月）十三日写于大都

随诏书赏赐礼物为蒙哥汗赐噶玛拔希之金印。

（《历代噶玛巴法王传略如意藤》六十四页）

译注:

〔1〕图帖睦尔札牙笃——藏语ཐོག་ཐེ་སྨུར་འཇལ་ཡན་ཏུ།（一三〇四至一三三二），元朝皇帝。又译图帖穆尔、脱帖木儿。蒙古语尊称札牙笃皇帝。蒙古孛儿只斤氏。武宗海山次子，明宗和世㻋弟。英宗至治元年（一三二一）出居海南。泰定帝泰定元年（一三二四）奉诏还京，封怀王，食邑瑞州六万五千户。次年出居建康。致和元年（一三二八）迁江陵，以已为武宗子，未能继承帝位，甚怨。七月，泰定帝死。九月，权臣倒刺沙等立泰定帝子阿刺吉八即帝位于上都（今内蒙古正蓝旗东闪电河北）。同月，他被佥枢密院事燕铁木儿等迎归大都，称帝，改元天历，形成两帝并存局面。十月，以兵围攻上都，迫倒刺沙奉皇帝宝出降。次年正月，让位于兄和世㻋，是为明宗。四月被立为皇太子。八月，亲迎明宗于王忽察都（今河北张北县北），伺机与燕铁木儿合谋毒死明宗。复即位于上都。同年平息四川囊加台之乱。至顺二年（一三三一），讨平云南秃坚之乱。在位期间，兴文治，创建奎章阁学士院，命儒臣进经史之书，考帝王之治；诏翰林国史院和奎章阁辑本朝典故，仿唐会要、宋会要编修《经世大典》，至顺二年书成；尊儒崇佛，修葺曲阜孔庙，建颜回庙，加封孔子父母及诸弟子，从帝师受佛戒，作佛事。因耽于逸乐，委政于右丞相燕铁木儿，致使燕铁木儿恃权擅政，“挟震主之威，肆意无忌”（《元史》卷一三八），吏治败坏，因滥加赏赐广作佛事，泛增衙门，续增卫士鹰坊，所费治繁，“帑藏空虚，生民凋瘵”（《元史》卷三三），广西、云南、海南、岭北等地人民反抗持续不断。死后追谥圣明元孝皇帝，庙号文宗。

〔2〕靖国公贡嘎坚赞——藏语ཆང་ཀུའི་གུང་ཀུན་དགའ་རྒྱལ་མཚན།，又作公哥儿监藏班藏卜（一三一〇——一三五八），八思巴侄孙。《汉藏史集》载：“喇嘛圣者贡噶坚赞贝桑布，生于其父四十九岁的阳铁狗年（庚戌，公元一三一〇年），二十二岁时去朝廷，在也孙铁木耳皇帝（泰定帝）在位之时受封为靖国公，在札牙笃皇帝（元文宗）在位的后期、懿璘质班皇帝在位之时、妥欢帖睦尔皇帝在位的初期，担任这三位皇帝的上师，受封为帝师，大兴佛法。于五十岁的猪年（己亥，公元一三五九

年)，在大都梅朵热哇的大寺院中去世。”而汉文史籍中《元史》释老传和本纪都没有记载他担任帝师的事迹。《佛祖历代通载》卷二二记有：“癸酉（一三三三年)，今上皇帝万万岁，六月初八日登宝位，改元元统元年（元惠宗妥欢帖睦尔)，礼请公哥儿监藏班藏卜为帝师。”《释氏稽古略》续集卷一里也有同样的记载。

〔3〕此括号内的文字为档案原文，非编者和译者所添加。

〔4〕攘迥多吉——藏语རང་བྱུང་རྡོ་རྗེ།，又作噶玛·让穷多吉（一二八四——一三三九)，元代藏传佛教噶玛噶举派黑帽派第二世的转世。这是西藏第一次确认一个幼童为其前辈的转世。五岁到楚普寺，从邬坚巴(噶玛拔希弟子）习噶玛派、宁玛派、希解派等诸多密法及黑教。历游康区各地，在类乌齐附近建噶玛拉登寺，在前藏建德钦登寺及桥梁。至顺二年（一三三一)，应文宗召，至大都（今北京)。次年，为宁宗灌顶。元统元年（一三三三）在返藏途中朝拜五台山。返藏后居楚布寺，后又退居桑耶寺，于此请人抄写《甘珠尔》、《丹珠尔》各一部。至元二年（一三三六)，又应顺帝之召，于四年（一三三八）至大都，封灌顶国师，赐玉印。次年，卒于大都。

（二十一）宣政院为迎请噶玛巴法王攘迥多吉颁给萨迦等乌思藏官员之令文

（藏历铁羊年，至顺二年，公元一三三一年）

奉皇上圣旨

晓谕贡嘎坚赞、德杰沃都元帅、益西贝贡嘎多吉[1]、强曲坚赞[2]：

奉圣旨，为诏请尚师噶玛巴，特遣贡布等金字使与尔等共同办理，不论尚师噶玛巴住于何处，尔等俱应协助，尽快使其来朝廷，若是懈怠贻误，将对尔等问罪。

羊年三月　日

（公贡嘎坚赞奉命协助迎请法王，猴年二月初一日法王攘迥多吉由楚布寺动身启程，皇帝派热札达亲王和桑木颇二人再次赍诏书前往迎接。[3]）

皇帝敕谕格西攘迥多吉：

朕已派贡布前去召汝，闻汝不违圣命已奉召前来，为此特派热札达亲王和桑木颇二人携礼品前去迎接，抵达行宫莫滞留，于二月二十日之前到达大都。

猴年正月初二日写于大都

（于十一月十八日攘迥多吉抵达皇宫。）

译注：

〔1〕贡嘎多吉——藏语ཀུན་དགའ་རྡོ་རྗེ།（一三〇九至一三六四年），元代地方官员、著名学者。仲钦·门兰多吉之子。五岁能熟读诗文。元至治三年（一三二三），初委任为卫藏蔡巴万户长。泰定元年（一三二四），亲至内地朝觐泰定帝也孙铁木儿，赐银印和掌管蔡巴万户的封诰。任万户长达二十八年，使蔡巴噶举教派势力获得很大发展，并修缮了大昭寺，蔡贡塘寺等圣迹。十四世纪中叶，联合止贡和雅桑万户，与帕竹万户作战，兵败，尽失辖地。至正十二年（一三五二），将万户长之职传给弟查巴喜饶，自行出家为僧。从桑结仁钦受比丘戒，法名仲钦·汤杰钦巴格瓦洛卓。广作佛事，曾邀请布敦·仁钦朱到蔡巴寺主持宗教仪式。佛学知识渊博，受到布敦钦佩，曾邀噶玛巴四世乳必多吉至蔡贡塘寺切磋佛学。对佛教经典及西藏历史有很深研究，著作多种，以编纂藏文大藏经《甘珠尔》的目录而知名。至正六年（一三四六），著有《红史》，是一部研究藏族古代历史的重要参考书。

〔2〕强曲坚赞——藏语བྱང་ཆུབ་རྒྱལ་མཚན།（一三〇二—一三六四），元代地方官员，二十岁时（一三二二）担任帕竹万户长。五十岁时兴建泽当寺，建立仁蚌宗。五十三岁（一三五四），建立帕竹第悉政权，并兴建桑珠孜城堡（今日喀则）。一三五六年兴建内邬宗和扎喀宗。五十七岁（一三五九）时消灭了萨迦本钦旺尊以及追随者，肃清了萨迦政权残余势力，开始统治西藏。是年，元顺帝妥欢帖睦尔派遣金字使进藏，赐给强曲坚赞大司徒的名号和印章。

〔3〕本篇括号内的文字为档案原文，非编者和译者所添加。

（二十二）元朝皇帝妥欢帖睦尔王子阿由八尔巴达太子法王强森优不色为迎请噶玛巴法王乳必多吉所颁之诏书

（藏历火猴年，至正十六年，公元一三五六年）

长生天气力里，大福荫护助里，皇帝敕谕乳必多吉：

以朕为首的徒众思量，闻汝投生于乌思藏，驻锡楚布寺。因是之故，虑及昔日之功德和事业，为广大众生着想，委派丁曲和贡却坚赞为首的金字使前去迎请。今日，为身处浊世、备受苦难之众生着想，为满足该方有缘徒众对佛法甘露之心愿，为引导误入迷途之有情，请远离家乡，不畏艰辛，速来此地。当年，释迦佛为了利济他人，甘愿受苦，为别处众生之利乐，心明如镜。朕想保养贵体和讲经说法，无需局限于乌思藏一方，此即朕派遣金字使前去的理由。为尽量弘扬佛法，使广大众生纳入解脱之道，在彼处会见时，请务必应允速来，请大经师乳必多吉〔1〕明鉴！

供物和压书礼品计：金一升，银三升，内外衣九套两份。

猴年十月初十日写于大都

愿得吉祥！

（公元一三六〇年，铁鼠年十二月十八日乳必多吉抵达大都）

译注：

〔1〕乳必多吉——藏语རོལ་པའི་རྡོ་རྗེ།（一三四〇——一三八三），藏族，噶玛巴黑帽系第四世活佛。生于西藏工布地方。三岁时被攘迥多吉的弟子衮杰哇认定为攘迥多吉的转世，后从衮杰哇等人学《那饶六法》、《生圆二次第》等噶举和宁玛两派密法，以及显教《慈氏五论》等。他曾受帕竹大司徒绛曲坚赞所信重。一三五六年，元顺帝曾诏他进京。一三五七年受比丘戒，后到各地周游。一三五八年自楚布寺启程，于一三六〇年至大都，为顺帝父子授金刚亥母灌顶，讲《那饶六法》等，并且曾为以贵族及省级长官为首的蒙古、汉、畏兀儿、西夏、高丽等族王公显宦一流人物传法。在大都一共住了五年，约一三六四年启程返藏。一三六八年明太祖朱元璋即位后，前后派人召藏族僧俗领袖来京，乳必多吉也是受召者之一。彼未应召，而在一三七四年派使臣向南京进贡，此后，一直按期派人向明朝进贡。

（二十三）元顺帝颁给格西布顿·仁钦竹之敕谕

（藏历木羊年，至正十五年，公元一三五五年）

长生天气力里，大福荫护助里，皇帝敕谕格西布顿·仁钦竹[1]：

朕于此间先后耳闻汝长期勤奋研习一切佛经三藏[2]和四续部[3]经教秘法，故对于彼处佛教大有裨益。为此，朕在此发出召请，倘有不悦，实感冒犯，然讲、辩、著、修像往日一样在佛法方面需精进努力。朕除佛法之外，亦别无所思。并令彼处之萨迦长官和在职的各诸米本提醒注意，此间朝廷将予照管。

羊年正月十五日写于大都

译注：

〔1〕布顿·仁钦竹——藏语བུ་སྟོན་རིན་ཆེན་གྲུབ།，元代乌思藏著名学者，藏传佛教布鲁派（亦称夏鲁派）创始人。元代文献作卜思端。西藏夏卜麦人。幼年在当地出家，从噶举派上师学法，取得成就，更兼学噶当教派、萨迦教派显密教法，为时人所重。被夏鲁寺僧迎请为寺主，收徒传法，因能融会贯通藏传佛教各派之精华，故被称为布鲁派（意为布顿所传教法），而以夏鲁寺为此派之主寺，故亦称为夏鲁派。曾参与整理邻近纳塘寺收藏之《甘珠尔》、《丹珠尔》两大部类藏文佛经典籍论著，并

编目。元末，受乌思地方（今前藏）擦里八万户（亦作蔡巴万户）公哥多吉迎请，协助勘定大藏经“甘珠尔”部目录，世称“蔡巴目录”。元统二年（一三三四），又亲自勘定大藏经“丹珠尔”部目录，世称“布顿目录”。此后藏文大藏经各地刊本皆以此两部目录为准。毕生从事佛学研究，授徒传法，著书立说。元顺帝遣使往召，因辞不就。一生著述甚丰，流传于世刊有二十六帙，收入二百余种。其中，至治二年（一三二二）成书的《善逝教法源流》（一作《佛说大宝藏论》，通称《布顿佛教史》），为藏传佛教史早期著作之一，后世著史援其体例。卒，夏鲁寺曾觅得转世灵童以继承其宗，然以藏地不靖，夏鲁万户衰弱，该教派因得不到世俗领主的支持，遂渐与其他教派合流，逐渐衰落不传。

〔2〕三藏——藏语སྡེ་སྣོད་གསུམ།。一切佛语，依所诠释之义理分为三学，依能诠释之文字分为三藏，谓经藏、律藏和论藏三者。十二分教一切文义，色法乃至遍智之间，一切所知，总集于此三者之中，故名为藏。

〔3〕四续部——藏语རྒྱུད་སྡེ་བཞི།，佛教密宗的事部、行部、瑜伽部和无上瑜伽部。

（二十四）萨迦细脱拉让[1]颁给仲札旺堆次仁的盖印官契

（藏历土猴年，洪武元年，公元一三六八年）

告知以管家为首的下属办事的在职文武官员，以及所有僧俗尊卑人等铭记：

仲札旺堆次仁肩负着门卫和坐垫管理员双重职务，而且还要完成以祖上庄园为核心的加堆地方的文武事项。在佳霍有半岗耕地，近期达萨帕东从大宗进项中奉献了适当少量的单独小岗（耕地），对此，粮务官要求完成半马岗地的差税。长此下去，服务事项愈益增加，难以完成。两部门和萨迦法王等已批准可以住在祖上庄园，对于坚持提出的要求，不便予以满足。不过像目前这样繁重的工作尽管勤勉努力，确仍有不少困难。对此，不能置若罔闻，不置可否。给以奖励时绝大多数仲札会理智判断，从传统的赋税空额上征派多少税额有利于战斗。此人负担之差税永远予以减免。今后在空差方面不准进行征派。因此对于盖印官契之内容精神要正确取舍。

土猴年吉日写于细脱拉让大殿

按照上级盖印官契之精神，此处又加盖了

办事人员之私章　×年×月

译注：

〔1〕细脱拉让——藏语བཞི་ཐོག་བླ་བྲང།。元世祖中统元年（一二六〇），八思巴受封为国师。三年（一二六二）萨迦本钦释迦桑波为其修建细脱拉让（拉让为大喇嘛的府邸），随后又兴建拉康拉让。此后萨迦本钦公哥桑波又兴建了仁钦岗拉让和都却拉让。萨迦共有四座拉让，每座各有其主。萨迦教派领袖（萨迦达钦）例由四拉让的座主担任。在细脱拉让内设有八思巴法座，为萨迦达钦权力的象征。担任萨迦达钦者，要举行一次坐床仪式，择吉日登上设在细脱拉让的八思巴法座，接受属下官员、寺庙执事、各庄园百姓的祝贺，并举行盛大的供佛活动。

（二十五）大师宗喀巴洛桑札巴上书大明皇帝

（藏历土鼠年，永乐六年，公元一四〇八年）

唵，愿得吉祥！

凭借巨大福德威力，如法守护海内辽阔国土之大皇帝陛下：

身居西方雪域中土之释迦比丘洛桑札巴上书。

大法王之功德犹如须弥山[1]高大无比，臣民之幸福如同天堂一般圆满。政令严明，为各邦所悦服。在此之际，为增长三宝之威德，特派金字使前来颁旨，并赐赏物：云纹花红缎一匹、绿缎一匹，无花纹缎红、蓝、绿三色各一匹，彩绸七匹、缎制法衣一件、无袖外套一件、披风一件、长坎肩一件、水晶念珠一串、金刚铃杵两套、瓷碗一对、佛帔一对、手巾三条、绣有曼荼罗纹样的围裙三条、腰带一条、碰铃二套、靴子、包袱皮等，另有茶叶五十斤、檀香木一段等，均已领，请勿念。

陛下的旨意命余到彼处去一趟，颁旨的缘由，已由诸金字使和王大人认真阐明，本意俱皆知晓。并非对大皇帝为佛教着想的圣意不了解，亦非对陛下的圣谕蔑视不恭，惟余随时会见众人，致身染重病，故不能遵奉圣旨完成使命。万望陛下似天空般广阔深邃之胸怀勿生烦恼和不悦，则将感激不尽。

如圣谕所云，先世各大法王对发展今生世间法和来世出生佛法在各方弘扬，俱皆关怀备至。余亦常闻，当朝大皇帝心地清净，品行殊异，天上人间无不心悦诚服之佳话。我等当地众多高僧，一再为皇上万寿无疆和国祚久安虔诚祈祷，敢以奏闻。至于彼处大皇帝之社稷如何治理，陛下自能明断，此非我等之辈所敢冒昧，谨此敬禀。

谨奉上从和阗国迎请来的观世音像一尊、释迦牟尼金像一尊、文殊菩萨金像一尊、如来自增舍利三颗相连者一件、“色扎”一、如来舍利一颗、弘扬印藏两地佛法的印度大德阿底峡尊者的骨舍利一颗等。

鼠年六月十九日于乌斯藏敬呈

藏文原注：

此篇系抄件，原原本本抄录于地方政府的公文档案。在所献方物之中，有所谓的“色扎”一，不知是何物，仅按原文书写。有人云，乃是“三颗舍利子为一束”之误，待考。

译注：

〔1〕须弥山——藏语རི་རབ་ལྷུན་པོ།，又作妙高山，或作妙光山，善积山。梵音译作须弥山，或苏迷卢山。佛家宇宙学所说器世间基础金轮上形成的高山。形势优美故妙，群山之王故高。山东面银质，南面琉璃，西面赤晶，北面黄金。四面天空以及海水，各呈各方宝物光彩。山没海下八万由旬，高出海面亦八万由旬。

（二十六）大明永乐皇帝再次迎请宗喀巴洛桑札巴之诏书

（藏历水蛇年，永乐十一年，公元一四一三年）

大明皇帝敕谕大师洛桑札巴：

汝功德高深，清净广博，大慈大悲，利济众生，归大乘之道。故，朕真诚思念汝良久。现特派太监侯显为首，代表两法，前去迎汝。汝若念及弘扬佛法，就前来中原，以了朕愿。钦此。

赏品计：金刚铃杵一、结实的镀金拐杖一、碰铃一套、象牙念珠一串、檀香木一段、红里子细篾黄盔一顶、各色纻丝法衣一套、大黄无花披衫一件、大汗红色无花披风一件、肉色袈裟一件、柳黄无花缎一匹、雄金所产的缎子三匹（即大红如意花缎、蓝绣球花缎、四季青松宝花缎）、大缎七匹、大兰花蓝缎一匹、大兰花心透香一匹、无花深绿缎一匹、红花缎一匹、砖茶五十斤、无花白瓷茶瓶两个、白瓷碗七个、黑色朝靴一双、蓝纻丝无花开口白羊毛袜子一双、彩绸七匹。

永乐十一年二月十一日

藏文原注：

所谓诏书是用汉地所产黄纸书写，宽三拃半、长一庹，画有五爪金龙。

诏书上方书写藏文，下面竖写“奉天承运、圣永乐年”，接着下面写有很多汉文。此为圣旨之抄件。

在下写有：原件在香（后藏一地名）的多却巴手中，随后圣旨又放在甘丹寺（宗喀巴）的寝室内。此乃按照原件不增不减抄录而成，这在政府的档案中有所记载，准确无误。

（二十七）大宝师尊洛桑札巴致内臣巩大人书

无欺的皈依处三宝佛法僧，贯通无阻具足威力的护法神，
以信仰等多种功德来装扮，祝愿您吉祥如意百事成！

奉皇帝圣旨办事的巩大人尊前：

久闻您是位虔信佛教、尊敬佛学大师的贤者，早想修书奉告，现呈手书如下：

有暇修善得人身，　　难似大海里捞针。
跟随善友拜佛法，　　贵似优昙开了花。
尘世间荣华富贵如梦幻，　　好似那海市蜃楼一瞬间。
有情之生命瞬息间，　　就像那雷鸣和闪电。
要由此岸到彼岸，　　除非佛法都枉然。
断除一切罪恶杂念，　　时时莫要忘记悔忏。
今后谨遵佛法律仪，　　祝愿早日积得善源。
为了多积新的善业，　　希望多方努力勤勉。

（原注：此乃大宝师尊一切智致巩大人的亲笔书信。）

（二十八）大明永乐皇帝颁给大慈法王释迦也失之谕旨

（藏历铁虎年，永乐八年，公元一四一〇年）

大明皇帝敕谕尚师释迦也失：[1]

朕惟佛教之兴，其来已远。西土之人，对佛教久事崇信。此教以空寂与出世为冥谛，引导世间一切思想，归入种种有情之道。迷蒙者证悟其义，现观功德，绵绵明示。聪慧者可弘扬此法，与人论道，消除迷惘与无明，以心思维善道。强者莫要凌弱，不争不斗，互不反目，上下安然处之，老幼各司其职，一律平等，同心同德，普天同乐。在上有国法，在下引导人们入善道，以此化导群迷，弘扬释教。现尚师释迦善知识，为弘此教，证悟大乘正确之精义，慈心遍及一方，由此功德将人们引入善道。该方之地方官、将士、俗人等应让其僧人自由修行，广行祈愿，尊重佛教，弘扬佛法。同时，该方人士应广积善源，一切轻视、诬陷、发坏、伤害佛法，不听教诫时，为王法所不容。钦此。

永乐八年九月十六日

（中国历史博物馆收藏原件抄录）

译注：

〔1〕释迦也失——藏语ཤཱ་ཀྱ་ཡེ་ཤེས།（一三五四至一四三五），藏传佛教格鲁派名僧，即著名之大慈法王。蔡贡塘人。宗喀巴著名大弟子之一，是格鲁派与明朝建立关系的开创者。早年为宗喀巴之司膳堪布，常随侍左右，以善学好问，颇得佛教要义。永乐六年（一四〇八），明成祖遣使迎请宗喀巴，宗喀巴因身染重病，命其代表赴阙。十二年（一四一四）抵南京，获成祖隆重款待和厚赐。受命建寺，召慕僧众，举行大法会，为成祖祝寿祈福，为帝授长寿灌顶。次年，封“妙觉圆通慈慧普应辅国显教灌顶弘善西天佛子大国师”，赐诰命。奉旨赴蒙古、五台山等地游历传法，建寺收徒。后返藏，成祖赐以写有成祖御制赞的赤字版《甘珠尔经》一〇八函，是为西藏今存最早的藏文雕版印刷品，现存色拉寺，被藏族视为珍宝。雕版印刷技术从此正式传入藏区。返藏后，于十七年（一四一九）创建色拉寺，为拉萨三大寺之一。宣德九年（一四三四），应宣宗之邀，二次赴内地，居北京法源寺，奉命讲经传法。其间增建了法源寺佛殿、佛像，并赴蒙古、四川、青海、甘肃、陕西、山西等地建寺传教。五台山的圆照寺、青海民和灵藏寺均为其所建，是为内地首批黄教建筑。宣宗封其为“万行妙明真如上胜清净般若弘照普应辅国显教至善大慈法王西天正觉如来自在大圆通佛”。皇帝所赐缂丝大慈法王绣像，至今仍存色拉寺。次年返藏，卒于青海民和县转导乡转导村之佐莫卡，一说死于北京法渊寺，后移灵骨于青海佐莫卡。明帝敕建弘化寺于此。

（二十九）大明永乐皇帝复谕大慈法王释迦也失

（藏历木马年，永乐十二年，公元一四一四年）

皇帝敕谕尚师释迦也失：

汝功德悟性高深，智慧敏锐，祈愿发誓威力无穷，持如来之证悟，以解脱之术教化徒众。据闻汝之解脱及功业不可思议，故遣太监侯显[1]携带圣旨，前去迎汝。

此刻，尚师远离西土，不顾旅途之烈日风暴，不远万里日渐由彼处抵达此地，朕之喜悦，难以言表。现急切委托，举办庆典，以表朕心。赐汝衣物鞋帽等计有：绒毡面子大红里子金制僧衣、三种法衣[2]、四种坐褥、大红披风一件、护胁一件、复肩衣一件、禅裙一件、靴、袜等。

永乐十二年十一月十五日

永乐皇帝再谕大慈法王释迦也失

皇帝敕谕释迦也失：

朕闻汝功德悟性高深，特遣人到西土迎汝。此刻，尚师汝不远万里，跋山涉水，辛苦抵达。朕甚喜。远道而来，旅途劳顿，抵达后，朕免礼。

永乐十二年十一月二十五日

（《大慈法王传》第三页）

译注：

〔1〕侯显曾先后两次赴藏延请藏族高僧，第一次在永乐元年，第二次在宣德二年。据《明史》载：“侯显者，司礼少监。帝（明成祖）闻乌思藏僧师哈立麻（即噶玛巴）有道术，善幻化，欲致一见，因通迤西诸番。乃命显赍书币往迓，选壮士健马护行。（永乐）元年（一四〇三）四月奉使（《太宗实录》载永乐元年二月乙丑，遣司礼监少监侯显赍书币，往乌思藏，征尚师哈立麻），陆行数万里，至四年（一四〇六）十二月，始与其僧偕来，诏驸马都尉沐昕迎之。帝延见奉天殿，宠赉优渥，仪仗、鞍马、什器，多以金银为之，道路烜赫。”因迎请哈立麻有功，遂赏甘肃临潭县圆城寺授该寺世袭僧纲和国师。后在寺内建参尼扎仓和居巴札仓，该寺遂成为正规的藏传佛教寺院。因寺主为侯氏家族，后称为侯家寺。宣德二年（一四二七）四月辛酉“遣太监侯显赍敕往乌思藏等处，谕帕木竹巴灌顶国师阐化王吉剌思巴监藏巴里藏卜、心力工瓦阐教王领真巴吉监藏、灵藏赞善王喃葛监藏、辅教王喃葛烈思巴罗葛啰监藏巴藏卜等。宣德四年（一四二九）四月丙戌，太监侯显等归自乌思藏，以乌思藏所遣朝贡剌麻僧人入见”。“还朝，录功升赏者四百六十余人”。

〔2〕三法衣——藏语ཆོས་གོས་རྣམ་གསུམ།即祖衣、七衣和五衣。祖衣（སྣམ་སྦྱར།）又称重复衣，十三资具中三袈裟之一。唯比丘于礼拜、乞食、讲闻佛法、羯磨仪轨聚会等时，可以服用的黄色上衣。七衣（བླ་གོས།）又作上衣，十三资具中三袈裟之一。是沙弥和比丘白天穿着的黄色上衣，由七片合成两条半，尺度同于重复衣。五衣（མཐང་གོས།）又作下衣，僧裙。通称禅裙。比丘十三资具之一。由五片合成一条半，尺度宽二肘，长五或四肘，宽度最小须能掩蔽脐下膝上身躯三轮。

（三十）大明皇帝颁给乌斯藏大宝法王噶玛巴及头目们之谕旨

（藏历铁兔年，成化七年，公元一四七一年）

皇帝敕谕乌斯藏大宝法王噶玛巴[1]头目们：

尔等世代身居西土，敬顺天礼，恭修职责，其来已久。此次又遣金字使表贡方物，实属忠君可贺。现金字使遣返，赐尔等之赏物，均在朕之复信中载明，抵达之日，即可领取。钦此。

赏大宝法王：蓝缎一匹、红缎一匹、深绿缎两匹、浅蓝彩绸四匹。

赏沿路头目：蓝缎十匹、绿缎五匹、墨绿缎十匹、曲勒帕四万五千。

赏国师班角顿珠：蓝缎一匹、绿缎一匹、浅蓝彩绸两匹。

成化七年正月二十九日

（中国历史博物馆收藏原件抄录）

译注：

〔1〕大宝法王噶玛巴——藏语དའི་བའུ་ཏུ་ལྷང་ཀར་མ་པ།。大宝法王为元、明两代授予藏传佛教首领的最高封号。蒙古至元七年（一二七〇），八

思巴（萨迦派教主）初受此封，十七年（一二八〇）八思巴卒后，忽必烈赐号“皇天之下一人之上开教宣文辅治大圣至德觉普真智佑国如意大宝法王西天佛子大元帝师”。明永乐五年（一四七〇）三月，噶玛噶举派大德德银协巴（哈立麻）亦受此封。全称：“万行具足十方最胜圆觉妙智慧善普应佑国演教如来大宝法王西天大自在佛领天下释教。”此时的大宝法王为噶玛巴七世却扎嘉措（一四五四至一五〇六）。明成化宪宗（朱见深）诏他前来。

（三十一）五世达赖喇嘛第二次向顺治皇帝呈“善路宝鬘”表文

（藏历木鸡年，顺治二年，公元一六四五年）

阳木猴年女真皇帝遣金字使色钦曲结等众多僧俗赴藏，赉汉地之稀世珍宝，（五世达赖喇嘛）第二次呈“善路宝鬘”表文。

先以七音弦演奏如下诗章：

世出世间十力[1]佛光芒万丈，
具六通[2]净饭王子[3]似雷声响。
妙音幻网菩萨[4]遍智宗喀巴，
为天命人主[5]您随时赐吉祥。
金胎者[6]轮手吉祥颈[7]，
具智慧火生[8]及爱神，
在此世间具力诸资粮，
保卫圣贤国王之吉祥。
稀奇祥瑞宝库歌声扬，
以白琉璃书信表衷肠[9]，
斗诤之时梵天现人相，
由谁担当此世转轮王？

在神圣吉祥海呈现一派新的景象之时，世间的施事者大梵天从虚空界给统治北方大地之君王授以宝瓶灌顶[10]。斗诤时[11]转轮王[12]将长胜之战旗举向三有之顶。[13]所有众生在纯洁法伞之阴凉处安居乐业。对永久靠山无欺的最上三宝产生了坚定的信念。在其善劫千种高尚的智慧甘露之卫地，对殊胜的释迦佛教宝无限敬仰，并虔诚进行习修。

珍贵的书信和压书礼品，均已收悉，心慰无比。在此也衷心地祝愿众生利乐之根本——教证佛教宝兴隆昌盛。目前，依照菩萨志士之意愿，强大的国王在思考，执政者们用暂时和长远的福海之源十善法，将所有百姓纳入正道之高尚事业。今后，天命大皇帝本人以佛经的三藏为证，敞开二资粮之门，肩负长期举行新的圆满喜庆之重任。召唤从事佛法事业的叫做“扎雅那噶玛”之法王[14]，此本身如同昔日在该地首次炫耀佛法面目的大师，获得了所有好处和快乐一样。最近，为向全体大臣指示永远安乐和圆满福报之善道，心中时常出现向大国派遣使者之念头。

礼品计开：释迦牟尼舍利子、印度制释迦牟尼响铜佛像、佛经集要、法王宗喀巴善说《菩提道次第论》、阿底峡加持的莲座铁顶宝塔、金刚结护符、珊瑚琥珀念珠等。签字盖章。

农历己酉年，藏历阴木鸡年三月初三写于拉萨大昭寺[15]

（《五世达赖喇嘛文集》书信集一九—二一页）

译注：

〔1〕十力——藏语སྟོབས་བཅུ།，又作如来十力：知处非处智力、知业报智力、知种种解知力、知种种界智力、知根胜劣智力、知遍趣行智力、知静虑解脱等持等至智力、知宿住随念智力、知死生智力和知漏尽

智力。

〔2〕六通——藏语མངོན་ཤེས་དྲུག，即神境通、天眼通、天耳通、宿命通、他心通和漏尽通。唯佛果位始有第六通漏尽通。

〔3〕净饭王子——藏语ཟས་གཙང་སྲས།，即释迦牟尼。据说在二千五百多年以前，在古印度的西北部，喜马拉雅山脚下，有一叫迦毗罗卫（今尼泊尔境内）的王国，国王姓乔达摩，名字叫首图驮那，名字的意思是纯净的稻米，所以称他为净饭王。属于释迦族。释迦牟尼（牟尼即能人）本是净饭王的太子。所以释迦牟尼又称为净饭王子。

〔4〕妙音幼网菩萨——藏语འཇམ་དབྱངས་སྒྲ་འཕྲུལ་དྲ་བ།，即观世音菩萨一化身。

〔5〕天命人主系指顺治皇帝。

〔6〕金胎者——藏语གསེར་མངའ་ཅན།，梵天的异名。据说世界最初形成时，外形为一金胎或似金蛋的一个圆球。梵天即由此生出，故梵天名金胎者。

〔7〕吉祥颈——藏语དཔལ་གྱི་མགྲིན།，大自在天的异名，为东方护法神。

〔8〕火生——藏语མེ་སྐྱེས།。

〔9〕琉璃——藏语བཻ་ཌཱུར།，一种似玻璃的宝石，有黄、白、绿、蓝等色，古代常以制珠宝和建筑物的装饰品。律疏说是蓝宝石，耳严论说有黄、绿、白三种。此处以白琉璃来比喻此奏表非同一般。

〔10〕灌顶——藏语དབང་བསྐུར།，即授权，如古印度国王即位以水灌顶，即有权管理国政。今于密乘坛中授予灌顶，即使有权听闻、讲说、修习密宗，罪垢永净，身心留植修道缘分。

〔11〕斗诤时——藏语རྩོད་ལྡན་དུ།。佛书所说人世间的法、财、欲、乐，即道德、财富、享受和安乐四者之中只能具备其一的时代，期间为四十三万二千年，有释迦牟尼出世。

〔12〕转轮王——藏语འཁོར་ལོ་སྒྱུར་བའི་རྒྱལ་པོ།，又作转轮圣王，略作轮王。佛书说人寿自无量岁至八万岁中，分别有金、银、铜、铁四轮王出世，征服四大部洲一切众生。

〔13〕三有之顶——藏语སྲིད་རྩེ།，即生有、死有和中有。又作三世间：天世间、龙世间和人世间。也作三界：欲界、色界和无色界。还作三世界：地下、地面和上空。

〔14〕扎雅那噶玛之法王——藏语ཆོས་རྗེ་ཛ་ཡ་ན་ཀརྨ།之译音，ཛ་ཡ་扎雅有胜利之意，噶玛意为事业，全意即胜利事业之法王。

〔15〕“阳木猴年女真皇帝（即顺治帝）遣金字使色钦曲结等众多僧俗赴藏、赍汉地之稀世珍宝。”据《世祖实录》载：“顺治元年（甲申）正月己亥（即木猴年一六四四），遣使偕喇嘛伊拉古克三胡土克图往迎达赖喇嘛，仍以书谕厄鲁特部落顾实汗知之。”（卷三，页四）当时所颁敕谕全文为：

大清皇帝敕曰：

闻尔高僧呼图克图，为嗣承古王创立之政教大统不致中断，扫除叛逆，扶助生灵，并竭诚应邀，不胜喜悦。兹念两利，特遣使偕伊拉古克三呼图克图往迎。今朕之威势至盛，安定皇朝，平息暴乱，救民涂炭，是赖稽古之荫，三宝之佑，乃圣灵所赐也。钦此。

当厄鲁特部落顾实汗（即固始汗）接此敕书之后，随复请安表文。文曰：

顾实汗上表请安。

叩祷幸福武威显赫人间高贵皇帝陛下，寄托于佛教之宝地笃信宗教之诺门罕，衷心上奏。当此吉祥时日，圣上御体安福，内心扶持宗教。尤其闻知圣上笃信伊拉古克三宗喀巴净化宗教，发展古代教皇事业之大名，心中甚为喜悦。吾处赖三宝之眷佑，一切平安。敬谨协助钦差为唐古忒呼图克图等赐号、颁赏、奉敕之天使前往唐古忒。一切事宜，均按伊拉古克三呼图克图来意办理。谨奏。

敬献方物：金佛、天青石珠、琥珀珠及大琥珀三个，紫红氆氇两块，马两匹。

木鸡年三月三日，由王宫活佛庙敬奏

据《世祖实录》卷二七载：“前遣往达赖喇嘛之察罕喇嘛还。达赖喇嘛、厄鲁特顾实汗遣班第达喇嘛、达尔汉喇嘛等同来，上表请安……”而表文未载。现将当时顾实汗的请安表文已录于上。达赖喇嘛之请安表文即此篇“五世达赖喇嘛第二次呈顺治皇帝之表文”。顾实汗所呈请安表文和五世达赖喇嘛之请安表文为同一天（木鸡年三月初三日）所发。

（三十二）五世达赖喇嘛为答复顺治皇帝召他进京事呈“悦耳妙音之青莲花”表文

（藏历土牛年，顺治六年，公元一六四九年）

召鄙人进京之敕书和珍贵之赏物，已由喜饶喇嘛、藏巴噶久、俄勒曲结、米格波、次成喀等来使于土鼠年岁末赍到[1]。其后遂派遣噶久喜饶等人偕同来使一起进京，呈“悦耳妙音之青莲花”表文。

陛下乃具十力遍智宝库般的文殊怙主，在此世间掌管着无数福泽轮。在国君梵天陛下的面前，摆上圆满庆祝宴。普遍降下及时雨，洒落在睡莲池塘一般圣洁之心田。嬉戏者微笑来把贺表献。

来自二宝资粮之根源，由神奇甘露汇集之色身龙体可康健？祝陛下万寿无疆！寿比南山！长寿天神之梵音响起在圣聪耳边。清澈明亮通达智慧之双眼，遍视千万部佛法之经典，持生死涅槃一切学说之智慧，堪与世间祖先之业绩相媲美。

具福泽赤金般千辐轮之才能，江河大地任君来驰乘，敢赴百种供施处，各位天神面对此方把礼敬。

实施公正两法之和风，送来诸多安乐之芳香，无需努力便可知晓导师最佳之规程，随后明了圣贤之善行。

对明月般释迦佛法起敬信，双手合十犹如闭合之莲花，僧伽、婆罗门以及诵读之堪布，闻、思、修景仰之心更忠诚。

用功德善行之鼓槌，二十次擂响十万吉祥洁白的流转鼓，发出十善圆满之悦耳声，大饱左右两耳福。

渴望获得前所未有的如意宝，以及世间众生愉快度日的如意树，在福泽大地的保护神不变金刚之座前，作长生不死的经忏。

吠琉璃般的容器（耳朵）内，适当装满了语甘露，由使者双手捧起来，献到陛下的面前。

观看六十梵音佛法自性之精华，脸上露出友爱遍喜之笑容。愿书信犹如恒河之常流水，源源不断地流过来。

薄礼压书请笑纳，为首鹅头金刚结，外加四颗透明大水晶，无数条五色柔软之哈达，恰似如意池内盛开之莲花。

牛年二月吉日写于布达拉无量宫

（《五世达赖喇嘛文集》书信卷六五—六六页）

译注：

〔1〕据清《世祖实录》第三八卷载："顺治五年（戊子）五月甲申（一六四八年七月十日）遣喇嘛席喇布格隆等赍书存问达赖喇嘛，并敦请之。"其敕书为：

金刚高僧达赖喇嘛座前，大清皇帝敕曰：

高僧来书问安已阅。古来佛法无边，教化众生，贵于行善，安居乐业。为此，敦请高僧喇嘛来京，祈祷永久幸福，指导真理之路，是为至盼。特遣席喇布格隆为首使者，赍书前往，并赐赏物：金镶玉带一个、金镶银茶筒一个、银酒樽一个、玲珑金漆鞍一个、缎十匹。

五世达赖喇嘛接此敕书之后，遂遣使赴京上表请安。

（三十三）达赖喇嘛为顺治帝升遐、康熙帝登极事，派遣二位近侍进京祝贺呈“新火神[1]出现之喜讯”表文

（藏历水虎年，康熙元年，公元一六六二年）

容纳世间出世一切福泽圆满之器皿，
长寿天车已于最近铸造成。
在三域[2]自在文殊室利[3]大皇帝尊前，
啊！满朝最高的臣子们，
一齐叩首把安请。
鄙人恭恭敬敬亦把贺表呈。
圣聪之旁传妙音，
请救主陛下您倾听。
众选转轮王之宫殿内，
五爪金龙之宝座上，
坐着新神梵天陛下您。
作为众生最高顶饰掌朝政，
一代伟大先驱父王他，
通过天梯入神宫，
获得世人最大福泽得解脱。
陛下您是诤斗之劫的转轮王。
纵有千万两黄金的赏赐，
罄竹难书亦表不清，

国法如同天庭下垂之天线，
您对臣民施仁政，
来到吾主龙座前，
高声唱出大实话，
在此首先摆开闻听宴，
馈赠的礼品摆上面。
来到先行门口中唱出吉祥词：
具有智悲之力二谛[4]之佛法，
不退转的三宝佛、法、僧，
以及梵天、遍入天[5]、自在天，
祝愿有寂天神陛下您，
佳运不断天自成。
金轮如意宝至尊之皇后，
以及王公大臣象、马和官兵，
七宝作为先行官，
王政闪闪放光明，
祝愿此劫成为有情的后裔
永远脱离苦难之时期。
啊！若问人主陛下之恩典，
一切众生内心深处全称颂。
我祝愿众生脱离苦难之深渊，
欢天喜地笑开颜。
天神业已把权授，
授权宝冠王族权无边。
如同恒河的常流水，
世间安乐万万年。
陛下坚实一统之宝座，

坚如磐石谁能撼，
众生之福泽有依靠。
写下了祝愿圆满幸福的贺表一大篇。

在犹如圣聪一般的“宾都”宝匣内，装有礼品宝珠一串、柔软光滑之氆氇等。写于发展前行仪轨[6]时，盖上犹如雪域美女之印鉴。

蛇年呈于拉萨大昭寺旁自然圣地净土
布达拉宫山顶上

（《五世达赖喇嘛文集》书信集一四〇——一四一页）

译注：

〔1〕新火神——藏语གསར་པའི་ལྷ་ཞལ།，佛教徒所说东南护方神。此处指康熙帝登基。

〔2〕三域——藏语ས་གསུམ།，即天上，地上和地下。

〔3〕自在文殊室利——藏语དབང་ཕྱུག་འཇམ་དབྱངས།。“自在”为佛教中东方护法神。文殊室利即文殊菩萨。“自在文殊室利”为藏文典籍中对皇帝的尊称。

〔4〕二谛——藏语བདེན་གཉིས།，即世俗谛和胜义谛。世俗谛（藏语ཀུན་རྫོབ་བདེན་པ།）又作覆真谛。佛家四派对此有不同的说法：有部师说，事物一经破灭或一经正常智慧分析、排除，便觉其不复存在者为俗谛，如粗分二取；经部师说，仅由臆测假设便觉其存在者为俗谛，如诸法共相；唯识师说，观察名言的内心所能察觉者为俗谛，如遍计所执和依他起；中观师说，直觉现量之内心与外境分别为二时所察觉的外境为俗谛，如现分缘起诸法。胜义谛（藏语དོན་དམ་བདེན་པ།）又作真谛，佛家四派对此亦有不同的说法：有部师说，事物虽已破灭，或虽经分析仍不

排除觉其存在者为真谛，如无方分及无时分二者；经部师说，不待名言臆测假设，其本质即已存在且能经受正理观察者为真谛，如诸法自相；唯识师说，观察实质的智慧所能察觉者为真谛，如圆成实；中观师说，直接现量在内心与外境合二为一的情况下所觉察者为真谛，如空性。

〔5〕遍入天——藏语ཁྱབ་འཇུག，梵音译作毗瑟纽。古印度婆罗门教徒崇奉的造物主。遍满一切器世间和情世间，故名为“遍”；以十种方式入世济人，故名为“入”。

〔6〕前行仪轨——藏语སྔ་གོན་ཆོ་ག，色粉坛场中灌顶仪式之一分。不超越坛场羯磨和弟子羯磨而依次进行的地母前行、坛场本尊前行、宝瓶前行和弟子前行等仪轨。

（三十四）达赖喇嘛为谢康熙帝派遣却典·仁江巴和群培格隆为首的金字使赍送圣旨及礼品事，遂派遣噶久·罗桑扎西和齐钦达吉二人进京呈“照婆罗门笑脸之铜镜”表文

（藏历木龙年，康熙三年，公元一六六四年）

驾驭着金千辐轮驰骋在辽阔的大地上，在福德世间之最高处卓越的瞻部洲人新近交了好运。

在坚固不摧永恒常在之地，愿以无限美好灿烂稀有之威力，为守护大地竖起长寿金刚的坚强生命柱。依照佛的教法来修行，佛法僧三宝发慈悲，世间祖先遍入天、自在天以及上界天王赐予现今之繁荣。用智慧之喉咙来把功德赞颂，唱歌之前作准备，首先降下吉祥雨，白旃檀香气在吉祥大地冉冉升，在此时刻来把贺表呈：

天地一体亲密无间，
敕书盖着耀眼之印鉴，
奉到圣旨和绸缎，所赐礼品实贵重，
面对三千婆娑世界之救主皇帝陛下您，
梵众天的修持者心有灵犀一点通，
我等殊胜之笑脸出现在吉祥宝镜中。
怙主为怜悯众生作幻变，

在众选王的宝座前幻化贵体现人形，
对于菩萨和圣者无所谓生死和病痛，
圣体光芒千千万驱散人间之黑暗，
照得阎王青面獠牙现原形。
喜讯甘露犹如常流水，
在此我以经律论三藏而自负，
闻、思、修释迦之佛法，
独持正义天性度人生。
以修炼暇满人身为消遣，
囊括了器世间有寂之功德，
心想远离了圣贤之谦虚，
将面前妄念之网来捆绑。
闻陛下大名如同响雷灌双耳，
驱逐了使身心痛苦烦恼之祸根。
脚踏尘埃宝冠头上戴，
亲临众天界之喜宴有何人？
已升天的列祖列宗们，
舍弃了帝释的圣财和贪婪，
四面梵天见此笑开颜，
此地莫非梵天陛下又能是何人？
只有皇帝陛下您，
英武睿智心胸阔似海，
胸有成竹力量大无比，
他化自在天之军队谁能敌？
英勇无敌的陛下您，
慓悍英勇留美名，
具有三界所有之财富，

追随者五体投地崇拜您。
不可背叛念咒搞复辟，
不要留下破坏安乐之罪名，
五洲四海的人们，
如同亲密之兄弟。
新的圆满均由陛下来幻化，
神龙、夜叉、乐神、饿鬼们，
跪在阙门之外膜拜您。
喜讯传来路途遥，
然而此处渴望得到东方之回音。
诤斗时人的寿元之长短，
乃是积德行善之果实。
宝座上的天神陛下您，
享年犹如千锤百炼之黄金。
由于三宝威力的加持，
整个世界得拯救，
五谷丰登人畜旺吉祥幸福乐无穷。
陛下实施国法之巨掌，
保护着远近全体之众生。
一次皇帝颁圣旨，
授权雪域政教王，
天命威力吉祥语，
犹如新的念珠落玉盘。
光滑的氆氇作礼物，
还有宝物和绸缎，
加上新请来的弥勒佛。
琵琶演奏肺腑言，

优美之音传入万人景仰之宫殿，
声音来自高耸入云的布达拉。

（《五世达赖喇嘛文集》书信卷一五七七—一五九九）

（三十五）达赖喇嘛为谢康熙帝在达隆活佛灵童转世时，派遣洛桑格隆为首的金字使颁发圣旨和赏物事，派遣洽米·堪钦仁青扎西和乃萨娃·钦饶朗吉进京呈“置于众生头顶之轮图”表文

（藏历木兔年，康熙十四年，公元一六七五年）

大臣美名如同轮之辐辋，
出现在世间有情之头上，
其间天命大军在有寂万物所颂之尊前，
对怙主有情心爱宝镜中出现之圣洁身影，
首先是焚香撒花瓣，
随后献上肺腑言：
五爪金龙高高腾起，
闪耀着奉天承运之金光。
出自慰问把贺章呈上。
祝福的琵琶声悦耳悠扬。
丰厚的礼品依次排在后方：
银器皿两对，
上等嵌花缎二十四匹，
镇日吉祥哈达五条整，
南青哈达四十条，

另有金鞍辔全套请笑纳。
真正具有美相之贵体，
将不洁有情之根来掩饰，
堪与十万日光相匹敌，
即使帝释天也将生怀疑，
六十部具有悦耳韵律之经典，
乃是适意所赐之甘露雨。
击毁对手脑壳发出之巨响，
如同变形金刚所发之呼唤。
为所知尽其无比之本性，
一切智源于无垢神通海。
比起有寂大梵您更善，
今后百劫也难会有第二人。
问安时怀着一颗童子心，
回首面对众选王，
坚定不移献真言，
好比悠扬琴声耳边传。
“三藏”经典的诵读者，
身受陛下之恩典，
背靠大树把凉纳，
不分彼此众生安乐是心愿。
倘若今秋解脱之事不发生，
八万有情之寿命，
四时轮金刚改变了法性，
此事实在太离奇。
在此百年诤斗时，
以有力的臂膀拥抱着大地，

实在了不起。
国王的才干大无比，
梵天（陛下）的寿命无边际。
希望征服权势的我等众生，
对权势疯子之举止厌恶在心。
为迷途知返献一片慈心，
是无限愤怒金刚之坚定象征。
在与四种部队的权势较量时，
三目者彼也感到稍有劳累。
在粗暴行为的颈子上套一法统，
“傲慢”竟公然将弓箭取出来用，
仍然没能把苦恼断送。
慈悲之水浇灌出丰硕的利乐金穗，
善事堆积成世间之高峰。
追求也要知足佛经如是说，
其后来个跏趺坐度过一生。
为生存发动积福大会，
自乳轮王和先贤轮王完全相同，
在政治花盛开的世界上，
以金刚身和“三宝”的慈悲来加持。
祝愿大家共勤勉，
具乐大地怙主之光辉照无边，
只看见，陛下手持长寿甘露瓶，
长命百岁，寿比南山。
愿陛下江山永固，
千秋基业万万年。
愿陛下慈目环视卫藏地，

关怀的圣旨永不断，
如同日月在运转。
贺表盖上鄙人之印，
如同非天之慧眼，
微薄礼品请笑纳，
红白念珠各一串，
外加氆氇软绵绵。

兔年七月初面向东方祝愿吉祥！

（《五世达赖喇嘛文集》书信卷二三四—二三六页）

（三十六）达赖喇嘛为谢康熙帝就内地南方发生骚乱一事，派遣尚罗·麦尔根噶久和加太托格西二人传达圣旨并赍送赏物事，派遣使者进京呈“功业白伞”表文

（藏历木兔年，康熙十四年，公元一六七五年）

奉天承运统驭寰宇的自在文殊室利大皇帝座前：

心地虔诚焚香、撒吉祥花瓣。首先祝愿人主（皇帝陛下）使一切众生安居乐土。谨奏：

在当今世间一切众生之福泽净土之上，由大梵天幻化的文殊室利大皇帝，高居黄金宝座之上，脚踩时轮，血气方刚，风华正茂，龙体如同太阳，光芒万丈。上中下众生在赞美之声、悦耳之音中，引入幸福之道。

对世出世间一切取舍之处，深知无障，符合浊世众生之举止行动，实行文武诸业，使情世间的一切有情众生，在制伏护持的功业白伞之荫凉处安居乐业。

在此，含笑仰望圣旨，深知内情。所赐赏物：镇日吉祥哈达二十条、八瑞吉祥哈达三十条，上等缎三匹全部祗领，如见金颜，心中甚喜。在此亦对一切有情生疏而亲密的具德释迦狮子佛教宝之护持，和众生幸福之发展甚为重视。

现将以上请安之书信和压书礼品派遣西格·顿珠嘉措和阿旺罗桑札巴二人呈上。祈请赏赐如同虚空般广阔心田之教言如

川流而不息，并献压书礼品珊瑚念珠一串。

木兔年八月十一日

于法界圣红山无量宫敬上

（《五世达赖喇嘛文集》公文卷二三七—二三八页）

（三十七）达赖喇嘛为祝贺康熙帝调遣大军一举荡平吴三桂事，派遣尚罗格西次臣朗结和罗桑次仁二人进京，呈“全胜喜讯”表文[1]

（藏历铁猴年，康熙十九年，公元一六八〇年）

奉天承运力转时轮之天地自在文殊室利大皇帝座前：

夏雨连绵，风调雨顺，空气清新。秋季丰收如同满月在望。到处充满了喜悦。按照仪轨面向东方焚香顶礼，抛撒花瓣，谨奏。

始之初就具有不可胜数之福泽和智慧资粮之佛子怙主文殊菩萨，对难以教化之众生进行怜悯和慈悲，以非凡的勇气及愿望特加勉励恻隐和不超越功业流转，从没有天柱空中而下降，被众人尊为世间主公，登上五爪金龙宝座，脚踩盛开的白莲花，以无限之经典和精通幻术智慧之力，大皇族制伏了天下一切傲慢者，变成了金刚宝饰，或者如同如意宝王，一切有寂的妙汇如意，此仍除了事物的本性外，还会是什么呢？此处，一切众生之依怙、佛和寺庙均成为神圣之依托。独一无二的导师释迦狮子的佛教宝至高无上，肩负着荫凉处五趣众生安乐愿望之圣洁所依。一切区域兹特奏者，在广大天地，自在对有寂施事者享有圣洁人身的普通百姓在敌对争论之际，中国南方个别地区，吴三桂[2]诡计多端，阴谋转动时轮，犹如萤火虫要与太阳比光芒，不自量力。不久又传来十三个地区战乱平息，地方安宁之喜讯。为此，在经堂大会上决定特派遣尚罗格西次臣朗结和罗桑次仁两人前去敬献祝贺表文及方物。祈请陛下慈目眷注，常赐教诲犹如江河川流不息。

庚申铁猴年五月吉日
于法界圣无量宫红山敬上
（《五世达赖喇嘛文集》公文卷二七〇—二七一页）

译注：

〔1〕自康熙十三年（一六七四）吴三桂发兵反清之后，五世达赖喇嘛和吴三桂多有信使往来，互赠礼品，并于四川打箭炉处以茶马互易。当康熙帝要求五世达赖协助进剿吴三桂时，达赖喇嘛奏言："蒙古兵力虽强，难以进边，纵得城池，恐其贪据，且西南地热，风土不宜。"拒绝用兵。而当清兵大破吴三桂时，达赖又为吴三桂求情，奏称："若吴三桂穷，乞免其死罪，万一鸱张，莫若裂土罢兵。"但是另外五世达赖在此期间又频频遣使进京上表，一为皇帝歌功颂德，二为自己开脱罪责。在康熙十七年（一六七八）十一月的表文中称："蒙古、土伯特不可能同彼协同举事。""小僧等同圣上政教为一，前小僧赴朝廷朝觐等事，吴三桂岂不知乎？如反叛朝廷，我等僧俗愧对圣上，即愧对世人。"康熙十八年达赖喇嘛又具表言称："吴三桂虽先后遣人来，小僧只是回赠礼物，遣兵之事，只字未提。且因同圣上政教为一，小僧等忠心不移。"而当时康熙帝只求"今西陲晏然，内地无事"。"达赖喇嘛宜恪守前言，令其统辖部属，毋得生事扰民"。在吴三桂反清的七年间，达赖喇嘛一直采取了脚踏两家船的态度。直至康熙二十年，吴三桂被镇压下去之后，达赖喇嘛又接连上表，一献礼祝颂，二奏辩不曾以吴三桂比朝廷，三为前请招降吴三桂有益，今认罪等。

〔2〕吴三桂——原为明朝末年镇守边关之大将，后当农民军起义领袖李自成攻入北京，明朝灭亡之后彼投降了满清，领清兵入关，被清朝封为平西亲王，驻守云南、贵州。于康熙十三年联合提督郑蛟麟反清，长达七年之久，于康熙二十年逐渐被镇压下去。在此期间曾与五世达赖喇嘛多有信使往来。

〔3〕原藏文发文年代中公元一六八一年有误，应为一六八〇年。

（三十八）达赖喇嘛为谢康熙帝颁发圣旨并赍送赏物事，派遣夏尔巴却杰和三珠岗巴阿旺贝桑二人进京呈“众生福轮”表文

（藏历铁猴年，康熙十九年，公元一六八〇年）

奉天承运，力转时轮天地自在文殊室利大皇帝座前：

在名为赡部树大洲之中土，三藏比丘面向崇高而显赫众人崇敬之国都北京，高坐金座，脚踩盛开白莲之神人自在具德文殊室利大皇帝，毕恭毕敬地焚香撒花瓣。首先祝愿天地之间，自在转动时轮的大皇帝陛下寿比日月，皇族百姓犹如夏季江海蓬勃向上，时时处处呈现出吉祥之瑞兆。无数劫以来超越伟大妙汇净土之业力，依靠才华横溢之根本以及世间众生之福泽，依怙、寺院和圣贤之发心愿望和善缘，如愿以偿之贵体，犹如千百个太阳光芒万丈。虽然众生装束、习俗和语言各异，但身体和思想相同，悦耳之语言如同梵音一般动听。如同金刚钻石虽小却为一切宝饰之冠，王子虽然年少则可压倒群臣，到壮年时聪明才智如同梵天老人，进入知识经典之海洋，三密庄严轮永远保持其坚固之本性。朝廷最近颁发的圣旨、赏物以及各种法令如同红宝石永放光芒，由却典喇嘛丹增格隆和恰那多吉二人赍送至此，如见圣上金颜。此时喜悦之情态犹如三禅仙人。

此间，贫僧虽已年迈，然身体康健，并且在此浊世教化难

伏众生之悲心、力量及靠山更加强大。善劫第四导师释迦狮子所教证之佛教宝，为了全体众生之福田增益，勤勉努力，彼此宛如处于竞争状态。对于无缘又不熟悉之众生具有慈悲，乃是居住在大地上的诸位佛子所具有之天性，如同任何一位执政的文殊室利大皇帝使广大国土安居乐业一样。为了护持全体众生及尚未得到解脱之我等，忘寝废食，并且以东方大地护法神之威力，打开了宇宙财神宝库之大门，富乐增长，到处呈现出一派欣欣向荣的景象。以疾病为主的时代徒具空名，人们寿命延长。为了时主的强大成功，愿金龙宝座稳如泰山，历辈祖先之善业，佛法众生之利乐，不断发展壮大。此处亦实行政教合一，祈请像往日一样，慈悲为怀，常赐教诲，如恒河之水，源远流长。

表文请过目。敬献压书礼品，珍贵的红白念珠、各色氆氇等，清单另列。盖印。

庚申铁猴年藏历八月吉日

于法界圣无量宫红山敬上

（《五世达赖喇嘛文集》公文卷二七〇—二七四页）

（三十九）康熙皇帝册封七世达赖喇嘛之圣旨

（藏历铁鼠年，康熙五十九年，公元一七二〇年）

奉天承运，当朝大皇帝谕旨：

朕为利济普天之下一切众生，不分内外，一视同仁。倘有化导黎民、敬守梵行、恪遵王法者，则必嘉奖，优加封崇，旌赐官爵名分以示褒奖。先世各辈达赖喇嘛，即因弘扬西天佛法，而得中土崇高敕封。现汝年幼即接续前规，勤习经戒，精研三乘要义，深得各方依赖，特传谕嘉勉。赐予诏书、金册印，加封汝为“宏法觉众六世达赖喇嘛”。著汝阐扬佛法，效忠朝政，勤习经典，精进不懈。钦此[1]。

康熙五十九年二月吉日

（《七世达赖喇嘛文集》六六页）

译注：

〔1〕弘法觉众第六辈达赖喇嘛，实际上指的就是理塘出生的七世达赖喇嘛罗桑格桑嘉措。因为自拉藏汗在西藏继承汗位之后，被康熙皇帝封为“翊法恭顺汗”，掌握了西藏的实权，并奏请废除了由桑结嘉措所立的第六世达赖喇嘛仓央嘉措，并选定益西嘉措为六世达赖，于一七〇七年二月奏准正式坐床。但益西嘉措不得众望，特别是遭到三大寺上层喇嘛的反对，三大寺的上层喇嘛们又在理塘找了一名叫格桑嘉措的幼童

做为仓央嘉措的转世灵童。到一七二〇年，康熙帝又命大军护送格桑嘉措进藏，并以金册、金印封格桑嘉措为六世达赖，这样表示既不承认仓央嘉措为六世达赖，也不承认益西嘉措为六世达赖。但藏族人民，特别是三大寺僧众一直认为仓央嘉措为六世达赖，格桑嘉措为七世达赖。

（四十）乾隆皇帝颁给八世达赖喇嘛之金册

（藏历铁蛇年，乾隆二十六年，公元一七六一年）

奉天承运，统御寰区皇帝敕谕达赖喇嘛之呼毕勒罕：

当今卫藏办事之人梅仁章京傅景谨遵朕旨，奏称尔呼毕勒罕不同常人，甚是奇异，朕心甚悦。先辈达赖喇嘛德才渊泓，且仰承朕意，广衍黄教，利乐卫藏众生，一切举止均合朕意，朕嘉之，甚加恩赏。彼之圆寂，朕甚是怜念。今已三载，呼毕勒罕之身即已明现，合乎朕意，甚慰朕怀。尔呼毕勒罕为弘扬黄教，多闻勤思，功德习修，贵在精进不懈。

兹为庆贺呼毕勒罕明现之喜，特赏上等大哈达一条、无量寿金佛一尊，羊脂玉释迦牟尼佛一尊，宝石念珠一串，愿呼毕勒罕延年益寿，黄教兴隆。钦此。〔5〕

乾隆二十六年四月十二日〔1〕

（《八世达赖喇嘛传》二十一页）

译注：

〔1〕原藏文年代中公元一七六二年有误，应为一七六一年。

（四十一）乾隆皇帝准予八世达赖喇嘛之呼毕勒罕坐床之圣旨

（藏历铁蛇年，乾隆二十六年，公元一七六一年）

乾隆二十六年十一月一日，皇帝降旨：

据驻藏大臣集（福）[1]奏称：已委托第穆呼图克图[2]、公班第达[3]，达赖喇嘛之呼毕勒罕业已长大，若迎往布达拉坐床，一则可振兴黄教，再则卫藏全体众生愈加爱戴景仰。

昔日朕曾有旨，达赖喇嘛之呼毕勒罕一旦在会见众人时不再胆怯，即可在布达拉举行坐床。若决定举行坐床，排宴庆祝事关重大，此处特委派阿嘉呼图克图[4]，来年不久将与章京傅景一同抵达拉萨，到时即可择定吉日为呼毕勒罕举行坐床典礼。朕之赏物已交彼等带去。此事由集福等经管，务使第穆呼图克图定夺实施。钦此。[5]

（《八世达赖喇嘛传》二十五页）

译注：

〔1〕驻藏大臣集（福）——藏语ཇི་ཧུ་ཨམ་བན།，克勒特氏，蒙古镶黄旗人。乾隆五年，由亲军授蓝翎侍卫。二十二年，擢正红旗蒙古副都统。二十三年正月，命带领侍卫扎拉丰阿等往西宁办青海事务，对于额

鲁特余党及果洛克贼匪，颇有剿获。二十四年（一七五九年）四月乙亥，命往藏办事。六月抵藏，换回伍弥泰。二十七年正月，奏卫藏北沿边一带，西自阿里起，东至喀喇乌苏，安设十三台站；乾隆二十三年，将军伯伍弥泰奏撤。经军机大臣等议，以现值进兵叶尔羌、喀什噶尔，防逆匪窜越，令照旧设，俟应撤时再奏。今大功告蒇，外夷安谧，实与内地无异。复据噶伦公班第达等呈称："准噶尔、叶尔羌等俱蒙德化，安享太平，卫藏台站，可毋庸设。但撤后各处边界，仍命稽查。"二十六年九月庚申，诏京，翌年五月离藏返京。二十八年，调镶蓝旗满洲副都统，后官至归化城副都统，察哈尔副都统，科布多参赞大臣，理藩院侍郎。于五十四年闰五月卒。

〔2〕第穆呼图克图——藏语དེ་མོ་ཧོ་ཐོག་ཐུ།。此指第穆呼图克图六世阿旺降白德勒嘉措（一七二三至一七七七），藏族。工布地区黄教丹吉林寺住持，故又称丹吉林呼图克图。乾隆二十二年（一七五七），七世达赖喇嘛格桑嘉措圆寂后，奉旨掌办商上事务，为出任掌办商上事务四大呼图克图之一。二十三年赐"管理黄教巴勒丹诺门罕"名号。二十七年（一七六二），授银印，为清朝于西藏设掌办商上事务之始。遵七世达赖之嘱，于三十五年（一七七〇）修缮和扩建桑耶寺之中心大殿，四大洲、八小洲等殿。三十九年（一七七四），拒英人之请与印度通商，只允印商于帕克里处贸易，并拒于拉萨设"使馆"。

〔3〕公班第达——藏语ཀུང་པཎྜི་ཏ།，即贡布欧珠喇布旦（？至一七九二），清代西藏地方政府官员。俗称公多仁班第达。藏族。乾隆四年（一七三九，一作五年）承袭其兄噶锡鼐·那穆扎尔色卜腾之辅国公爵，妻郡王颇罗鼐之女德丹卓玛。十二年（一七四七），奉七世达赖喇嘛之命赴黑河迎接清朝护送准噶尔噶尔丹策凌入藏熬茶之军官和仆从。次年，因拒附珠尔默特那木扎勒作乱，被抄没家产，离间其妻，羁留其子。十五年（一七五〇），珠尔默特叛乱，七世达赖喇嘛请朝廷将其立为藏王。清恐其嗣后盘踞其地，重蹈珠尔默特覆辙，遂以其势孤弱，仅保自全，未能救护驻藏大臣，无功可录，著以辅国公爵办理达赖喇嘛噶伦事务。四十八年（一七八三），辞噶伦职，子丹津班珠尔承袭，授噶伦。

〔4〕阿嘉呼图克图——藏语ཨར་སྐྱ་ཧོ་ཐོག་ཐུ།，即洛桑丹悲坚赞（？至一七六六），清代青海地方藏传佛教活佛喜惹桑布圆寂后，被选为转世灵童，即塔尔寺阿嘉呼图克图二世。乾隆十一年（一七四六），奉旨进京朝觐，获殊遇，清帝赐以“述道伯勒各图诺门罕”称号，驻雍和宫，任副札萨克达喇嘛。在多伦诺尔汇宗寺敕赐游牧地一块。该地坐落察哈尔地方卓楞巴噶布尔噶苏台、德苏台等处，东西十五里，南北二十里。乾隆三十一年入寂。

〔5〕本篇原藏文发文年代中公元一七六二年有误，应为一七六一年。

（四十二）乾隆皇帝为八世达赖喇嘛坐床赏赐礼品之谕旨

（藏历水羊年，乾隆二十八年，公元一七六三年）

奉天承运，统御寰宇，皇帝敕谕达赖喇嘛之呼毕勒罕：

朕乃统御普天之下众生之王，以各方众生安居乐业、振兴释教和巩固社稷为怀，尔喇嘛以护持释教、勤于经教妙法次第为乐。荷蒙上天之恩，朕躬甚安。尔喇嘛尚处少年，业已坐床，现要勤于闻修，认真次第学习，效仿先辈达赖喇嘛，对释教，特别是对黄教的利乐和善规铭记在心，遵照朕意，专心致志，精进不懈。随敕谕赐赏物计：六十两白银打制的镶金茶筒一个、镂金银瓶一个、灯盏一对、各色缎三十匹、大哈达五条、小哈达四十条、五色哈达十条等。赏物已交堪布金巴曲桑赍送。特谕。

乾隆二十八年　　月　　日

（《八世达赖喇嘛传》三十页）

（四十三）嘉庆皇帝准予认定萨玛第巴克什诺门罕转世灵童之圣旨

（藏历铁猴年，嘉庆五年，公元一八〇〇年）

大皇帝谕旨：

萨玛第巴克什诺门罕[1]，在藏办事仰体父皇之心意，勤勉效力。故诺门罕圆寂之后，为建灵塔特赐护乐䥫鼓[2]、念珠等，并赐有准予认定灵童之圣旨。据称诺门罕之转世灵童在卓尼[3]和理塘二地访得二人。按照惯例，在北京进行金瓶掣签[4]已认定卓尼之灵童。目前，彼及经师强巴顿丹已在藏，可到彼处进行迎请。届时噶伦、札萨[5]献贺礼哈达。

（《八世达赖喇嘛传》一七六页）

译注：

〔1〕萨玛第巴克什诺门罕——藏语ས་མ་ཏི་པཀྵི་ནོ་མིན་ཧན།，策门林活佛阿旺楚臣（一七二一至一七九一）之名号。全称噶勒丹锡呼图萨玛第巴克什。生于甘南卓尼察多地方。于擦多寺出家，成年后，入色拉寺麦扎仓学闻佛法。博学多识，由“翁则”晋“堪布”职位。乾隆二十八年（一七六三），奉召至京任雍和宫大喇嘛和堪布，深受乾隆帝赏识。四十二年（一七七七），由乾隆帝指定返藏掌办商上事务，即十五任摄政。

代达赖喇嘛掌政，兼八世达赖强白嘉措经师。四十六年（一七八一），八世达赖喇嘛亲政后，仍掌办商上事务，佐达赖整顿藏务，酌定章程。四十八年（一七八三），于藏地色拉寺旁建寺为高宗祝寿，赐名“祝寿寺”，藏译名为策门林，嗣后策门林寺活佛简称策门林。五十六年（一七九一），卒，朝廷赏佛器诸物，于塔前永远陈设。后追任为第一世策门林活佛。策门林活佛阿旺楚臣、绛贝楚臣及罗桑坚参前后曾任摄政三次。

〔2〕𩏽鼓——藏语ཌཱ་མ་རུ།，两面鼓，拨浪鼓，一种法器。

〔3〕卓尼——藏语ཅོ་ནེ།，县名，在甘肃省甘南藏族自治州中部，洮河上游。

〔4〕金瓶掣签——藏语གསེར་གྱི་བུམ་པ་དཀྲུགས་པ།，清廷为确认藏蒙地区藏传佛教转世大活佛，而制定的制度。“瓶”藏语作“本巴”，“金瓶”亦称“金本巴”。乾隆五十七年（一七九二）确立，次年，复于《藏内善后章程二十九条》中明文规定：“关于寻找活佛及呼图克图的灵童问题，依照藏人例俗，确认灵童必问卜于四大护法，这样就难免发生弊端。大皇帝为求黄教得到兴隆，特赐一金瓶，今后遇到寻认灵童时，邀集四大护法，将灵童的名字及出生年月，用满汉藏三种文字写于签牌上，放进瓶内，选派真正有学问的活佛，祈祷七日，然后由各呼图克图和驻藏大臣在大昭寺释迦佛像前正式认定。假若找到的灵童仅只一名，亦须将一个有灵童名字的签牌，和一个没有名字的签牌，共同放进瓶内，假若抽出没有名字的签牌，就不能认定已寻得的儿童，而要另外寻找。达赖喇嘛和班禅额尔德尼像父子一样，认定他们的灵童时，亦须将他们的名字用满、汉、藏三种文字写在签牌上，同样进行，这些都是大皇帝为了黄教的兴隆，和不使护法弄假作弊。这个金瓶常放在宗喀巴佛像前，需要保护净洁，并进行供养。”后遂成为定制。清廷在拉萨大昭寺及北京雍和宫各置一金瓶，凡藏蒙大活佛如达赖、班禅、哲布尊丹巴、章嘉等转世时，均按藏内善后章程所规定之办法，分别由驻藏大臣，或清廷选派的高级官员，召集有关政教上层人士，在金瓶所在之殿宇内举行宗教仪式，当众掣签确定。

〔5〕札萨——藏语ཛ་སག，又作札萨克，系蒙古语音译，意为“执掌

政令者”。清代官员，有备兵札萨克和旗札萨克和管辖僧众的札萨克喇嘛。此官在原西藏地方政府为正三品。清代外藩蒙古各旗旗长称为札萨克。由清政府从旗内王公中委派一人充任，直隶理藩院，受中央监督。下设协理台吉。平时管理旗内行政、司法、税收、任用旗属官吏，调整牧场等，战时动员和统率本旗兵丁参战。

（四十四）嘉庆皇帝准予认定达赖喇嘛之经师班第达转世灵童之圣旨

（藏历铁猴年，嘉庆五年，公元一八〇〇年）

十二月初四日，皇帝降旨：

达赖喇嘛奏称，可以认定经师班第达之呼毕勒罕。对此朕心嘉悦，额外加赏。经师[1]之呼毕勒罕在何处进行寻访，俟寻得之后记下名字，投入金瓶进行签掣，掣出者即认定为经师班第达益西坚赞之转世，并迎往策却林寺供养，以利黄教之庄严。此乃朕为发展黄教之举。特谕。

（《八世达赖喇嘛传》二七七页）

译注：

〔1〕经师——藏语ཡོངས་འཛིན།，音译为“雍增”；意译为“全面护持”。上层喇嘛、活佛的经师。

（四十五）道光皇帝任命达赖喇嘛经师之谕旨

（藏历水马年，道光二年，公元一八二二年）

道光二年五月二十二日内阁奉上谕：

文干[1]等奏请委派达赖喇嘛呼毕勒罕之经师一折，著照所请。准其以噶勒丹锡呼图萨玛第巴克什[2]作为达赖喇嘛呼毕勒罕之正经师，以卸任噶丹池巴阿旺念札和荣经师第达绛贝益西丹巴嘉措二人作为副经师，俾令竭力传教佛经。

（《十世达赖喇嘛传》八十八页）

译注：

〔1〕文干——原名文宁，避道光帝讳，改为干。字蔚其，号远皋，又号芝崖，满洲正红旗人。乾隆四十九年进士，散佚馆编修。嘉庆十九年，官累升盛京副都统、热河都统。嘉庆二十五年十月戊子，赏已革河南巡抚文干副都统衔，命赴藏办事。道光元年三月抵藏，继玉麟为驻藏大臣。在任期间主持了第十世达赖喇嘛楚臣嘉措的金瓶掣签和坐床等。道光三年六月病逝。文干与灵海有会奏之稿，载《清代藏事奏牍》，另著“壬午赴藏纪程”已刊入《川藏游踪汇编》中。

〔2〕噶勒丹锡呼图萨玛第巴克什——藏语དགའ་ལྡན་ཤྲེ་གེ་ཐུ་ས་མ་ཏི་པཀྴི།，本名阿旺绛贝楚臣嘉措（一七九二至一八七七），清代西藏地方政府官员。又称阿旺扎木巴勒楚勒齐木。系二世策门林活佛，为一世阿旺楚臣

之转世。生于甘南卓尼。嘉庆二十四年（一八一九），奉命赴藏任甘丹赤巴，充当十世达赖喇嘛楚臣嘉措正经师，赐“诺门罕”名号。代理达赖喇嘛掌办商上事务，即第十任摄政。后加“衍宗翊教禅师”名号，又赏“达尔汗”名号，屡赐御书匾额。道光二年（一八二二），因办事公正，为僧俗所敬重，承袭一世的噶勒丹锡呼图萨玛第巴克什名号。十年（一八三〇），派官员赴卫、藏各地普查人口、土地，汇编成册，是为藏史著名之《铁虎年清册》。十八年（一八三八），因剿办博窝事件有功，于“衍宗翊教禅师”名号内，赏加“靖远”二字。二十一年（一八四一），在抗击森巴侵藏战争中，捐资银千两、青稞万藏克（藏式计量单位，相当于十四公斤），赏“懋功”封号。二十四年（一八四四），为七世班禅控告跋扈不法，咒诅达赖喇嘛，营私谋权，玷污黄教，经驻藏大臣琦善奏准，革职，拘禁，后被所属色拉寺麦扎仓僧众劫回色拉寺，经七世班禅、三大寺调解，发配黑龙江。咸丰四年（一八四四），免罪释归，禁返西藏，交地方官管束。

（四十六）道光皇帝认定九世达赖喇嘛转世灵童之谕旨

（藏历水马年，道光二年，公元一八二二年）

〔藏历二月驻藏大臣文（干）和灵（海）[1]奏，就达赖喇嘛之呼毕勒罕金瓶掣签认定礼仪和由遍观班禅额尔德尼剃度、起名、授戒，以及此后在布达拉举行坐床典礼时间等请旨一折。奉谕示：藏历四月初由驻藏大臣文干和保昌[2]转颁给呼毕勒罕之诏书和赏物，择定于吉日十四日举行，十三日起要充分准备。俟一切准备就绪之后，当二位驻藏大臣和诏书赏物到达时，从热堆扎仓经色拉、哲蚌、洋顶拉章等处熏烟、奏乐、击鼓、扬旗，并由筹备官员手捧香火在前引路来到雪扎康，怙主师徒及徒众也同时到达。面向东方跪下，由仲益玉康·绛贝德勒宣读谕旨。〕

奉皇帝圣旨

道光二年四月初七奉上谕：

文干等奏，依惯例达赖喇嘛之呼毕勒罕已举行金瓶掣签，坐床日期以及班禅额尔德尼可否返藏等事项请旨一折，谕达赖喇嘛之呼毕勒罕认定情形。据文干等奏，“将三球投入金瓶内，随将理塘番民罗桑年扎之子格桑坚赞[3]之名掣出，经试验具有灵异之性，确系达赖喇嘛之呼毕勒罕无疑。寻得黄教首领，普藏僧俗倾心悦服，出现许多吉祥之兆”等语。览奏实深欣悦。赐呼毕勒罕之礼物计：哈达一方、无量寿佛一尊、金刚铃杵一对、珊瑚念珠一串，由文干转发。另分别赐班禅额尔德尼和阿旺绛贝楚臣嘉措的赏物计：哈达和无量寿佛各一，同时转交。达赖喇嘛八月八日举行坐床，届时由文干、成都副都统苏冲阿和章嘉呼图克图由京驰往看视。著广储司赏路费银三百两。所有颁赏达赖喇嘛等之敕谕和例赏等件，著理藩院拣派司员二人，协助照料。班禅额尔德尼已为达赖喇嘛剃度受戒，达赖喇嘛坐床尚需数月，故准予返回后藏。此事，由文干、保昌、苏冲阿等遵照办理。[4]

（《十世达赖喇嘛传》七六—七八页）

译注：

〔1〕灵海——嘉庆二十四年十一月，赏内阁侍读学士、二等侍卫，往藏办事。二十五年四月抵藏，接珂什克为驻藏帮办大臣。道光元年十月，诏京。二年三月卸职换回，保昌继之。

〔2〕保昌——满洲正蓝旗人。初由笔帖式渐升侍读学士。道光元年，赏头等侍卫，为驻藏帮办大臣，于二年三月抵藏。五年十月诏京。六年六月离藏，后官至热河都统，吉林、乌鲁木齐、黑龙江、福建将军，兵部尚书。道光三十年，卒。谥敬僖。

〔3〕格桑坚赞——藏语བསྐལ་བཟང་རྒྱལ་མཚན།，即第十世达赖喇嘛（一八一六至一八三七），藏传佛教格鲁派（黄教）领袖。康区理塘人，内都那布村头人罗桑年扎之子。被认定为九世达赖的转世灵童之一，被迎到拉萨，清道光二年（一八二二），在布达拉宫举行金瓶掣签，被确定为十世达赖喇嘛，先住聂塘极乐寺，以七世班禅为师，受沙弥戒，起法名楚臣嘉措。是年八月初八日迎进布达拉宫坐床。八年（一六八二），

入哲蚌寺学经。十三年（一六三三），复拜七世班禅为师，受比丘戒。曾在皇太后六旬大寿之日，在大昭寺率拉萨甘丹、色拉、哲蚌三大寺僧众诵长寿经。尚未亲政。于道光十七年（一八三七）九月初一日暴亡（一说病死）于布达拉宫。

〔4〕本篇括号内的文字为档案原文，非编者和译者所添加。

（四十七）道光皇帝准予十世达赖使用金印和乘坐黄轿之谕旨

（藏历水马年，道光二年，公元一八二二年）

（前二位驻藏大臣就达赖喇嘛使用金印和乘轿等事项请旨。后圣旨到，由噶伦噶西瓦向达赖喇嘛宣读。）

道光二年六月初二日奉上谕：

文干等奏，“赏给前世达赖喇嘛之金印，今达赖喇嘛之呼毕勒罕坐床后，可否仍用之处请旨”等语。赏给前世达赖喇嘛之金印，该呼毕勒罕坐床时既经捧用，现坐床后于谢恩折内，仍前钤用。遵照执行。

又谕：文干等奏达赖喇嘛之呼毕勒罕坐床时，可否照前赏用黄轿、黄鞍、黄辔索等请旨一折。前世达赖喇嘛俱经赏用黄轿、黄鞍、黄辔索，现依照前规，仍准赏用。遵照执行。

（《十世达赖喇嘛传》九十一页）

（四十八）道光皇帝就遍视班禅大师为达赖喇嘛授戒颁发谕旨及赏物

（藏历木马年，道光十四年，公元一八三四年）

（大皇帝在遍观班禅为达赖喇嘛授比丘戒之后颁发谕旨及赏赐物件。同时晋升摄政诺门罕和二位经师之官爵[1]。赏赐物件先摆放在尼威寝宫，当驻藏大臣到此之后，由仲益宣读谕旨。）

道光十四年七月初一奉上谕：

隆文[2]等奏，达赖喇嘛从班禅额尔德尼处受比丘戒，达赖喇嘛等呈献佛像、哈达等礼品一折。是年四年初七日达赖喇嘛从班禅额尔德尼处受比丘戒，甚是吉祥圆满，朕甚嘉之。又达赖喇嘛仍须发心，孜孜不倦，学经修法，勤勉精进，以期能护持黄教，朕思量将永赐恩典。现朕著加恩赏赐达赖喇嘛黄哈达一条、珊瑚念珠一串、金线制作的碗器一个、白羊脂玉碗器一个、镶有珊瑚的黄带大荷包一对、小荷包二对。赐班禅额尔德尼的赏物：黄哈达一条、松香木念珠一串、金线制作的碗器一个、镶有珊瑚的黄带大荷包一对、小荷包二对。从隆文处祇领。

（《十世达赖喇嘛传》二八八—二八九页）

译注：

〔1〕有关晋升摄政诺门罕和二位经师官爵一事，在藏历木马年（一八三四）八月十四日达赖喇嘛所呈的谢恩表中说到：大皇帝对小僧正师傅掌办商上事务之诺门罕噶勒丹锡呼图萨玛第巴克什原赐“衍宗禅师”名号，又赏加“翊教”二字；对副师傅强白益西丹贝坚赞赏给诺门罕敕书、印信，对副师傅甘丹赤巴阿旺曲培恩赏班第达名号等，同时奉到，卑小僧与正副师傅三人均行九叩礼跪受。

〔2〕隆文——字云章，伊尔根觉罗氏，满洲正红旗人。嘉庆十三年进士，旋改翰林院庶吉士。道光九年累升内阁学士兼礼部侍郎。十年十月癸卯，命往藏办事。十一年四月抵藏，为驻藏帮办大臣。是年，补授镶红旗汉军副都统。十三年正月己卯，擢驻藏办事大臣。十四年八月癸丑，擢理藩院右侍郎（仍留藏）。十五年二月，转左侍郎，四月，卸职换回，文蔚继之。七月，派往四川查案。十六年五月，授镶红旗满洲副都统。后官至左都御史、刑部尚书、军机大臣。二十一年，卒。谥端毅。

（四十九）光绪皇帝就认定十三世达赖喇嘛之呼毕勒罕及举行坐床典礼事颁发之圣旨

（藏历土虎年，光绪四年，公元一八七八年）

（班禅一切智和摄政达擦通善呼图克图，色拉、哲蚌、甘丹三大寺和扎什伦布寺、政府僧俗官员等藏区全体百姓异口同声，一致请求，该呼毕勒罕乃西藏利乐之命脉，如同千锤百炼之真金，无可置疑。依照先例实行金瓶掣签，犹如阳光之下举灯盏，多此一举，根本没有必要。现在花朵击中何处，神运独到，认定有何不可？按一致心向，通过驻藏大臣向天命文殊室利大皇帝呈递了签名画押的奏折。奉朱批如下。）

贡噶仁青之子罗桑塔克嘉措即作为达赖喇嘛之呼毕勒罕，毋庸掣瓶。

（降赐嘉言，金冠头上戴，犹如穷人得珍宝，死而逢生，阖藏僧俗，皆大欢喜。）

（《十三世达赖喇嘛传》上卷四十三页）

（十三世达赖喇嘛之呼毕勒罕到了授权坐床的时间，东方大梵光绪四年土虎年经驻藏大臣松溎[1]奏，允许达赖喇嘛明年坐床，并依照先例请赐予珠宝诏书、金册和启用金印，同时准予使用黄轿、黄鞍、黄辔索及黄寝帐等请旨一折。光绪五年土兔年奉朱批。）

达赖喇嘛之呼毕勒罕目前业已掣定。是年六月十三日授权坐床，实为祥瑞之事，朕心实深嘉悦。著赏给该呼毕勒罕黄哈达一条、佛像一尊、念珠一串、铃杵一套。同时，赐给前辈达赖喇嘛之金印，该呼毕勒罕坐床时谢恩折内，仍前钤用。并准予照例使用黄轿、黄车子、黄鞍、黄辔索、黄帐等。赏给伊父贡噶仁青[2]公爵、顶戴花翎。

（此后，于土兔年六月初九日诏书、金印分别进行启封。当驻藏大臣衙门委派的代表到达时，并请摄政通善呼图克图将座位摆放在有阳光的地方让其就座。两位法官和四位郭肖卡[3]分别就座，接着分发酪糕和水果。然后将启封的诏书和金印妥为保管，并向汉官赠送了护身结和礼品。[4]）

（《十三世达赖喇嘛传》上卷五二—五三页）

译注：

〔1〕松溎——字寿泉，满洲镶蓝旗人。咸丰十年，为翻译进士，后改为庶吉士、工部尚书。同治十三年九月，以内阁学士命为驻藏办事大臣。光绪元年十二月初二抵藏，补承继病卒之缺。在任驻藏大臣期间主持了寻找认定十二世达赖的转世灵童以及举行坐床典礼等事项。光绪五年十一月，召京。六年四月抵川，后为西安将军、荆州将军。三十三年卒。松溎驻藏奏稿，载《清代藏事奏牍》。

〔2〕贡噶仁青——系十三达赖喇嘛的父亲。在十三世达赖喇嘛坐床之后，被封为公爵，噶厦遂又拨给了许多庄园和农奴，遂成为西藏大贵族，即民主改革前的朗敦。

〔3〕郭肖卡——满语译音，职官名。即副官随员，副手。

〔4〕本篇括号内的文字为档案原文，非编者和译者所添加。

（五十）光绪皇帝为十三世达赖喇嘛受戒奏折之朱批

（藏历木羊年，光绪二十一年，公元一八九五年）

大皇帝在奏折上朱批：

达赖喇嘛正月十一日受比丘戒，实为吉祥善事，朕亦甚悦。达赖喇嘛嗣后要勤习经卷，苦修法行，弘扬黄教。现对达赖喇嘛著加恩赏给珊瑚念珠一串、金线制作的碗套一件、白羊脂玉器皿一个、大荷包一对、小荷包二对。同时赏给大经师普角夏仲罗桑楚臣强巴嘉措大哈达一条。

（《十三世达赖喇嘛传》上卷二五三页）

（五十一）光绪皇帝为十三世达赖喇嘛亲政奏折之朱批[1]

（藏历木羊年，光绪二十一年，公元一八九五年）

尔金刚持达赖喇嘛现年纪已大，并通晓显密佛教之一切经典，此乃利乐之根本。尤其精通释教之精髓黄教流派，善解其精义。对一切众生，不分亲疏，犹如爱子。深知惩治一切恶人，不仅是为共同安乐，亦是法律之传统。此与金刚持先辈各世达赖喇嘛无异。

朕乃普天下之王，符合众生父母之心愿，为边远西方全体众生之利乐，授权尔金刚持达赖喇嘛为政教之主。特派员颁赐丰厚赏物，望届时祇领。为使佛法众生吉祥幸福，精进勿懈。切记。

（《十三世达赖喇嘛传》上卷二五五——二五六页）

译注：

〔1〕此篇是光绪皇帝对十三世达赖喇嘛亲政所颁的朱批。按照过去惯例，历代达赖年满十八岁时，即应亲政，接管政教事务。自九世达赖以来，都是青年夭亡，政权常在摄政手中。当十三世达赖年届十九岁时，光绪帝曾下令要其亲政，但达赖因年幼，正在学经，推辞未就。达

赖受了比丘戒之后，学经已完成了一大阶段，此时西藏政局又处于大动荡时期，西藏统治集团想把达赖推上政治舞台，于是迫使摄政第穆呼图克图辞职。在光绪二十一年八月初八日，在布达拉宫内的司西彭措大殿上，举行了隆重的达赖亲政大典。

（五十二）十三世达赖喇嘛向光绪皇帝所献之赞词

（藏历土猴年，光绪三十四年，公元一九〇八年）

愿得吉祥！
集善逝佛智悲能力及威德，
成为自身之光泽。
降伏部多之朋友，
秘咒明咒之主宰，
威猛胜者持金刚，
对彼最好之赞扬。
以到处无穷之变化，
在东方辽阔的大地上，
驾驭着力量之金轮。
赞颂三世二主之功业，
永远守护利乐和吉祥。
祝愿陛下寿比南山圣躬安康，
祝愿国祚兴隆国富民强。
愿陛下成为弘扬佛法之益友，
惩治百恶转动两制千辐轮，
打下对手魔部之气焰，
战胜世界美名扬，
成为类似的三千世界之梵天。

所有尊者的主张和善果，
以及上师天神护法之资粮，
以法性圣谛之威力不使劳力自然成。
祝新善劫的喜宴如愿无缺憾。

（《十三世达赖喇嘛传》下卷六〇页）

三、诗词奏折篇（附录）

（一）五世达赖派遣使者渥巴西卡台吉向顺治皇帝请安，呈“转轮喜讯”表文[1]

（藏历火狗年，顺治三年，公元一六四六年）

殊胜功德海升起一轮，
诸事任运成就之明月。
遍智释迦牟尼自在佛，
保护大地赐彼以吉祥。
智慧白伞新的荫凉处，
美好安乐养息之地方。
令名遍于四方之部主，
为宗喀巴大师之学说。
新的智慧遍创信仰之春天，
善业犹如夏季美女之笑颜，
善于延宾斗诤时[2]的转轮王，[3]
在人主天王诸位尊者的面前，
具十力的勇士释迦主义者，
为了众生满腔热情又忠诚。
弹奏起乐师之多弦琴，
将应谏之话语来禀明，
恭请陛下之圣聪悉听。
遍布南赡部洲[4]的法令，
如无畏金轮一般神圣。

佛众利乐之欲化作雨，
闻此清净之心得慰藉，
以此吉祥赞语为先行。[6]

在到处充满幸福的时刻，千万福德汇聚于乳海，斗诤时很早以来延请圆满喜宴的主人，上天授权的大皇帝身语意之太阳光照四方，罪恶之乌云妄想遮挡。自在八功德[5]任运天成的贫僧，面向天命文殊室利大皇帝之宝座，作无畏金刚跏趺姿，耳闻广袤大地全部得到安然治理的佳音，追随遍智净饭王子（即释迦牟尼），身居寺院闻修经典的释迦弟子，在下我身体安好，且不分彼此对一切有情忠贞不渝。

毋庸置疑，陛下乃符合天性之圣贤，为着菩提萨埵和一切众生执掌王政，以十善法[7]治理无数臣民，使其永远安居乐业。心中以无欺的三宝圣贤为师尊，供奉释迦牟尼教证之佛法大宝。一如既往，对全体臣民施以教规之绸结和国法之金轭。

最近派遣渥巴西卡台吉赴京，敬献各种吉祥物。祈请陛下常赐教言如恒河之水，川流不息。呈压书礼单。

四月十六日汉历孟夏上弦满月，藏历吉祥时轮下弦十六日，月生仙人房宿美女尽情欢乐之时于吉祥之大门洞开的西藏卫地之金刚座幻化之经堂（即大昭寺）拜呈。

（《五世达赖喇嘛文集》五二—五三页）

译注：

〔1〕在《元以来西藏地方与中央政府关系档案史料汇编》（二）册，“四五五顾实汗请安表文”的末尾记载有：“遣使察罕喇嘛，于八月二十五日携带众呼图克图与顾实汗之上表赴京。”另在该篇的注释文中又讲：“《世祖实录》卷二七……前遣往达赖喇嘛之察罕喇嘛还。达赖喇嘛、厄

鲁特顾实汗遣班第达喇嘛、达尔汉喇嘛等同来，上表请安……”而表文未载。从以上史料可以看出，先是顺治皇帝遣使存问达赖喇嘛和顾实汗，随后达赖喇嘛和顾实汗又遣使赴京上表请安。本篇译文即为达赖喇嘛所呈之请安表文。

〔2〕斗诤时——藏文རྩོད་པའི་དུས།，译文：诤时、诤劫、斗诤时等。佛书所说人世间的法、财、欲、乐，即道德、财富、享受和安乐四者之中只能具备其一的时代，期间为四十三万二千年，有释迦牟尼出世。

〔3〕转轮王——藏文འཁོར་ལོ་སྒྱུར་བའི་རྒྱལ་པོ།，转轮王、转轮圣王，略作轮王。佛书说人寿自无量岁至八万岁中，分别有金、银、铜、铁四轮王出世，征服四大部洲一切众生。

〔4〕瞻部洲——藏文འཛམ་བུ་གླིང་།，梵音译作阎浮提。佛家宇宙学所说环绕须弥山外的四大洲中的南方大洲名，全名南瞻部洲。

〔5〕自在八功德——藏文དབང་ཕྱུག་བརྒྱད་ཀྱི་ཡོན་ཏན།，即八共同悉地：细分色功德、粗分色功德、轻功德、周遍功德、证得真实功德、极光明功德、坚住功德和如意功德。

〔6〕藏文诗词，尤其是五世达赖的诗词文字非常优美。但是，由于译者本人的文学修养水平所限，将诗词译成了白话散文，还望某位贤能将其译成诗词，以飨读者。

〔7〕十善法——藏文དགེ་བ་བཅུ།，不杀生、不偷盗、不邪淫、不妄语、不两舌、不恶口、不绮语、不贪、不嗔和不邪见。

（二）五世达赖向顺治皇帝呈祝愿表文

（藏历火狗年，顺治三年，公元一六四六年）

以福善金轮统御寰宇，赐福于全体众生的如意宝文殊室利大皇帝尊前：

吾以善业净信之心敬禀，在此极其神圣之时代，从古至今一贯将妙善如意宝作为顶饰供奉。因此，一切所愿如雨倾注，自在八功德各部均已圆满。显现人身的大梵天陛下圣躬安康，身、语、意明月般之龙体，格外洁净。南瞻部洲辽阔之国土犹如巨大睡莲花园，当转轮王陛下功德圆满之新月出现时，园中鲜花怒放，到处一片欢庆。悦耳之鼓声响彻天际，天神和诸真言仙子曰："诤斗时出现转轮王，真稀奇。"毋庸置疑，吉祥之赞语像曼达罗花[1]环必将缀满大地。吾等亦像随喜之白天鹅，在心的乳海上欢快地翱翔。

特禀者，正如古贤哲们之经典所言，"先是起信，而后三思之。"陛下白琉璃[2]一般之圣聪充满一切利乐之源佛法大宝之甘露，然而，再次禀明道理仍有裨益，如佛经中所言，世上过八万年就有金、银、铜、铁转轮王出世。一切按照佛和佛子的心意执掌轮回。雪域西藏亦曾有祖孙三法王按照密宗事部三怙主[3]之心愿引导众生至十善道。为汉地皇位高贵显赫的文殊菩萨均予以加持。单为名垂青史，法王陛下亦应以在家道德规范十六条[4]引导全体臣民行善，要虔诚将永久皈依处神圣三宝作为顶饰供奉，以弘扬佛法为主要美德，此乃当前和久远美满幸福之基础。佛法有了义[5]、不了义[6]、大小乘、所化界、所化心、随眠等经义一应俱全，但主要是在汉藏两地广泛传布的大乘藏，次第有序，宣扬的所谓“三士道次第”[7]是显宗、密宗二道之核心。大乘师[8]、吉祥燃灯佛[9]的规章纯洁无瑕，尊者文殊菩萨在人世间的化身无与伦比的法王宗喀巴大师所阐明的佛教要义，犹如太阳的光辉，给众生以光明，务必想方设法进行弘扬，使之经久不衰。

真诚祝愿大皇帝万寿无疆，江山稳固，国祚久安，一切主张不假劳力任运天成。祈请圣上常赐教诲如恒河之水，川流不息。随文敬献礼品有：具十力舍利子、金刚护身结和圣地所制的响铜佛像等。

火狗年十月上旬呈于第二普陀
（拉萨布达拉）无量宫甘丹颇章[10]
（《五世达赖喇嘛文集》第五四—五五页）

译注：

〔1〕曼达罗花——为梵文转写，མེ་ཏོག་མནྡ་ར།，即百合花。

〔2〕白琉璃——藏文བཻཌཱུརྱ་དཀར་པོ།，一种宝石名。

〔3〕密宗三部三怙主——藏文རིགས་གསུམ་མགོན་པོ།，即佛部文殊、金刚部金刚手和莲花部观世音。

〔4〕在家道德规范十六条——藏文མི་ཆོས་གཙང་མ་བཅུ་དྲུག，是吐蕃王松赞干布制定的。即一、敬信三宝。二、求修正法。三、报父母恩。四、尊重有德。五、敬贵尊老。六、利济乡邻。七、直言小心。八、义深亲友。九、追踪上流，远虑高瞻。十、饮食有节、货财安分。十一、追认旧恩。十二、及时偿债，秤斗无欺。十三、慎戒忌妒。十四、不听邪

说，自持主见。十五、温语寡言。十六、担当重任，度量宽宏。

〔5〕了义——藏文ངེས་དོན།。佛对殊胜化机，所说诸法法性远离生灭戏论之甚深空性，及实有事性自然光明，超出一切思议言说境界之究竟义等，均是了义。此等经典及其注解为了义经。

〔6〕不了义——藏文དྲང་བའི་དོན།，又译未了义。为诱导寻常徒众，以世俗之现象为主，指出补特伽罗、有情和蕴、界、处等，以其生灭往还，能渐次以言说思议称量而增益者，此即佛典注疏等。

〔7〕三士道次第——藏文སྐྱེས་བུ་གསུམ་གྱི་ལམ་རིམ།，上中下士修学佛法所经地道以及论述此种地道之一切经论。

〔8〕大乘师——藏文ཤིང་རྟ་ཆེན་པོ།，对古代印度佛学家龙树和无著二人的称呼。

〔9〕吉祥燃灯佛——藏文དཔལ་མར་མེ་མཛད།，阿底峡尊者的别名。

〔10〕甘丹颇章——藏文དགའ་ལྡན་ཕོ་བྲང་།，意译兜率宫。一五一八年，乃东大司徒札西札巴将哲蚌寺内的一座青石殿堂献给二世达赖根敦嘉措，改名为甘丹颇章。公元一六四二年，五世达赖洛桑嘉措在固始汗扶持之下，初在其中建立黄教政权，后世因以此名称呼原西藏地方政府。

（三）五世达赖奉顺治皇帝圣旨后呈“最初圆满时满意的情分”表文

（藏历火猪年，顺治四年，公元一六四七年）

〔大明王朝末代皇帝崇祯之皇位被李贼自成篡夺之后，顿时黑暗笼罩了大地，博克多之子，天神皇帝之福德如同太阳放射着光芒，登上了文殊室利皇帝宝座。四年之后（即阴火猪年）派遣了以噶喇嘛等金字使僧俗多人，赍送皇帝圣旨及上等绸缎等大量礼品抵藏。达赖喇嘛随后呈“最初圆满时满意的情分”表文。〕

善业福泽圆满大海的开创者，
自远方发出了圆满喜庆之邀请，
主宰大地的梵天文殊皇帝陛下，
神圣功业之阳光在东方大地上，
把千百个敞开的大门照得通亮。
霎时间心田里的千朵白莲怒放，
召来一群蜜蜂嗡嗡如是在歌唱。
从仙境宝梯上走下的文殊菩萨，
为众生亲兵着想转轮而把国政掌。
殊胜的龙体美相之果已成熟，
多弦琴弹奏出阐发两制的乐章。
歌音七品[1]异口同声共演唱，
梵音悠扬回荡余音绕梁。

全体众生乐融融耳福饱尝，
此良缘已把诤劫[2]驱赶至他方。
情器世间[3]法性的微尘飘荡，
以智慧顿时作出估价的智者，
其心灵的镜子深奥而又明亮，
不出所知的形象还有谁的模样？
以悲悯祝愿风之力邀请出，
金刚本性色身的月亮。
超越百罪之云发出四德[4]祥光。
喜讯之雷鼓伴随着孔雀关防[5]，
所需财富长上色彩斑斓的翅膀。
好似夏妃莲手高举的圣旨，
奉到之后顷刻间心花怒放。
为了掌握对一切普遍有益的，
净饭王子[6]的纯洁学说而承诺。
比丘仙人读诵者忠心耿耿，
诚心诚意不分亲疏为众生。
嘿，在世界广阔的大地上，
福德金轮的统治者全面获胜具荣光。
创世主的对手随后方领悟，
不厌傲慢的凡夫极喜自在魔[7]，
如果彼勇敢之火一点燃，
高大无比的蓝颈者自在天[8]，
来到世间现人形从无限慈悲的内库中，
取出利乐之如意宝不分亲疏赐众生。
心想何时持有观音菩萨之天性？
取和舍在迦尸迦[9]的新布上，

以智慧之笔绘生疏、华丽、精彩图影，
任随文殊菩萨各自来区分。
将黑暗外道党羽之魔部，
驱至远方不假劳力自然成。
能干圆满的百光者自在天，
以金刚手菩萨来自喻。
对不分远近和贵贱，
有公正无私纯金一般的法典，
极其坚实可信犹如持双山[10]。
如同受众人尊敬之传记，
世间众生居住在舒适之荫凉处。
祈愿集聚一切欲望之主陛下您，
今后政治宗教之一切功业，
一如既往蓬勃得发展。
您是世上福泽和财富的创造者，
具足威德的人主如意宝，
是一切吉祥利乐之根源。
祝愿国祚社稷牢又牢，
千秋万代永不变。
陛下的慧眼似蜜蜂，
礼品咒结恰似白莲园，
神圣佛塔犹如集聚之花蕊，
佛像好比蜂蜜之精华，
琥珀如同灿烂之花朵，
鞍辔仿佛片片之绿叶，
印章犹如美丽之彩霞。
祝愿制伏一切，圣地之语“阿孜达儿”[11]，

所言全部称做教化，
遍益九月十五日，
写于拉萨布达拉。[12]

（《五世达赖喇嘛文集》三五—三六页）

译注：

〔1〕歌音七品——藏文དབྱངས་བདུན།的简写。古印度流行的六十四技艺之一类。谓六合、仙曲、绕地、中令、五合、奋志和近闻等七品歌唱的声乐。六合声如孔雀，所以表惊奇；仙曲声如黄牛，所以表神异；绕地声如山羊，所以表慈爱；中令声如鸿雁，所以表豪强；五合声如杜鹃，所以表欢娱；奋志声如骏马，所以表战阵；近闻声如巨象，所以表亲和。

〔2〕净劫——藏文རྩོད་དུས།，见“斗诤时”条。

〔3〕情器世间——藏文བརྟན་གཡོ།。其中བརྟན།即བརྟན་པ་སྣོད་ཀྱི་འཇིག་རྟེན།，意为器世间，即物质界，外器不动的四大洲，须弥山和日、月等三千大千世界。གཡོ།即གཡོ་བ་བཅུད་ཀྱི་སེམས་ཅན།，意为有情世间，即动物，一切有意识、能运动的生物。佛书称做众生、六道有情。

〔4〕四德——藏文སྡེ་བཞི།，又作四缘、四分圆满。法、财、欲、果等世出世间皆称圆满的四种条件：法谓佛法盛行；财谓资财具足；欲谓享受色、声、香、味、触等五妙欲事；果谓修习佛法能证解脱涅槃之果。

〔5〕关防——藏文བཀའ་དམ།，意为印章。官印之一种，长方形。

〔6〕净饭王子——藏文ཟས་གཙང་སྲས་པོ།，即释迦牟尼。释迦牟尼的父亲为迦毗罗卫国的国王，姓乔达摩，名字叫首图驮那，意思是纯净的稻米，所以称他为净饭王，所以释迦牟尼又称净饭王子。

〔7〕极喜自在魔——藏文བདའ་ལྷ་པ།，又作五箭、欲天等。五箭：狂、爱、愚、枯、死等。

〔8〕蓝颈者——藏文མགྲིན་སྔོན།，又作大自在、自在天、大天等。

〔9〕迦尸迦——藏文ཀ་ཤི།，又作迦奢，国名。佛经中说："瞻部洲中有迦尸迦国，迦罗舍国，摩竭陀国。"

〔10〕持双山——藏文གཉའ་ཤིང་འཛིན་རི།，梵音译作逾健达罗山。七金山之一，形如牛轭。《阿毗达摩藏》中所说，自内而外逐层环绕须弥山周围的七重大山：担木山、持轴山、持双山、善见山、马耳山、持边山和象鼻山。又说：出现日月的山顶，有一双岩石形如车轭，岩石每面广三十二万由旬，周一百二十八万由旬。

〔11〕阿孜达儿——ཨ་ཛི་ཏར།，梵语译音。不败之意。

〔12〕本篇括号内的文字为档案原文，非编者和译者所添加。

（四）五世达赖为谢顺治皇帝再次召其入京派金字使赍送圣旨和赏物事派官员随同进京呈“打开四部大门之钥匙”表文

（藏历铁虎年，顺治七年，公元一六五〇年）

朝廷再次颁旨召吾入京，派遣金字使陇吉喇嘛、诺布、本阔廓多诺等一起赍敕谕和赏物，随同噶久西绕于铁虎年初抵藏。后随派遣高级官员洛桑群培等随同彼等进京，呈“打开四部大门之钥匙”表文：

不变金刚本性之躯体，
修成殊胜自身长寿神。
对于天地自在之皇上，
祝愿随时随地赐吉祥。
生死涅槃功德精华藏，
美丽火神胎中生祥光。
各方克敌制胜的人主，
当朝文殊室利大皇上。
获得千万经典福德和权力，
以雅语妙音美女之口水，
浇灌着心田之花薄拘罗[1]。
当最喜欢的花蕾绽开时，
敬呈表文说说心中语。
在福泽之雨的滋润下，

三密[2]如意之树结新果。
满足一切愿望的转轮王，
创造众生的善业和财富。
视此奇妙俱称道，
吉兆月光当空照。
心上睡莲彼在笑，
善劫邀请新贵宾，
窃窃私语已听到。
赐予心中的喜宴，
耳闻如同饮甘露，
前所未有第一朝。
既是傲慢之祖先，
怎能和我相比较。
明镜般深邃的心海上，
翻滚着今世之幸福浪。
四分圆满宝贝之根源，
器世间祖先大地之幻变。
神圣事业之阳光普遍照，
佛教众生利乐之花开放了。
其降伏衰败黑暗之主将，
天界合格人选您最适当。
因此信力宝坚固之把柄，
已将两制的法伞来支撑。
善果报好似飘动的流苏，
在三有之顶[3]来回飘荡。
世上众生安乐休息的台座，
已用至宝吠琉璃进行包装。

斗诤时的转轮王，
宝座坚固若金汤。
陛下那圣洁之慧目，
与可爱的白天鹅一样。
落入翰书之莲花池，
礼品详记在清单上
犹如蓝天溶入湖水，
红莲之宝印已盖上。
铁虎年六月于雪域中心，
金刚座具德哲蚌寺呈上。〔4〕

（《五世达赖喇嘛文集》六六—六七页）

译注：

〔1〕薄拘罗——藏文བ་ཀུ་ལ།，天界之树，传说此树之花须美人含水喷之始开。

〔2〕三密——藏文གསང་གསུམ།，身密、语密和意密。

〔3〕三有之顶——藏文སྲིད་པའི་རྩེ་མོ།，又作三世间：天世间、龙世间和人世间。三有：生有、死有和中有。

〔4〕本篇原藏文发文年代中顺治六年有误，应为七年。

（五）五世达赖离京返藏至代噶行宫，和硕泽亲王返回时，派索朗旺结随行进京呈“傲慢梵天召唤之夏鼓”表文

（藏历水蛇年，顺治十年，公元一六五三年）

善业放射着千道金色的光芒，
在广袤的大地上以功德之力，
频频不断转动金轮的转轮王。
文殊室利大皇帝尊前敬禀，
从当今千万善事的海洋上，
升起一轮身影皎洁之明月。
黑暗乌云遮不住她的光亮，
神奇的喜讯不断在耳边回响。
雄伟的宫殿居住着人间大梵，
那本是无数四缘之宝的源泉。
此间傲慢梵天的后裔被召唤，
充当人间之主宰自天界降临。
除了陛下您其他还会有何人！
在那辽阔广袤大地的怀抱里，
生活着全体众生和属民。
您是利乐喜宴的创办者，

自己种姓土地的守护神。
城市如同星斗布满了大地，
市中的功德宝殿雄伟壮丽。
祝愿人主大皇帝的江山社稷，
如同那不变金刚座坚定不移，
供养如蔚蓝天空的一池碧水，
眼前的贡物是轮光辉的明月，
在拥有数目是三的（月份里）
加盖钤记恭恭敬敬呈在面前。

（《五世达赖喇嘛文集》八十页）

（六）五世达赖为谢朝廷派遣金字使绛林寺医生桑结坚赞和青城（今呼和浩特）的德木齐达尔汗法王赍送圣旨和赏物事，彼等返回时派觉日图侄阿旺罗追等人随行进京呈“圆满白莲怒放之笑容”表文

（藏历火猴年，顺治十三年，公元一六五六年）

在天地之间福泽之金千辐轮的转动者，
世间现人形的梵天文殊室利大皇帝尊前：
您是五浊恶世泥潭中圆满盛开之白莲，
久闻陛下具赐利乐之美名而把表文呈献。
妙金刚聪敏幻化常显世间皇帝的尊容，
得见名副其实不动金刚身是咱众生之福分。
在此有寂之顶奉天承运之印鉴光辉耀眼，
内外珍宝各种绸缎和殊胜的礼物赍至手边。
在此政教兼备雪域之中土虽住着比丘和智者，
然而三界之法王宗喀巴希求四面八方传佛法。
三界全面克敌制胜的圣贤您具有皇族的自在，
在天界众生之头顶圣言比乐师的琴声还动听。
许多正规经典中记载所有王和王子勇敢者，
尽可随心所欲掌朝政对此谁人何曾起疑心！

为满足大地众生之愿望您要牢记如意宝和如意藤，
所谓只有圆满劫才能出现转轮王，
对法论中所说如果真的是谎言，
在此斗诤时天地间一切富贵和圆满，
除由自在您创建另外还会有何人？
太阳赐予幸福和光明非天而是王在各方获胜，
经典与百法都称有寂之主宰是文殊菩萨皇帝，
祝愿金龙环绕的宝座千秋万代不动摇，
具有宝柄之两法白伞永远支撑于三有之顶。
您胸怀宽广满面慈祥笑容来自大雪山上，
祝愿频仍的圣旨和敕谕堪与恒河之水相比拟，
只要日月在运转永远也不要间断。
圣洁天目请观看随函礼品宝珠三串，
骏马氆氇垫子若干醒目的印鉴盖上面，
十一月十三日呈自具吉祥四缘的甘丹颇章
普陀山无量宫。

（《五世达赖喇嘛文集》第一〇七页）

（七）五世达赖为谢朝廷派遣西绕喇嘛和散木旦格隆等人赍送敕谕和赏物事，彼等返回时派色拉寺格西加央札巴和下曲廓尔诺布二人随同进京呈“天命宝冠”表文

（藏历土狗年，顺治十五年，公元一六五八年）

梵天为三界崇高的国王真正灌顶，
本相头饰宝冠华丽而殊胜的皇帝陛下：
世间的树木除劣等矮小者之外，
其他在殊胜之解脱道顿时长高。
在此受用戒定慧三学甘美之贫道，
禀奏时纯洁心灵的古纳达花[1]开了，
御印圣旨和珍贵锦缎等赏物，
已由钦差亲手顺利赍至西方诸寺庙。
千万颗福德种子所结丰硕之果已成熟，
身语意城堡政教之日月并照，
顿时间整个三界光辉闪耀。
那时诤斗贪求罪恶之军旅，
如同使人不能容忍之眼药，
一切黑暗和阴险已徒具其名，
利乐之光照耀汉地霍尔[2]边区，

无私护卫众生舒适之顶棍[3]，
要知此乃我主特赐之隆恩，
人们毕生所积累之全部财产，
堆积一处要丈量其边实困难。
陛下之声誉如同夏季之鼓声[4]，
功德犹似大海之中心广且深，
如果要彻底诠释大梵之思想，
智慧虽已成熟也会略感不足。
在此地重要经典的读诵者，
对待众生悲悯坦白而忠诚，
深信众法中观[5]并行的现象，
生活虽辛苦劳累但却有意义，
此仍全世界利乐的唯一生命。
天地自在护持大地之尊者，
具德的文殊室利大皇帝，
祝愿您金龙宝座牢又稳，
如同那恒河之水流不尽。
伏乞御印圣旨之伟大金桥，
不断在西藏和内地之间架起。
在天目纯洁的视野中，
能够变化的宝念珠，
各种颜色的上等软氆氇，
用微薄的礼品壮行色。
戊戌阳土狗年三月某吉日，
于大寺具德哲蚌普陀山敬上。

（《五世达赖喇嘛文集》一〇九—一一〇页）

译注：

〔1〕古纳达花——藏文ཀུནྡ།，即白莲，又名君陀花。

〔2〕霍尔——藏文ཧོར།，胡人，泛指蒙古等北方游牧民族。不同时代所指的民族不同，唐宗时指回讫；元代时指蒙古人；现代指藏北牧民和青海土族。

〔3〕顶棍——藏文ངལ་སྟེགས།。以前西藏运送物资多靠牛驮人背。当负物之人站着休息时用它支持背上的负载物。

〔4〕夏鼓——藏文དབྱར་རྔ།，即雷声。

〔5〕中观——藏文དབུ་མ།，又作一、中道，如世间说离开侧边，即是中央，故离开有无等极端即是中道。持此见解，即为中观。二、《中论》五部大论中，论述甚深空性的经典。

（八）五世达赖为谢朝廷派遣金字使却丹格西和贡波格隆赍送敕谕和赏物事，呈“福星高照财源茂盛”表文

（藏历土猪年，顺治十六年，公元一六五九年）

在南瞻部洲广袤大地上，
转动着法令的金千辐轮，
在克敌制胜的地上帝释，
具德文殊室利大皇帝尊前：
未画清晰浮现的尊容，
不唤脑海中常自生成，
未饮使人陶醉之美酒，
不唱悦耳赞美之歌声敬奏，
当今福星之太阳有百个，
照得身体及三界放光明。
奏起多弦琴把喜讯传颂，
内心雀跃欢笑满面春风。
在至高无上的金龙宝座上，
奉天承运之皇帝颁下敕谕，
国库取出带花绸缎等礼品，
近日抵达好比是财神降临，

赏物丰盛具有福气和财运。
在此以释迦之主义金胎者，
智慧热力而成熟的贫僧我，
开启自己觉慧之四扇大门，
博览闻思修发展之吠陀典，
三千世界释迦牟尼大梵天，
佛的长绳登天的这一条道，
全世间所有的国王都知道，
正统皇帝除您他人无所缘，
刀兵之劫罪恶之旅很兴旺，
人世间行为粗野之诤斗女，
立即落入天地主公视野中，
以现实的标准如此何处找。
闻听整个天地一切之主宰，
文殊室利当朝皇帝之美名，
虽掌握着天人共同之江山，
但不显现自乳轮王之傲慢。
善事福泽宝灯点燃放光明，
经典偶像心中思绪要分清，
思想上不存在怀疑不足兮，
而且昼夜之修炼亦莫要停。
世上风调雨顺好年景，
人们健康长寿百事兴。
出现以上这等好征兆，
全是当朝皇帝的功勋。
偶尔智慧迷惑出差错，
背离宽仁慈爱和深情，

能在天涯海角将其缚，
此乃凡圣天性所不同。
天空虽然是比小洞大，
傲慢小邦如同千匹骡，
不慎遗失了黄金之轮，
宽宥引导会权变之人。
明辨善事大象很显著，
象王兄弟其他还有谁?
唉呀！情世间器世间，
全体众生舒适休息之顶棍，
很快知晓神人自在您的恩。
因此利乐之想像力，
满足希求之如意宝，
王政的日月当空照，
愿光明世间稳又牢。
美观庄严城市之中间，
建有长寿王的大宫殿，
黄金珊瑚装点其宝座，
愿陛下的江山万代传。
笑口常开如白莲，
圣谕赛过蜂蜜甜，
味道鲜美营养好，
不断摆出美味宴。
宝贝念珠和氆氇，
相互碰撞钏与环，
作为礼品来奉献，
贺表如同孔雀女，

飞到陛下龙颜前。

（《五世达赖喇嘛文集》一二三——一二四页）

（九）五世达赖为谢朝廷派遣金字使玛尔拥格西和汉喇嘛赍送敕谕和赏物事，彼等返回时派哈通格西和典培本穷二人随行进京呈“长寿天车”表文

（藏历铁牛年，顺治十八年，公元一六六一年）

长寿天车平稳地牵引着金千辐轮驰骋在辽阔的大地上，
在完全统治各方克敌制胜的文殊室利大皇帝尊前：
纯洁的心灵上浮现出陛下的尊容，
与此同时令名之月亮照得喜悦之睡莲竞相开放。
多才善辩之口双唇含笑敬奏，
宽容慈爱悦耳中听的谕旨上，
钤有奉天承运图案优美之印章。
礼物和赠品接到时如同仙人进入了三禅定[1]，
此情此景难以言传心花怒放联翩浮想，
全体有情的梵堂[2]孔雀开屏连灿烂的太阳也驻足观望。
举世无双的天授江山是善住在，
南瞻部洲一切众生的福泽和吉祥，
慈悲的荫凉处是有情安乐养息的地方。
三身之硕果压弯了如意树的枝头，
追随净饭王子的诵读者其忠心可与清净的月亮相匹敌，

斗诤时罪恶非天罗睺颈英勇发誓断绝具四轮。
此刻减轻了梵天老人辛苦之负担，
可谓其他种种有漏[3]欲睡并非幻想的野兽在追赶，
沉着稳重发射的不幸之箭，
落入了野蛮楞迦[4]顶髻之地方，
大人勇敢细思量在印度西藏和内地，
广大地区新近拔除了高傲自负的獠牙，
乘坐着两法之孔雀到处安闲漫游的六面天神[5]，
不是陛下是何人？
在凡夫小小的心灵宝镜中照出了陛下功德之身影，
陛下积聚之功德蕴量全部落入佛的视野中。
是您将臣民没入大地诤劫海中的利益举起，
并将无畏吉祥结的图案排列整齐，
在这人世间除了陛下之外他人均无所缘。
此后以慈祥的目光迎接圆满时新的贵宾，
满足利乐愿望的如意宝不假辛劳而获得，
主人梵天坚不可摧发出神奇的吉祥之光，
以福德长寿甘露为营养，
愿陛下寿比南山万寿无疆！
纶音神河之宝幢饰以善规之幢顶，
华丽宝幢之威光无损于外道，
为本朝喜宴请圣旨三道不间断，
以柔软的纸张开就礼品之清单，
妙音菩萨红白念珠及各色氆氇，
恭敬献于天地自在陛下的面前。
身着洁白之云裳都姑拉[6]，
众中尊正当壮年好容华，

幸福水沐浴过后身体爽。

上弦十五日月圆时敬上。

（《五世达赖喇嘛文集》一三〇——一三一页）

译注：

〔1〕三禅定——藏文བསམ་གཏན་གསུམ་པ།。禅定，又作静虑，梵音译作三摩地、三昧地，即心不散乱，不染烦恼，心境专注，生起一切正量智慧之果。分为：初禅、次禅、三禅和四禅。三禅定，即观二禅喜支为过患而具有轻安之乐者，即具备能断二禅喜等之对治支中所有行舍、不忘修习之正念及念念而住之正知，功德支中之轻安乐，安住支中之心一境性定等五支功德之禅定。

〔2〕梵堂——藏文ཚངས་གནས།，又作梵住，即梵天的住处。

〔3〕有漏——藏文ཟག。漏即烦恼。

〔4〕楞迦——藏文ལང་ཀ།，传说为罗刹之境。

〔5〕六面天神——藏文ཀ་རྟི་ཀ།，又作六面者，大自天之幼子。又称六面童子，天大将军。

〔6〕都姑拉——梵文དུ་ཀཱུ་ལ།，纺绸，是都姑拉草所织。即胡麻布。

（十）五世达赖为谢康熙帝派遣金字使雅隆安木齐和大元室南竹之侄赍送圣旨和赏物事，奉奏折之朱批后派遣塘萨轨范师洛桑加央和康萨绕丹赴京，呈“给予众生利乐喜讯之琴声”表文

（藏历土鸡年，康熙八年，公元一六六九年）

在众人恭敬之泱泱大国
登上世界之巅的华丽宝座，
随即召请贤劫之贵宾的
文殊室利大皇帝尊前：
以祝愿吉祥之声音为先导，
将赞美词之花朵空中抛，
随后焚芳香扑鼻的旃檀香，
再以坚定的信念呈此表文。
奉到盖有奉天承运之玉玺，
四周环绕五爪金龙之圣旨，
还有具足圆满丰盛之礼物，
如同亲见圣颜心欢喜。
由金卵所生的天上大梵[1]，
为地上居住的皇族智慧种，

色身[2]犹如永固不变之金刚，
今生今世贵体福禄寿俱全。
那时耳闻此言如获极喜地，
立刻心情舒畅乐无边。
各种联想潜伏在脑海不显现，
第一禅定[3]不闭眼，
跟随诤劫金轮进入虚空转。
您的恩情使诸位众生具圆满，
在受用的荫凉处，
三藏者也为能仁之教作奉献。
十方[4]诸佛一致为众生依怙行灌顶。
陛下您降临世间时现异熟之善兆，
陛下龙体如同千百个太阳在照耀，
驱散了当今世上所有的傲慢和黑暗。
恶的攻击如微弱的萤火虫之光被制伏，
好奇凡夫的欲望和好运，
如同从蚌壳的硕大腹腔中，
经常降下利乐之珍珠雨。
享有兴旺权力的幸运者，
历史言称唯有当朝皇帝您，
知晓世间一切吉祥和圆满，
此外在此三界又有谁？
永远希望居解脱地的五趣[5]众生，
能真正应用具有意义的妙法。
其法则是汇聚释迦牟尼之经典
圆满成就黄帽派[6]所持之教法，
在汉藏广袤大地上弘扬光大，

保护着无忧无虑的解脱。
大圣国君执掌着朝政，
由于图谋广大众生长久之安乐，
文殊怙主慈悲的化身陛下您，
对佛法僧三宝作供奉，
祖祖辈辈以善报之力而制胜，
自先皇起一代代人主及天子，
历任主张的政教兼备之法规，
应以无比智慧循循善诱表明。
欢喜的双眼随时进行细察看，
笑容悠然纶音圣旨永远传不断，
愿常赐喜庆甘露使心欢，
神等众生之顶饰不变金刚跏趺坐，
如同脚登莲花之长寿星，
三宝之力保佑佛教心愿自完成。
用丝线串起的红白宝贝念珠，
以及各种上等软氆氇，
为了纯净无污送到眼前，
每件又有适宜的包皮裹外边。
发出纯金之光泽长寿鸡年三月。
全部礼物由大宫殿敬献。
衷心祈愿无往而不胜。

（《五世达赖喇嘛文集》一九三——一九五页）

译注：

〔1〕传说世界最初形成时，外形为一金胎或似金蛋的一个圆球，梵天即由此生出。

〔2〕色身——藏文གཟུགས་སྐུ།。由于有缘福德资粮究竟圆满，面对一切净及不净所化众生应现利他有贪报身及无贪化身的两类身形。

〔3〕第一禅定——藏文བསམ་གཏན་དང་པོ།，又作初禅。四禅定或四静虑之一。觉、观一切受用欲界妙欲为过患，静虑为妙乐，以证得上界功德、得有所治已坏之喜及轻安乐者。即具备能断爱恋欲界妙欲之贪及瞋寻思，与苦、忧等之对治支中之寻与伺，功德支中之喜与轻安乐，安住支中之心一境性定等五支功德之禅定。

〔4〕十方——藏文ཕྱོགས་བཅུ།，东、西、南、北及其四隅和上下，共为十方。

〔5〕五趣——藏文རྒྱུད་ལྔ།。地狱、饿鬼、旁生为三恶趣，人和天为二善趣，共五趣。

〔6〕黄帽派——藏文ཞྭ་སེར།，藏传佛教教派之一，又称新噶当派、格鲁派等。因该派以戴黄色僧帽为标志，故称做黄帽派。清代则称之为“黄教”。分达赖和班禅两个传承系统。

（十一）五世达赖为谢康熙帝派遣金字使群培格隆和索朗格隆赍送圣旨和礼物，随派噶丹寺上师洛桑群培和扎西柔巴赴京请安，呈“威震三界之公论”表文

（藏历铁狗年，康熙九年，公元一六七〇年）

善良仁慈使无私众生之耳中，
响起悦耳之七音，
妙音菩萨虽显示少年之天性，
但有着长者之心胸，
威震三界自在圣贤的尊前：
献上祝愿吉祥的如意词，
天上降下吉祥甘露雨，
旃檀香烟袅袅升，
气味芳香实益人。
以虔诚之心勇敢上前来敬奏，
怙主文殊菩萨陛下您，
为演示人间之歌舞
掌握着先皇全国十地情。
摆脱了烦恼障蔽网，
怕什么生老和死病。
然则为适应凡夫俗子心，

执掌着众敬王室朝政之陛下您，
一轮红日喷薄世间升，
自然闪耀于圆满虚空。
第四导师释迦狮子的追随者，
三藏比丘小可（达赖）我，
挣破时间束缚之枷锁，
三门[1]一心专注闻思修。[2]
耳闻陛下功业之喜讯，
即刻联想之笔提手中，
表一表此时喜悦之心情。
禅定使得所处的时代已看清，
政教兼备法度威严之如意树，[3]
无垠大海哺育着芸芸之众生。
着实圆满丰盛新的喜筵，
召请了天威无比之大军。
连同神等全世界之顶饰，
手足月初有何奇征？
正是十方诸位善逝[4]异口同声，
派遣了遍观世间的保护神，
人寿八百岁出现转轮王，
对此佛教经卷中多有说明，
倘若此话真的是谎言，
福泽金轮虽然升腾在当空，
为何四洲的人全供奉？
先皇顺治皇帝升遐后，
净土保持着祖制和先统，
护持大地的白伞陛下您，

高举白伞赏赐荫凉给众生，
众生在此安居乐业过营生。
帝释金刚[5]放出众多阿修罗，[6]
越发神奇单独一个是胎生。
一切无所畏惧的狮子吼[7]，
专为所有少女奇妙的舞蹈和歌声。
当伴随月光升起古纳达花开放时，
文殊怙主人的轮回在您掌握中，
乃是保护众生安乐之天性。
持教派宣讲内外道理的众师长，
以及芸芸之众生，
最高大真实之宽广道加行。
道理无欺的导师净饭王子，
怙主彼的弟子龙树、无著等二人，
以及声闻[8]弟子莎迦陀[9]，
使博大精深佛法之恒河长流水。
同时能饮仙人扎哈努玛，[10]
以及遍智大师宗喀巴，
除此之外还有谁护持该派之教法？
三宝特别供奉影坚王[11]和祖孙三王，
唐杰等先驱之传记应该好好的牢记，
不是陛下您其余又会有何人？
万寿无疆心窍吉祥结，
宝瓶装满了甘露为人主长寿万年作灌顶，
祝愿子孙万代制胜讲真言，
祝愿充满欢声笑语之金銮殿，
不断传来圣谕如同太阳在运转，

善良美意放射着万丈光芒，
照得我等心花常开放，
从五世达赖之复表中，
传来殊胜悦耳之妙音，
献上宝贝念珠和氆氇，
哗啦啦！
美丽的飘带随风扬。
庚戌铁狗年九月于布达拉无量宫拜呈。

（《五世达赖喇嘛文集》一九九—二一〇页）

译注：

〔1〕三门——藏文སྒོ་གསུམ།，即身、口、意。行动、语言和思想。

〔2〕闻思修——藏文ཐོས་བསམ་སྒོམ།，从他听闻、心有领会为闻；依教依理如法思考所闻意义，生起定见为思；反复熟练如是闻思所生定见，扫除疑惑为修。

〔3〕如意树——藏文གསེར་གྱི་ཤིང་།，藏文又作ཡོངས་འདུ་ས་བརྟོལ་ལྗོང་ཤིང་།，又称大香树。三十三天善见城外东北隅，有诸大会聚之如意树，称为毕集穿地之树，根深五十由旬，树高一百由旬，枝叶旁蔽五十由旬，广袤一百五十由旬，周四百五十由旬，花瓣盛开逆风香溢五十由旬。

〔4〕善逝——藏文བདེ་གཤེགས།，梵音译作修伽陀。依安乐大道菩萨乘，趋证安乐上果佛位者。

〔5〕帝释金刚——藏文བརྒྱ་བྱིན་རྡོ་རྗེ།。帝释又作天王、三十三天，梵音译作桥尸迦、因陀罗、欲界第二重天界之主。大帝释乃三十三天之主，小帝释乃东方护神。金刚意不可坏，坚不可破，利能摧敌。

〔6〕阿修罗——藏文ལྷ་མིན།，又作非天，金星弟子。

〔7〕狮子吼——藏文སེང་གེའི་སྒྲས།，莲花生八大称号之一。

〔8〕声闻——藏文ཉན་ཐོས།，对于大乘声教，自己虽不主要修习，但仍从佛等处所听闻，复以所闻大乘之法，向人宣说，故名声闻。

〔9〕莎迦陀——藏文ལེགས་འོད།，善来，梵音译作莎迦陀，佛声闻弟子之一。

〔10〕扎哈努玛——梵文ཛཧྣཿ。

〔11〕影坚王——藏文གཟུགས་ཅན་སྙིང་པོ།，又作影胜王，频婆娑罗王。佛在世时摩竭陀国一国王名。

（十二）五世达赖为谢康熙帝派遣金字使梅仁章京等八人赍送诏书和礼品事，派遣桑珠噶丹寺上师洛桑丹培和江罗坚·丹增贝桑赴京请安，呈“世间顶髻美饰”表文

（藏历水鼠年，康熙十一年，公元一六七二年）

变化无穷的恒河沙，
庄严着神奇的净土和大海。
遍观怙主文殊菩萨，
乃众生称心善良之主宰。
南瞻部洲的顶饰，
支撑着众人敬的黄金宝座，
在具有天地自在，
王者姿态的具德大皇帝尊前，
先道祝愿吉祥的如意词，
后撒花瓣焚烧香气四溢的高香。
面向东方威严相，
虔诚开启无阻的先行门。
无私有情亲友的所有本意，
追随天然成就的甘蔗族人[1]，
诵读三藏理论的老僧，

以纯洁的语言敬禀奏。
释教的先圣具五髻者[2]，
断除了二障的真正佛，
掌握通常所化十地情，
还怕什么生老病死之苦痛，
故特向神和人的保护者
皇帝陛下您问安，
虽略具孩童的智慧
然开始顺随尘世间，
按照惯例护持大地。
语种服饰勤事各个不相同，
无数众生攒积善业的资财，
个个容光焕发体魄壮，
与千百个太阳争光芒，
陛下您以温和谦恭的语言，
劝慰着大地上的全体有情，
对于粗鲁的行为和傲慢者，
严厉法度重如金枷山持双山[3]。
百姓如同独子般，
需要悲悯和爱怜。
犹如盛开之莲瓣，
讨人喜爱不厌烦。
对隐蔽凶暴之恶徒，
具有捕捉之魔咒力，
能使燃烧之金刚，
犄角远伸到十方。
面带微笑传圣旨，

北方频频遣来使，
双手接过诸圣旨，
天命玉玺上边盖。
收到赏物心喜欢，
圣上旨意记心间，
此处五蕴疾疫消，
佛法众生福无边，
至高无上的乌龟，
忠诚背负着大地。
由于遍入天托起，
大山避免了塌险，
人主陛下的声誉
传遍整个梵净地，
天界主人的发髻顶，
特地安排大众之利益，
通过高梯到此地，
料想来时很紧急，
由此情况联想到，
妙高山一半露出海平面，
尚有半截仍然在水里。
日月二者点燃之明灯，
望去岿然不动独居云天。
金龙盘绕五合之爪托起宝座，
上面坐着一国之君陛下您，
三宝恻隐之力予以加持，
江山永固百劫不动万万年。
大地上生活的芸芸众生，

无不依附着恩德之荫影。
先皇宣布的唯一敕言，
为了陛下您当面授权。
因此一向仁慈之大船，
驰进利乐宝洲之港湾。
烦扰圣聪上前再次作祈请，
脸上流露无愧喜悦之笑容，
竖立幸福命运之柱的良药，
珍藏圣旨甘露精华之百宝匣，
不是弥勒菩萨降临至中土，
乃是永远不断充满着祝福，
恭敬呈献晋谒陛下的贽见礼，
宝贝念珠各色货财软氆氇，
并以鱼来作为书信之饰物。
天命大皇帝宫内歌舞升平，
卧行穿青衣者之老鼠年，
藏历二月十五日月圆之夜，
春光明媚满意的吉日良辰，
于自然天成神圣大昭寺拜呈。

（《五世达赖喇嘛文集》二〇八—二一〇页）

译注：

〔1〕甘蔗族人——藏文བུ་རམ་ཤིང་པ།，为古印度释迦牟尼族异名。又为释迦佛异名。

〔2〕五髻者——藏文ཟུར་ཕུད་ལྔ་པ།，文殊菩萨的异名。

〔3〕持双山——藏文གཉའ་ཤིང་འཛིན།，梵音译作逾健达罗山。七金山第一重山。出现日月之山顶，有一双岩石形如车轭。

（十三）五世达赖为谢康熙帝派遣曲登格西的侄子丹增格隆和桑罗舅父额尔德尼格西法王赍送圣旨和赏物事，派遣曲隆堪穷龙日嘉措和吉堆巴赴京请安，呈“世间福德光华灿烂”表文

（藏历水牛年，康熙十二年，公元一六七三年）

奉天承运力转时轮之天地自在文殊室利大皇帝尊前：

持无比导师甘蔗族人（即释迦牟尼）之教义，自称比丘，宣讲五明。彼以纯洁之心全部接受，唱声“一切心愿使作惟愿圆满吉祥”的祝福赞词，并焚香撒花瓣敬奏。

当前，整个天地之间自在我主大皇帝了义大圣妙吉祥执掌朝政，生老病死岂能对其伤害，美相风华正茂之色身为凡夫俗子所不见，各玷污者意想摧毁中伤所不能。其金刚本性超越了千百个太阳之光辉，体魄健壮，年富力强，熟悉六十四种技艺[1]之法，具有像热麻那王[2]一样世上少有的英勇顽强，除知足寡欲高尚的传记外别无所言，正是世间一切有情之福泽，其价值无从购买。为此，吾心生喜悦，双眼细致观看，欣然微笑。由金龙环绕、奉天承运之御宝装饰的圣旨、六十两银镀金酥油茶筒、镀金鹅颈银壶[3]、银红达噶[4]一对、上等缎二十四匹，镇日吉祥哈达[5]五条和八瑞哈达四十条等赏物，已由丹增比丘和额尔德尼格西二位钦差于康熙十二年藏历七月十五

日送来。(吾)犹如仙人进入三禅定，心情不胜喜悦。此处正值吾身患良性痘疮痊愈和弘扬佛法众生利乐之愿望稍有增长之际，赐来神圣敕谕，犹如撒下了解脱语言之花瓣，借助三宝之慈悲，吾身体康健无恙。

弘扬导师释迦狮子教证之教义，该威力可使全世界太平吉庆，其忠诚如同秋月洁净。昔日，神人等之主宰曾颁发“天下所有众生统一于佛教”的谕示。依靠此善良教言之恩德，将他人的利益放在心上。佛经注释中讲，世间人寿八万年才出现一次金银铜铁四转轮王，然而佛、仙人和诸位修明咒的咒师们一致地推崇说，在此净劫时转动力轮的国王应是陛下您。因此世间祖先大梵天打开了无柱天体观天之大门，用宝瓶装满甘露自头顶而灌，以奉天承运之臂膀熟练转动大地之轮。人主您的福力不但威镇天下所有小邦臣民，而且超越了一切尊卑之意境，其智慧为任何标准所不能度量，成为小千世界[6]的转轮王，整个三界[7]无不五体投地无限敬仰。在众敬王的宝座前献上曼达罗娃[8]之念珠，先皇时自动迎来少许四兵种[9]又不作依赖，而是凭借主公的威名如黑夜升起的太阳，顿时斗诤时一切黑暗荡然无存，整个世间疾病、战乱、灾荒等的时代已经一去不复返。农畜两旺，敞开了以经商营利为代表的物质财富之库门，人寿延长，生活极为安闲舒适，出现了无限善美的征兆。如对人主陛下您的恩情无可置疑，往后仍将对佛法众生之生计，祈请怙主长寿之本性给予加持，使之久住世间。吾亦如此向存在的三宝圣贤作祈请，将真言谛语深深珍藏于心中。

祈望金口常开，华翰频仍，善美教诲如恒河长流水。绵薄献礼计有：珊瑚念珠一串、青金石玉大小念珠一对、青金石四块、大小琥珀念珠各一串、蓝氆氇二十七、花氆氇二十四、绿氆氇二十七、纯白氆氇二十五、红氆氇二十三、纯绿氆氇二十七等。

癸丑阴水牛年藏历九月吉日于自然超群世自在经堂布达拉宫拜呈。

（《五世达赖喇嘛文集》二一八—二二〇页）

译注：

〔1〕六十四种技艺——藏文སྒྱུ་རྩལ་དྲུག་ཅུ་རེ་བཞི།，印度古代流行的有艺术性的技能，属于文化体育技艺的三十种，属于演唱、器乐的十八种，属于舞蹈的九种，共六十四种。

〔2〕热麻那王——藏文རྒྱལ་པོ་རཱ་མ་ཎ།。

〔3〕鹅颈银壶——藏文དངུལ་བྱ་མ་བུམ།，为出家人斟漱口水所用的一种长颈水壶。

〔4〕银红达噶——藏文དངུལ་གྱི་ཏུན་ཏ་ཀ译音，可能是ཏ་ཀ་ཏ་སྒ།之误，即镶银红马鞍。

〔5〕镇日吉祥哈达——藏文ཁ་བཏགས་ཉིན་མོ་བདེ་ལེགས།，内库哈达之一种。内库哈达有吉祥八瑞、有寂安乐、镇日吉祥和长寿哈达等四种。第三种镇日吉祥哈达面上织有如下偈句云：白昼吉祥夜吉祥，日照中天也吉祥，日日夜夜吉祥满，愿得三宝赐吉祥。

〔6〕小千世界——藏文སྟོང་སྤྱི་ཕུད།，又作千总，小千。佛书说：自梵天至风轮间包括日、月、须弥山、大小各洲等，构成一个整体的小世界。一千个小世界，称为小千。

〔7〕三界——藏文ཁམས་གསུམ།，欲界、色界、无色界等。一、欲界（འདོད་ཁམས།），此中众生贪爱，段食，贪行淫行，享妙五欲，其器世间亦为贪欲的众生之所居处，故有此名。二、色界（གཟུགས་ཁམས།），须弥山顶上空，自初禅至四禅天所居天人，光明身莹澈妙好，离欲界贪，未

离色界贪。三、无色界（གཟུགས་མེད་ཁམས།），包括空无边处乃至非想非非想处四定诸天，除净色意识而外，全无粗色，超离欲、色两界贪欲，但尚有无色界贪。

〔8〕曼达罗娃——藏文མནྡཱ་ར་བ།之译音。莲花生一位明妃名。

〔9〕四兵种——藏文ཡན་ལག་བཞི་པའི་དཔུང་།。四兵种即骑兵、象兵、战车兵和步兵。

（十四）五世达赖为谢火龙年康熙帝派遣金字使阿若钦喇嘛和康翁则赍送圣旨和赏物事彼等返程时，派遣哲蚌寺卸任轨范师洛桑丹增和达培昂锁随行进京请安，呈“变化轮图之铜镜”表文

（藏历火蛇年，康熙十六年，公元一六七七年）

登上三界发髻之顶的天人自在，
以奉天承运之力于众敬之宝座，
剑锋轮[1]装饰的图画美丽又鲜艳，
双腿跏趺坐曼殊室利大皇帝尊前：
双膝下跪向龙颜。
林园树木枝叶新装换，
虔诚信徒身着供带[2]和梵线，[3]
增寿真言如意瓶[4]长出图百草，[5]
在此先行高声作祈祷，
许多劫众人所修善业财，
虽堆一起稍有增长亦困难。
光辉的太阳能夺取百物之体，
正照耀在世间有情之头上面。
缓慢解开梵音虔诚营绕之绳结，

出现语义优美盖有御印之圣旨，
广泛汇集世间之物所成之礼品，
连同陛下深情厚谊的吉祥结。
为解除追随释迦牟尼沙门之忧虑，
表示永远不将我等来抛弃，
金字使双手捧来了喜庆施愿印，
在此边陲奴仆们忠心纯清如秋月。
诵读者天下无比的轮王，
您以大德完成一向之愿望，
舒适快活长生不老住世间。
远离妄自尊大和傲慢，
怜悯羸弱之广目及全面忏罪之双手，
惠舍物质利乐供施的妈妈呀！
乃是对东方皇帝美称之呼唤，
消除贫困富贵圆满之所欲，
担子沉重难忍受，
持财女之汗水向海不断流，
然而多闻天子较量尚不休。
陛下您神奇制伏魔部，
禅定时平等安和部队四兵种，
忿怒凶猛手持燃烧轮残忍攻打。
野蛮人脑血四溅，
内脏露出喉管，
足迹明显最后逃往大海，
命令王爷带领官兵去追赶，
宛如与愤怒罗刹鬼相交战，
多次轮回积孽邪恶之果报，

越斗越烈黑暗时代永不休。
怙主您慈悲的太阳快升起，
圆满初劫之光为何不普及？
由赡部树装饰美化的寺院，
大概在整个大地上已布满，
以昔日有情所积善业之威力，
愿皇帝陛下江山永固万万年。
从笑容可掬无热恼池解脱圣财欲，
如恒河之水奔流不停息。
中土大地得温饱发出真诚感激，
献上红白珍宝各种氆氇等财物，
表文中信口开河口无遮拦，
如同幼儿和慈母在交谈，
伏乞陛下智悲宽宥多明鉴。
美好善月最为殊胜时，
于能仁南方哲蚌大寺，
善说上弦藏历三月十五日，
恭恭敬敬双手合十拜呈。

（《五世达赖喇嘛文集》二四六—二四七》）

译注：

〔1〕剑锋轮——藏文འཁོར་ལོ།，佛教密乘本尊所用一种手帜名，其状钢轮无辋，辐皆双口利刃，尖极锋利，半杆作柄。

〔2〕供带——藏文ཚངས་སྐུད།，又名梵绳。婆罗门身上由双肩上互相

交错而系于左右腋下之线。藏传佛教密宗教徒修行母续密法时交叉佩带于肩头腋下的细绳。

〔3〕梵线——藏文མཆོད་ཕྱིར་ཐོགས།，修行者交叉于两肩和腋下的细绳。

〔4〕如意瓶——藏文བུམ་བཟང།，又译聚宝瓶，如意瓶为轮王七宝之一。聚宝瓶，藏族旧俗封装“招财宝物”埋藏地下，祈祷财源茂盛的瓦罐。

〔5〕图百草——梵文དྲུ་བའི་རྩྭ།，又名茅草，藏文为དུར་བ།，此处可理解为长寿草。

（十五）五世达赖为谢朝廷派遣金字使卓尼喇嘛诺门罕格隆和阿香额尔德尼格西法王赍送圣旨和赏物事，派遣纳塘寺堪布阿旺扎西和太医托克进京请安，呈“殊胜善言”表文

（藏历土马年，康熙十七年，公元一六七八年）

奉天承运力转时轮的天地自在曼殊室利大皇帝尊前：

在金星会奎宿的最佳时刻，三藏释迦比丘于藏区之中心观世音菩萨的道场红山大殿（布达拉宫），面向天界神人自在曼殊室利大皇帝众人崇敬的京都以纯洁之心用吉祥之梵音祝愿地上大梵天皇帝陛下无论何时万事如意。吉祥的赞词先行，然后焚香撒花瓣，双手合十顶礼敬奏。

佛经中讲：“三时诸佛子等为了无数众生之利益，作出各种幻化，表现为比丘、智者、大学者、大地上的得道者、瑜珈行者、统治一至四洲的转轮王、境内受封邑的小邦、大臣、施主、贱民、渡船、桥梁、江湖等。”又云：“尤其是菩萨为了利人的事而行使转轮王政”。在此斗诤时力转时轮的人主彼为了了义，无疑已降临大圣文殊菩萨、一切有形体的圣者、皈依处、大寺庙和大救星。但是，除行为污秽的有情外，一切不洁的面孔也由无数劫福德资粮造就之宝身，犹如百个太阳聚集到

一处，威光显耀，而天界乐神一千把多弦琴也不能演奏出佛法对上中下一切有情惩戒、接受等适当领纳之心喜感受。世间具备长者的智慧与能力者，百思不懈，亦难对千万大小经典的真正理解。在世间大梵圣洁的智慧相较量的心意毫不动摇，如同身语意金刚一般坚定。圣旨用六十两白银打制的带有镀金腰箍的酥油茶筒一个、上等缎二十四匹、大哈达五条、小哈达四十条、玻璃瓶一个、碗一对等由诺门罕格隆和额尔德尼格西二人赍来，如见金颜，心生喜悦。

其间，致力于和平的具大悲心导师释迦狮子的众僧伽，首先闻听四谛法轮和相关的藏，一切有情充分理解母亲为一个六道轮回的众生而能够抛弃自身的安乐。为了对伟大行为的诸多热爱，对菩萨藏欲迅速获得二障清净的聪明勇士们，秘咒乘等赐教的形式已成为内心的希求，而入教保证不违背所有教义。对略已获得胜解心的释迦比丘或者众生，思想尤其纯洁。人们的国君陛下您仁爱无量，故天下太平。

眼下派遣纳塘大寺的堪钦阿旺扎西和行医者阿旺托克二人前去向皇上请安。踏入金门坎亲见圣颜，愿不吝赐予笑脸。祈请常赐圣谕犹如长流水。随表敬献礼品：吉祥哈达、红白水晶、青玉念珠、氆氇等，另附盖有印章的礼品清单。

阳土马年藏历十一月吉日，于藏区金刚座拉萨幻化无量宫旁的自然殊胜的红山大殿敬呈。愿得吉祥。

（《五世达赖喇嘛文集》二五八—二五九页）

（十六）五世达赖为谢朝廷派遣金字使温波格隆和阿齐图格隆赍送丰厚赏物和圣旨事，派遣塘钦堪布东噶转世仓央珠札和阿旺仁钦进京请安，呈“真实圆满之太阳”表文

（藏历水狗年，康熙十五年，公元一六八二年）

天地自在曼殊室利大皇帝尊前：

心地纯洁撒花瓣敬奏。奉天承运之教诫王获得天地无间自在大轮王七宝[1]，国王、王族得到灌顶，人天之主宰今世亦在狮子乘的大金座上无所畏惧，生出有力的臂膀，具有奇异吉兆的身语意庄严，犹如三界无双高耸入云的金妙高山[2]，威仪赫赫，且双足具不破金刚之本性，根基坚固，高居庄严世间一切有情之头顶。彼两法白昼自在之光辉，使全体有情紧紧掌握坚强之命脉，天际一旦升起圣旨之金轮，圆满九欲[3]便应运而生。

所赐圣旨，赏物：镀金箍银酥油茶筒、镀金长颈瓶、银碗一对、大哈达五条、小哈达四十条、缎二十四等，由来使温波格隆和阿齐图格隆二人于康熙二十一年四月十五日赍来，平安抵达，衷心喜悦。

此处还借陛下之恩顾，我们的导师释迦狮子主义者，三藏比丘身语意三门身躯舒好，对圣洁之佛法宝敬仰供奉，为至高

无上精进仪轨热烈地打开两扇大门，将西陲之众生引向利乐之善道，为了完成自己和他人的大事，依靠高尚而严谨的智慧流转，将功德处（佛）、咒语、圣智的修持作为重点，正在闭户修行[4]，佛经中之各种隐秘的不可思议的教导均注入心田。

同时为存问圣躬安康饮尝金颜长寿之甘露，遣使塘钦堪布东噶转世和阿旺仁钦二人。按照昔日善规，制胜事业随时随地无可限量，犹如贤劫时，仅仅听到佛法善业有力之名号，一切恶毒反抗便被制伏。祈祷陛下寿元如同具乐大地之怙主久住世间，三宝作证。伏祈圣上往后常赐恩典，愿华翰频仍如同日月在运行。随表礼品计开：蓝红黄三色念珠各一串、蓝氆氇二十五匹、白氆氇十六匹、花氆氇十匹、白花氆氇十三匹、黄花氆氇七匹、绿花氆氇十一匹、纯蓝氆氇十八匹、红氆氇九匹、紫红氆氇六匹、纯绿氆氇十六匹等。

壬戌水狗年藏历六月十五日下弦吉日于自然殊胜的红山经堂拜呈。

编者注：上述信函里的日期略有矛盾，五世达赖于水狗年二月二十五日圆寂。认为此函为第司桑结嘉措隐丧不发的第五年时所写。

（《五世达赖喇嘛文集》第二八二—二八三页）

译注：

〔1〕轮王七宝——藏文རྒྱལ་སྲིད་སྣ་བདུན།，又作七政宝：金轮宝、神珠宝、玉女宝、主藏臣宝、白象宝、绀马宝和将军宝。

〔2〕妙高山——藏文ལྷུན་པོ།，须弥山别名。其光辉高度均胜于余山，故云妙高，或云妙光、积善等。梵音译作须弥山、苏迷卢山。佛家宇宙学所说器世间基础金轮上形成的高山。其山东面银质，南面琉璃，西面赤晶，北面黄金。四面天空以及海水，各呈各方宝物光彩，山没海下八万由旬，高出海面亦八万由旬。

〔3〕九欲——藏文འདོད་དགུ།，又作可欲，一切欲。九，有一切、众多、各样等意。

〔4〕闭户修行——藏文བཅད་རྒྱ།，佛教徒闭户诵咒修本尊的活动之一。

（十七）五世达赖为谢康熙帝派遣金字使洛桑和喇嘛温波格隆贡送圣旨和赏物事，彼等返程时派遣忠达堪钦洛追仁钦和嘎久益西随行进京请安，呈“美名圆满右旋”表文

（藏历木鼠年，康熙二十三年，公元一六八四年）

无数佛的全部智慧聚集为宝藏，
具五髻者[1]是一切有情的大救星。
在不可思议辽阔大地的统治者，
人主天王神圣陛下的尊前：
具十力智慧释迦牟尼主义的追随者，
忠心耿耿最坦诚愿得吉祥！
以连珠妙语呈献于圣聪为先导，
然后均匀撒下吉祥圆满之天华。
旃檀树散发出扑鼻的芳香，
清净之心专注一趣意气风发，
贫僧所作如此这般的祈请如下：
二资粮[2]海中出现精华甘露之漩涡，
预示着贵体安康长生不老寿元高，
毗沙门[3]语言和雅堪与耳饰梵音比，
圣旨钤有奉天承运大玉玺，

五爪金龙声音洪亮如雷声。
深受抬举赏赐的礼物很丰盛，
犹如面圣喜悦之情油然而生。
由无量福德甘露细雨的滋润，
身语意三密的智慧无有穷尽，
如意树果可满足所有的欲望，
如意摩尼宝王已将有情众生，
正义善业大地实物制造成功。
神圣功业阳光明媚光芒万丈，
佛教众生十万利乐之牡丹园，
鲜花怒放为较量野蛮和黑暗，
天界授权陛下为施事之大梵。
无故发怒的非天罗睺颈[4]大胆发誓，
关闭四种轮放出祖先艰苦背负之重担，
只有伴着烦恼而睡眠别无可选，
在深不可测心田的广阔海洋上，
情器世间美满幸福的波浪翻，
三有之顶中间堆着四部如意宝，
二者没有间隙您不取谁个诬赖，
一切有情连同神的宝冠上，
装有脚爪孩童们深感稀罕，
然而十方之佛完全一致说，
对天界大地之怙主应赞扬。
从庞大众多的善业蚌壳中，
连续不断降下好运珍珠雨。
而当权威非常兴盛圆满时，
昔日之只言片语目前极稀奇。

教派的主张典籍和内外理论，
近期虽引发出许多谬论邪说，
而诸有情暂时增上生[5]终得解脱，[6]
修行遍智佛果的释迦牟尼教，
该派开宗祖师龙树和吐梅，
解释佛法的博大精深形如海，
智慧一饮邀请来的大觉仙，
三界众生的上师宗喀巴，
彼三佛三乘诸僧伽供奉影坚王、[7]
阿育王[8]、祖孙三王以及唐杰[9]等，
先贤的传记除您之外谁背诵，
因此无量光佛[10]心住定自上部，
以满瓶的甘露为人主灌顶，
牢固竖起永远不变的坚实砥柱，
其困难程度不言而喻可以料想，
而月光升起古纳达花立即开放，
无垠世间虽然匆忙极远而去，
然而慈悲的善行何故不培养。
太阳的光芒一旦驱散黑暗，
佛法众生的生活得以保障，
凭借着悲心眼界大为放宽，
今日赐予善见无畏和勇敢，
只要彻底舍弃法欲和财欲，
便打开千万经卷善规大门。
至高无上的权威和财富，
最为严厉的佛教诫，
再造平日的享受和佳运。

随时随地愉快的双眼期盼，
不吝时常赐予之笑颜，
直至天体尚未改变前，
伏乞常赏赐心田之喜宴。
礼品让人看着眼花缭乱，
珠宝念珠及五种细氆氇，
盖上新鲜莲瓣般的印章，
木鼠年四月吉日于大宫殿拜呈。
祝愿吉祥如意。

（《五世达赖喇嘛文集》二八六—二八八页）

译注：

〔1〕具五髻者——藏文ཟུར་ཕུད་ལྔ་ལྡན།，文殊菩萨别称。

〔2〕二资粮——藏文ཚོགས་གཉིས།，即福德资粮和智慧资粮。

〔3〕毗沙门——藏文དཔལ་སྦྱིར།，佛书中北方一神名。

〔4〕非天罗睺颈——藏文ལྷ་མིན་སྒྲ་གཅན་སྐེ།，又作阿修罗。

〔5〕增上生——藏文མངོན་མཐོ།，又作善趣，即天、人、阿修罗。佛书所说人天善趣的圆满福报。

〔6〕解脱——藏文ཐར་བ།，业和烦恼系缚轮回，永断此二，即为解脱。

〔7〕影坚王——藏文གཟུགས་ཅན་སྙིང་པོ།，又译影胜王、频婆娑罗王。佛在世时摩竭陀国一国王名。

〔8〕阿育王——藏文མྱ་ངན་མེད་པོ།，古印度一国王名。

〔9〕唐杰——藏文ཐང་རྒྱལ། ཐང་སྟོན་རྒྱལ་པོའི་བརྩུས་མིང།，唐东杰波的简称。

〔10〕无量光佛——藏文འོད་དཔག་མེད།，极乐世界之怙主。

（十八）五世达赖为谢朝廷派遣金字使阿齐图格隆和丹巴色结办理喀尔喀扎萨克图汗事件赍送圣旨和赏物事，派遣饶降巴洛桑罗布和拉东阿旺札巴随行进京请安，呈“众生的幸福旭日当空”表文

（藏历木鼠年，康熙二十三年，公元一六八四年）

奉天承运转轮王天地之主宰文殊室利皇帝尊前：

愿得吉祥！

以祝福赞词为先导，虔诚焚香、撒花瓣，合掌顶礼敬奏。世间之祖打开无柱天界之大门。陛下无所畏惧，坚强有力，牢居众敬宝座之上，江山不毁不灭，万年永固。广泛授权的文殊皇帝陛下，又施恩于当代世间一切有情的福泽不可思议，永无止境。从当初伊始就修成的圣贤吉祥胜德之贵体，具谐和之美相，为千万个太阳所环抱，熠熠发光，上中下一切有情之迷惘顿时云消雾散，悦耳之喜讯犹如六十梵音，接连传入耳中。同时，慈目不厌垂青，奉天承运之玉玺，发出红宝莲般的艳丽光芒。所赐丰盛赏物：镇日吉祥哈达十条、八瑞哈达二十条、鉴别珍宝仪、金筒、银盆、各种库缎三十匹等，由二位特使阿齐图格隆和丹巴色结赍到，如见金颜，不胜欢喜。在下守持戒律

的三藏比丘，一向平安。凭借陛下慈悲，西域边陲之政教二制两法昌盛，特别是一切有形众生的唯一皈依处靠山贤劫千佛中力量无比，努力肩负高举佛陀释迦牟尼教诫宝的重任，在大慈大悲的荫护下，一切有情悠闲自在犹如欣欣向荣的睡莲。在此瞻部洲如同神人大仙修持明证果者所普遍赞颂的，斗诤时转轮王已降临。托人主陛下您的宏福，人世间一切瘟疫、饥荒、战乱等徒具名称，厄运已断。风调雨顺，草木繁茂，五谷丰登，财源滚滚无穷无尽，打开了财富之千百宝门。永远享受犹如狮泉河水川流不息的福寿权利，全部利益的佛法众生的至亲贤者安乐度日时，如同无数之怙主保佑寿命如是任运成就三宝作证，讲出真话肺腑之言。伏乞圣谕教诲如恒河流水源源不绝。慧目垂青，奉献礼品宝贝水晶、各色氆氇等并附签章礼品清单。

甲子木鼠年藏历六月初一于自然殊胜红山经堂拜呈。

（《五世达赖喇嘛文集》二八八—二八九页）

（十九）七世达赖派遣堪布轨范师索南仁钦进京向皇帝请安，呈“足莲永固”表文

（藏历土鸡年，雍正七年，公元一七二九年）

奉天承运坚强有力世界广阔大地之转轮王

文殊室利大皇帝陛下：

吉祥圆满恒河漩涡的中心水深处，
赐所有无上众生永远安乐之财富，
大地之主如意至宝[1]佛教轮王足莲旁，
悦耳之言千变万化具有气派和神韵，
面对彼方庄严敬礼焚烧芬芳之熏香，
在虔诚之风的引导之下如是作敬禀。
法蕴无穷无尽八万宝藏，
语自在[2]异口同声共赞扬，
原始智有情佛能生一切，
老翁也变十六青春少年郎，
恒河微尘细沙约有过去。
从前神圣大劫时，
战胜二障的解脱智，
获得持剑天神之美名。
同样为吾皇世间的怙主陛下您，
童子文殊演出戏剧音乐和歌舞，
声誉亦使世间一切至尊净善和吉祥。

神奇精彩殊胜不变的安乐虚空界，
具足二净的大圣金刚，
生死轮回等任何灾难不能危害，
具此种自在唯有佛本身。
为在劫中不畏惧以轮装饰跏趺坐。
诚实正直真言祝愿的核心，
是成就重如黄金的标准教言。
因此增上意乐玛拉雅[3]之风，
在该方将真言龙脑[4]香味吹散。
同时为金刚界成就身语意三密，
故三佛田[5]殊胜瓶装满长寿甘露。
形成昌盛吉祥圆满的实质缘由，
敞开了缘起妙汇特大之门。
摆上众多如云的供养祈祷祝愿，
我主您金龙宝座江山净善圆满。
祝愿如同生命无边的怙主，
成就经久不变的世间。
以坚强有力的臂膀统治着神州大地，
您是世间永远不落的太阳光芒万丈，
法印[6]慈悲普照炽燃利乐之莲池鲜花怒放，
陛下金颜上有着世间一只眼[7]稀有的慈祥。
圣贤发慈悲其宗旨在于，
停止二百残暴魔鬼造成的危害和黑暗，
因此稀有妙汇的金胎者完全成熟而降生。
主公大梵陛下您是大地无畏之主受灌顶，
唯独您在此世间受供奉。
公道正直的七种法典宝，

世间吉祥大梵做转轮。
祝愿您妙善的言教永不断，
千秋万代不停惠赐予这边。
此上文信函是千个金铃在演奏，
忠诚装扮的白天鹅鸣叫稀有悦耳之妙音，
藏历九月有福气的吉日敬呈。

（《七世达赖喇嘛文集》一八——一九页）

译注：

〔1〕如意至宝——藏文བསམ་འཕེལ་དབང་གི་རྒྱལ་པོ།。据说大鹏常去海里觅食蛇肉，后因大鹏年老，多次觅食不得，遂饿死海中，若干年后，其心变为珍宝，称如意至宝。

〔2〕语自在——藏文ངག་གི་དབང་།，文殊菩萨别称。

〔3〕玛拉雅——藏文མ་ལ་ཡ།，梵文译为香山。传说为药都善见城西一山名。盛产岩精、寒水石、温泉等药物。

〔4〕龙脑香——藏文ག་བུར།，又写作ག་ཏ་པ་ར།，常绿乔木，叶卵形，花甚香，杆中树胶制成一种莹白之结晶体，称冰片，可入药。

〔5〕三佛田——藏文རྟེན་གསུམ།，又作三所依：佛像为身所依，佛经为语所依，佛塔为意为依。

〔6〕法印——藏文བཀར་བཏགས།，诸佛于一切时地辗转反复宣说的法句总义。如三法印：诸法无我，诸行无常，有漏皆苦。

〔7〕一只眼——藏文མིག་གཅིག，大自在。

（二十）七世达赖为乾隆皇帝登基献礼事，派遣堪布门卫根顿坚赞进京祝福，呈“圆满愉快的新笑容”表文

（藏历火龙年，乾隆元年，公元一七三五年）[1]

智慧法界共同前进，
知识贯通打开天门，
登上新的无畏宝座，
文殊室利皇帝尊前：
自性平庸的五行金命，
优秀占星家由天指定，
点金剂发出稀有金光，
修善身号称达赖喇嘛。
容贫僧我如是敬奏。
三世克敌制胜的无量宫，
在世界中心成为帝王家，
虽远却是体现虔诚之地。
自开创稀有赞美的时代，
在天命众人尊敬的颈脖，
狮子利爪伸展的宝座上，
自童子文殊化身的头顶，
施平常皇帝应有之灌顶。
尤其君主三世界之双眼，

具世尊战胜原始心性之光，
背离利益的机缘弃置不管，
利乐之莲花能否随意开放？
一望无际的大海遇到陆地，
卸下了重如山之恩典，
出类拔萃的解脱美誉，
如同响雷般在空中回荡。
无欺的佛和佛子的慈悲，
不弃有形众生乃是本性。
新圆满喜宴时间的到来，
任何人也没有办法阻挡，
世间众生命运的顶生王，
童子文殊已降临人世间。
风华正茂降伏大地转轮王，
正是当今登上宝座的皇上，
公认有意义的传记很神奇。
圣河中那百味甘甜之神水，
为解脱世间的贫困而善淌，
成为现实楷模盛世好地方。
陛下具有百个太阳之威光，
您新的圣颜现出满意的瑞祥，
常赐大地上全体众生以吉祥，
如同莲池盛开的莲花放光芒，
故制定了治理尘世间的法网。
在炎热的太阳四周之荫凉处，
净土上下到处都洋溢着欢畅。
住在舒适安稳西陲的沙门我，

男女尊卑全行五体投地之礼。
在由五爪金龙盘绕的宝座上，
首先开启登基庆典的第一门。
陛下寿元形如劫海万寿无疆，
形象荣光自然成功征照吉祥。
财物礼品分门别类依次排列，
人主以千辐金轮令四洲伏降。
为江山应得的轮王七宝及其，
各色财物尽其所有摆放面前。
三宝无欺真实予以极大鼓励，
以经忏祝福的歌声进行祈祷，
愿江山万代坚如磐石稳又牢，
奉天承运皇位福禄犹如夏海。
西藏佛教纯洁无垢的黄帽派，
于四面八方随时随地得弘扬，
慈悲保佑我和地上全体众生。
杜鹃鸟愉快地唱出以上诗篇，
完整无损的印鉴装饰在上面。
火龙年盛夏吉日顿首后呈递。

（《七世达赖喇嘛文集》一九—二〇集）

译注：

〔1〕本篇原藏文发文年代中，公元一七三五年有误，应为一七三六年。

（二十一）乾隆帝就派遣钦差侍郎官保和札萨喇嘛阿旺班觉等颁发金册金印事给班禅班丹益西之诏书

（藏历木鸡年，乾隆三十年，公元一七六五年）

奉天承运皇帝诏曰：

朕以法治天下，使万民安乐，法扬四海。以慈悲为怀，护佑四方，诏告天下，凡能严守戒律、专心修行大德，成绩卓绝者，定将颁发诏书，委为黄教之主。尔精通该教教法，又为达赖之经师，前世道行高妙，今世又严守戒律，现呼毕勒罕长大成人，朕降谕旨，照旧赐予尔班禅额尔德尼名号，主管扎什伦布寺。尔亦应为众僧传授戒律，恪守教规，弘扬佛法于卫藏，为朕之中土忠诚勤奋效劳。

钦此。

乾隆三十年十月初四日

金册以满、蒙古、藏三种文字写成，共计十三折，用黄金二百三十两铸成；金印用二百零八两黄金铸成。印文用满、蒙、藏三种文字镌刻成“班禅额尔德尼之印”字样。系前世班禅时所赐，今仍准予启用。同时，赏赐内库哈达、多匹绸缎、白银、水晶器皿等丰盛礼品。

由钦差侍郎官保亲自将诏书、金册颁予班禅大师，大师恭敬祗领。接着又颁发赏物。大师为答谢大皇帝对佛教众生的无限关怀之盛情以及对自己的册封和赏赐之厚恩，随赋诗一首。诗云：

智悲双全的伏藏大师，
其三密的稀有功德似莲蔓，
戒律散发出的芳香缭绕，
使转轮者的心情十分舒畅，
依次重重叠叠之金册，
以及嘉奖的诏书和金印，
顺利赍至大师的身旁，
授权瞻部洲佛教众生之法王。
富强的绳索紧缚着大地，
具吉祥世间之主颁诏书，
只有向您致以崇高的敬意，
有什么权力表现傲慢和无礼。

此后，大师宴请赍送圣旨的僧俗使者、川总督的慰问使臣、伦噶西公、侍从刚坚堪布、后藏三代本以及密宗院的德穷巴多吉等。宴席上摆放着圣旨和赏物，除随后派遣拜谒贡使外，将尽快谢恩，具折呈献表文和贡礼。

（《班禅班丹益西传》二上三页）

·后 记·

我们伟大的祖国是各民族共同缔造的统一的多民族社会主义国家。

藏族和国内其他兄弟民族一样，有着悠久的历史，是一个勤劳、勇敢、智慧的伟大民族。众所周知，在国内的少数民族中藏族的历史文献资料浩如烟海。

在历史发展的长河中，远自唐朝至今，藏汉民族密切交往的历史资料犹如夜空之繁星，不可胜数。它是研究西藏历史、文化的无价之宝。为了对历史研究者多少有所帮助，本人于二十世纪六十年代初在中央民族学院藏语班执教期间，与已经作古的土登格杰老师共同开设了藏文旧式公文课，并编写了有关教材。此后，在二十多年的教学实践中，不断丰富其教学内容，先后又收集了不少档案资料。在大学者东嘎·洛桑赤列教授的指导和鼓励下，我将七世纪唐蕃两国友好往来象征之“唐蕃甥舅会盟碑”，以及此后数百年间元、明、清各个朝代很少一部分历史档案资料汇编成《水晶明鉴》一书。本书阐明了西藏地方是中华人民共和国不可分割的一部分，翔实地记载了当时西藏社会经济、政治和法律等的真实情况，对研究藏族文化的专家学者来说将会有所助益。但是，由于本人水平和经验之不足，错误在所难免，敬请广大读者，尤其是汉藏专家学者批评指正。

扎西旺都

一九八七年十二月于西藏拉萨团结新村

□责任编辑:季垣垣　□封面设计:李建雄　□技术编辑:姜宏

图书在版编目(CIP)数据
西藏历史档案公文选. 水晶明鉴/扎西旺都编;王玉平译.
—北京:中国藏学出版社,2006
ISBN 7-80057-816-X
Ⅰ. 西…　Ⅱ. ①王…②扎…　Ⅲ. 西藏—地方史—档案资料—汇编
Ⅳ. K297.5
中国版本图书馆 CIP 数据核字(2006)第 026075 号

西藏历史档案公文选·水晶明鉴

扎西旺都编　王玉平译

中国藏学出版社出版
中国藏学出版社发行
北京牛山世兴印刷厂印刷
开本:850×1168　1/32　印张:14.625　字数:320 千
印次:2006 年 11 月第 1 版第 1 次　印数:500 册
ISBN 7-80057-816-X/K·129

定价:35.00 元